公認心理師
スタンダード
テキストシリーズ ⑫

[監修]
下山晴彦・佐藤隆夫・本郷一夫

[編著]
林 創

# 発達心理学

ミネルヴァ書房

## ● 監修者のことば

　多様化する社会のなかで，「心」をめぐるさまざまな問題が注目されている今日において，心の健康は誰にとっても重要なテーマです。心理職の国家資格である公認心理師は，まさにこの国民の心の健康の保持増進に寄与するための専門職です。公認心理師になるためには，心理学に関する専門知識および技術をもっていることが前提となります。

　本シリーズは，公認心理師に関心をもち，これから心理学を学び，心理学の視点をもって実践の場で活躍することを目指すみなさんのために企画されたものです。「見やすく・わかりやすく・使いやすく」「現場に出てからも役立つ」をコンセプトに全23巻からなる新シリーズです。いずれの巻も広範な心理学のエッセンスを押さえ，またその面白さが味わえるテキストとなっています。具体的には，次のような特徴があります。

① 心理学初学者を対象にした，学ぶ意欲を高め，しっかり学べるように豊富な図表と側注（「語句説明」など）で，要点をつかみやすく，見やすいレイアウトになっている。
② 授業後の個別学習に役立つように，書き込めて自分のノートとしても活用でき，自分で考えることができるための工夫がされている。
③ 「公認心理師」を目指す人を読者対象とするため，基礎理論の修得とともに「臨床的視点」を大切にした目次構成となっている。
④ 公認心理師試験の準備に役立つだけでなく，資格をとって実践の場で活躍するまで活用できる専門的内容も盛り込まれている。

　このように本シリーズは，心理学の基盤となる知識と臨床的視点をわかりやすく，学びやすく盛り込んだ総合的テキストとなっています。心の健康に関心をもち，心理学を学びたいと思っているみなさん，そして公認心理師を目指すみなさんに広くご利用いただけることを祈っております。

下山晴彦・佐藤隆夫・本郷一夫

# 編著者まえがき

　本書は，公認心理師の資格取得を目指す方々が学部で履修する必要のある25科目のうち，「⑫発達心理学」を学ぶためにまとめられたテキストです。公認心理師の業務の目的は，公認心理師法の第1条に明示されているとおり，「国民の心の健康の保持増進に寄与すること」にありますが，子どもから高齢者まで，公認心理師が対応すべき年齢層はさまざまです。年齢が異なれば，心の働きにも違いがあり，支援の方向も異なることがあります。そこで，心の健康の保持増進に寄与するためには，心の発達を扱う発達心理学を学ぶことが重要であり，有益なものとなるのです。

　発達心理学の重要な観点は，誕生から死に至るまで「生涯発達的にとらえる」という点にあります。そこで，本書は「第Ⅰ部 発達心理学の基礎」「第Ⅱ部 出生前後～児童期までの発達」「第Ⅲ部 青年期以降の発達と非定型発達」という3部構成としています。まず第Ⅰ部の1章と2章で生涯発達全体に関わる見方を学んだあと，第Ⅱ部の3章から9章で，幼少期の心の発達を多面的に学びます。それらを踏まえて，第Ⅲ部の10章から12章で青年期から老年期までの心理的特徴を学びます。今後，高齢者の割合はますます増大するため，公認心理師として高齢者対応する機会もますます増えることが予想されます。さらに最後の13章において，発達障害など非定型発達をくわしく学ぶことで，支援のあり方が身につきます。このように生涯発達的な視点をとおして，年齢に応じた相談や助言，指導，援助を適切に行うための知識を習得できます。

　本書では，「公認心理師試験出題基準 平成31年版」（公認心理師ブループリント）や，日本心理学会がまとめている標準シラバスをもとに，学ぶべき事項を取り上げています。具体的には，「公認心理師試験出題基準 平成31年版」で取り上げられているキーワードをすべて紹介し，各章末にある「キーワードのまとめ」でもすべてを取り上げています。また各章は，この出題基準の中項目の分類と，日本心理学会の標準シラバスの大項目・中項目・小項目の分類をもとに構成しています。さらに，出題基準以外でも発達心理学の基礎事項として知っておくべき内容を紹介し，「本章のキーワードのまとめ」でも取り上げています。このため，公認心理師のみならず，教員採用試験や大学院の入試などの勉強においても役立つことでしょう。また，基礎を固めることで発展的な力も身につきます。資格取得のみならず卒業論文などの研究にも優れた問題意識をもって取り組むことができるようになるはずです。本書をとおして，心のしくみや働きを生涯発達的な視点でとらえる心理学の面白さと奥の深さを味わっていただけると嬉しく存じます。

2019年5月　　林　創

## 目 次

監修者のことば
編著者まえがき

---

### 第Ⅰ部　発達心理学の基礎

## 第1章　公認心理師のための発達心理学 …………2

 1　発達心理学とその理論 ………………2
 2　発達を調べるために ………………7
 3　発達心理学の隣接領域 ………………9

## 第2章　発達の生物学的基礎 …………12

 1　発達をもたらす要因は何か ………………12
 2　行動遺伝学と発達 ………………16
 3　エピジェネティクス ………………21
 4　心の発達と進化 ………………22

---

### 第Ⅱ部　出生前後〜児童期までの発達

## 第3章　感覚と運動の発達 …………28

 1　生まれる前の発達 ………………28
 2　新生児期の発達 ………………31
 3　乳児期の発達 ………………33

## 第4章　アタッチメントの発達 …………42

 1　人生の始まりと土台としての乳児期 ………………42
 2　アタッチメントの発達 ………………44
 3　アタッチメントの個人差に絡むさまざまな要因 ………………49

## 第5章　認知の発達 …………54

 1　認知発達のグランド・セオリー ………………54
 2　ピアジェ理論の再構築：情報処理理論に基づくアプローチ …60
 3　グランド・セオリーを超えて：子どもの認知の有能性 ………65

## 第6章　社会性の発達 …………………………………… 70

1　社会性とその内容 ………………………………………… 70
2　社会的認知の発達 ………………………………………… 72
3　社会的行動の発達 ………………………………………… 76

## 第7章　感情と自己の発達 ……………………………… 80

1　感情の発達 ………………………………………………… 80
2　自己の発達 ………………………………………………… 84
3　感情と自己 ………………………………………………… 86
4　社会との関係からみた感情と自己 ……………………… 89

## 第8章　遊びと対人関係の発達 ………………………… 92

1　遊びと対人関係の意義 …………………………………… 92
2　遊びの発達 ………………………………………………… 93
3　対人関係の発達 …………………………………………… 96
4　現代の子どもの遊びと対人関係における課題 ………… 99

## 第9章　言葉と思考をめぐる発達 ……………………… 104

1　身体発育と運動能力の発達 ……………………………… 104
2　言葉の発達 ………………………………………………… 106
3　思考の発達 ………………………………………………… 110

## 第Ⅲ部　青年期以降の発達と非定型発達

## 第10章　青年期 …………………………………………… 120

1　青年期の心身の発達 ……………………………………… 120
2　アイデンティティ発達の時期としての青年期 ………… 125
3　青年期の性と異性関係 …………………………………… 128
4　青年期の遷延化 …………………………………………… 130

## 第11章　成人期 ································································· 132

| | | |
|---|---|---|
| 1 | 成人期の心身の発達 ········································· | 132 |
| 2 | 生き方の選択とキャリアの発達 ······················· | 134 |
| 3 | 働くということ：職業意識と生き甲斐 ·············· | 136 |
| 4 | 家族形成：夫婦関係と子育て ···························· | 139 |
| 5 | 多重役割とワーク・ライフ・バランス ·············· | 143 |

## 第12章　老年期 ································································· 146

| | | |
|---|---|---|
| 1 | 老年期の心身の発達 ········································· | 146 |
| 2 | 老年期の心理社会的課題 ··································· | 149 |
| 3 | 老年期の臨床的問題の理解と支援 ······················ | 153 |

## 第13章　定型発達と非定型発達 ··········································· 158

| | | |
|---|---|---|
| 1 | 神経発達症群／神経発達障害群 ·························· | 158 |
| 2 | その他の発達上の問題 ······································ | 167 |
| 3 | 発達につまずきを抱える人への支援の視点 ·········· | 169 |

引用文献・参考文献 ······························································ 173
「考えてみよう」回答のためのヒント ········································ 185
索　　引 ············································································· 188

---

### 本書の使い方

❶ まず，**各章の冒頭にある導入文（この章で学ぶこと）**を読み，章の概要を理解しましょう。

❷ 本文横には書き込みやすいよう罫線が引いてあります。気になったことなどを自分なりに書き込んでみましょう。また，下記の項目についてもチェックしてみましょう。

・**語句説明**……重要語句に関する説明が記載されています。

・**プラスα**……本文で解説している内容に加えて，発展的な学習に必要な項目が解説されています。

・**参照**……本文の内容と関連するほかの章が示されています。

❸ 本文を読み終わったら章末の「**考えてみよう**」を確認しましょう。

・**考えてみよう**……この章に関連して調べたり，考えたりするためのテーマが提示されています。

❹ 最後に「**本章のキーワードのまとめ**」を確認しましょう。ここで紹介されているキーワードはいずれも本文で取りあげられているものです。本文を振り返りながら復習してみましょう。

# 第Ⅰ部

## 発達心理学の基礎

### 臨床の視点

　人の抱えている問題を理解し，支援するためには大きく2つの発達的視点が重要となります。第1に，表面的な行動や問題の背後にある多様な要因に目を向けるという視点です。人はさまざまな環境のなかで育ちます。また，ある遺伝的要因がある環境を引きつけやすく，環境によって遺伝的要因の発現のしかたが異なるといったように，遺伝と環境は必ずしも独立ではありません。第2に，目の前の人の抱える問題を理解するためには，現在の状態を詳細に知るだけではなくその人の育ってきた経過に目を向けることが重要です。すなわち，時間の流れのなかで人を理解するという視点です。その点から，第Ⅰ部では問題の背景の多様さと時間の流れのなかで人を理解する視点を学んでいきます。

第1章　公認心理師のための
　　　　発達心理学

第2章　発達の生物学的基礎

第1章

# 公認心理師のための発達心理学

この章では，公認心理師の資格を取得するうえで，なぜ発達心理学を学ぶ必要があるのかを述べていきます。発達心理学について学ぶことで，人間の心の働きに時間軸が加わります。つまり，物事の認識や行動がどのように変化していくのかを知ることができるのです。人間は誰でも生まれてから時間の経過とともに，年齢を重ねて発達していきますから，そのしくみや体系を知ることは，心理に関する相談や助言，指導，援助をしていくうえで欠かせないものとなるのです。

## 1 | 発達心理学とその理論

### 1 発達のとらえ方

心理学は人間の心の動きを解明しようとしていく学問ですが，研究の多くは実験や調査をしやすい大人が対象となっています。しかし，私たちは最初から大人だったわけではありません。誰でも，幼少期からさまざまな過程を経て成長してきたはずです。そこでその発達を心理学的にとらえることが大切です。すなわち，発達心理学とは，「精神発達を対象として，時間経過にしたがって生じる発達的変化についての一般的な特徴や法則性を記述するとともに，発達的変化をおし進める要因についても検討を試みる心理学の一分野」（『心理学辞典』より）であり，人間の心の発達を時間軸に沿って調べていく学問なのです。

それでは，そのような心の発達をどのようにとらえていけばよいのでしょうか。一般に，発達のとらえ方は，大きく2つの方法に分けられます。

第1は，連続する量的変化をとらえる方法です。横軸に年齢や時間を，縦軸に目的とする発達の指標（たとえば，語彙数，課題の成績）をとり，年齢の関数としてグラフにした「**発達曲線**」で表現されることが一般的です。発達曲線をみると，心身のさまざまな指標が，図1-1の (a) のような右肩上がり，つまり年齢とともに一直線に上昇したり成績が向上したりするだけではなく，幼い頃に急激に発達したあと，下降したり (b)，発達が停滞しつつ続いたり (c)，年齢が進んである時期になると急激に発達したり (d) といったさまざまな過程を経ることがわかります。

**参照**
スキャモンの発達曲線
→9章

図1-1 さまざまな発達曲線

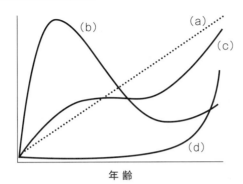

出所：山名, 2011をもとに作成

　第2は、質的変化をとらえる方法です。こちらは、ある視点に基づいて、ある時期に特有の顕著な特徴や機能の変化に注目し、いくつかの段階を考えます。発達を段階としてとらえる方法では、多くの場合、どのような文化や社会でも各発達段階が現れる順序は一定であり、同じような質的変化が起こることが仮定されています。

　具体的には、発達心理学では、**発達段階**の区分として、「出生前期」「新生児期」「乳児期」「幼児期」「児童期」「青年期」「成人期」「老年期」に分けられるのが一般的です。

#### ①出生前期
　受精卵が子宮内膜に着床してから新生児として出生するまでとされます。

#### ②新生児期
　出生後4週間までとされ、母親の胎内から出て、自力で呼吸、体温調節、消化などを行い、外界に適応していく時期です。

#### ③乳児期
　生後1歳半頃までとされ、ハイハイを経て、歩行へとつながる時期であり、言葉の基本となる発声が発達します。

#### ④幼児期
　1歳半頃から6歳頃までとされ、身体的には、走る、跳ぶ、投げるなど基本動作が確立していく時期です。心理的には、話し言葉の基礎が確立され、言葉による基本的なコミュニケーションができるようになっていきます。

#### ⑤児童期
　小学校に通う時期で、6歳頃から12歳頃までとされ、身体的には、運動能力がますます発達します。心理的には論理的な思考が可能になり、学校教育により読み書き能力や計算能力の基礎を形成していきます。

#### ⑥青年期
　中学校に通いはじめる12歳頃から始まります。身体的には、第二次性徴が

参照

出生前期, 新生児期, 乳児期
→3章

幼児期, 児童期
→5章

青年期
→10章

成人期
→11章

老年期
→12章

発現します。心理的には，アイデンティティの形成が大切になります。

⑦**成人期**

　個人が社会から一人前だと認定される段階以降であり，60代頃までとされています。子育てや仕事を経て，社会的責任を全うしていく時期です。

⑧**老年期**

　人間の生涯の最後の時期です。これまでは心身ともに衰退していく時期と考えられていましたが，知能や記憶も種類によっては高齢まで維持されることが明らかになってきています。

## 2　生涯発達とライフサイクル論

　発達と聞くと，子どもを想像するかもしれませんが，発達段階が出生前期から老年期まで設定されていることからわかるように，現在では発達を，受胎から死に至るまでの**生涯発達**（life-span development）としてとらえることが一般的です。

　**バルテス**（Baltes, P. B.）は，生涯発達を「人の受胎から死に至るまでの，生涯をとおしての行動の恒常性の変化」と定義し，生涯の各時点で生じる行動の変化やそれらの順序性などを見出すことを重視しました（Baltes, 1987；坂上ほか，2014）。そのうち，発達を**獲得と喪失**の相互作用としてとらえる考え方は有名です（図1-2）。

**図1-2　獲得と喪失**

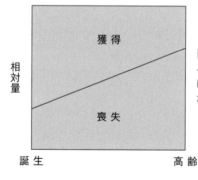

図は，理論上期待される，獲得と喪失の比率における変化の平均的な過程を示したもの

出所：Baltes, 1987；坂上，2014をもとに作成

　言語の発達を例に考えてみましょう。乳児期は，さまざまな音声に敏感です。日本語の環境で育つ赤ちゃんも生後10か月頃までには，RとLの音を区別できるといわれています。ところが，その後，日本語の環境では，RとLの区別に触れる機会がないため，2つの音を区別する能力を喪失してしまいます。その一方，発音，語彙など日本語への適応は飛躍的に向上し，日本語が獲得されます。このように，発達とは，さまざまな能力を次々と身につけていくだけで

はなく，自分の生活環境で必要でない能力が失われるのと同時に，必要な能力が向上していくというように，環境への適応過程としてとらえられるのです。

　生涯発達は，**ライフサイクル**と考えることもできます。ライフサイクルとは，「生物個体にみられる，生まれ，成長・成熟し，老いて死ぬという時間の進行に伴った規則的な変化もしくはその期間のこと」とされます（『心理学辞典』より）。ライフサイクルの視点から生涯発達をとらえる理論をまとめたものが**エリクソン** (Erikson, E. H.) による「**ライフサイクル論**」です。私たちは，発達のさまざまな時期で，自身の内的要求と社会からの外的要求によって生じる葛藤を繰り返し経験します。エリクソンは，このような葛藤を「心理社会的危機」と呼び，これを軸に，8つの発達段階にまとめました（表1-1）。そこでは，各段階で発達を方向づける心理社会的危機が想定され，これを乗り越えることで次の発達段階に進むとされます。

#### 表1-1　エリクソンの発達段階

| 段階 | 相当する時期 | 心理社会的危機 | 様相 |
|---|---|---|---|
| I | 乳児期 | 基本的信頼 対 基本的不信 | 身近な養育者との関わりをとおして，乳児は基本的信頼をもつようになる。逆に，そのような信頼をもてない場合は，基本的不信を抱くようになる。 |
| II | 幼児前期 | 自律性 対 恥・疑惑 | 自律性として，外からの要求と自分の内からの要求とのバランスがとれるようになる。そうでない場合，外の要求にこたえられない恥ずかしさや自身への疑惑をもつ。 |
| III | 幼児後期 | 自主性 対 罪悪感 | 遊びを通じて，さまざまなことに積極的に挑戦していく自主性が高まる。その一方で，ルールを守らないことで叱られたりすることから，罪悪感も生まれる。 |
| IV | 児童期 | 勤勉性 対 劣等感 | 勉強などに取り組む勤勉性とともに，自己を他者から評価されるようになる。しかし，うまく成し遂げられなかったり，認められなかったりすると，劣等感を抱く。 |
| V | 青年期 | アイデンティティ 対 アイデンティティの混乱 | アイデンティティ（自分という感覚）が芽生える。しかし，アイデンティティは不明瞭な側面もあわせもち，そちらが強くなると拡散することになる。 |
| VI | 成人初期 | 親密性 対 孤独（孤立） | 恋愛や結婚を通じて，自律した男女が相互に尊重し合い，親密な関係を形成する。その一方で，社会生活や活動から孤立していると感じることがある。 |
| VII | 成人後期 | 世代性 対 停滞 | 次世代を育成する関心（世代性）が芽生える。しかし，世代性がうまく獲得できないと，人間関係は停滞し，しだいに疎遠になっていく。 |
| VIII | 老年期 | 統合 対 絶望 | これまでの発達段階で獲得してきたものを振り返り，自分の人生を受け入れて，統合する。しかし，自分の人生を受け入れられないと，後悔や絶望することがある。 |

出所：坂上，2014を参考に作成

**参照**

心理社会的危機
→10章

基本的信頼 対 基本的不信
→4章

自律性 対 恥・疑惑
→7章

自主性 対 罪悪感
→7章

勤勉性 対 劣等感
→8章

アイデンティティ 対 アイデンティティの混乱
→10章

親密性 対 孤独（孤立）
→11章

世代性 対 停滞
→11章

統合 対 絶望
→12章

第Ⅰ部　発達心理学の基礎

　エリクソンの考え方をもとに，人生の一定の時期（ライフステージ）におい
て，解決しておくべき心理社会的な課題を「発達課題」と呼んだのが**ハヴィガー
スト**です。発達課題はうまく達成できれば，その後の段階の発達が進みますが，
達成できない場合，それ以降の課題の達成が困難になるわけです。発達課題が
生じる要因として，①身体的な成熟，②社会からの要求や圧力，③個人が達成
しようとする目標や努力，という 3 つがあげられています。ハヴィガーストは，
このような考え方をもとに，6 つの発達段階を設定し，それぞれに 6 ～ 10 個
の発達課題をまとめました（表 1-2）。ただし，ハヴィガーストの発達課題は，
1970 年代のアメリカの一般的な人生を前提としているため，その内容は現代
に当てはまらないものが多いといえるでしょう（齋藤，2018）。

**表1-2**　ハヴィガーストの発達課題（一部を抜粋）

| 発達段階 | 発達課題 |
|---|---|
| 乳幼児期<br>（0～6歳） | 歩行の学習／固形食摂取の学習／しゃべることの学習／排泄の統制を学ぶ，ほか |
| 児童期<br>（6～12歳） | 通常の遊びに必要な身体的技能を学ぶ／男女それぞれにふさわしい社会的役割を学ぶ／読み書きと計算の基礎的技能を発達させる／日常生活に必要なさまざまな概念を発達させる，ほか |
| 青年期<br>（12～18歳） | 同年代の男女と新しい成熟した関係を結ぶ／男性あるいは女性の社会的役割を身につける／自分の体格を受け入れ，身体を効率的に使う／親やほかの大人たちから情緒面で自立する，ほか |
| 早期成人期<br>（18～30歳） | 配偶者の選択／結婚相手と暮らすことの学習／家庭をつくる／育児，ほか |
| 中年期<br>（30～60歳） | 10代の子どもが責任を果たせる幸せな大人になるように援助する／大人の社会的責任，市民としての責任を果たす／職業生活で満足のいく地歩を築き，それを維持する／大人の余暇活動をつくりあげる，ほか |
| 老年期<br>（60歳～） | 体力と健康の衰退への適応／退職と収入の減少への適応／配偶者の死に対する適応／自分の年齢集団の人と率直な親しい関係を確立する，ほか |

出所：齋藤，2018をもとに作成

## 3　ピアジェの発達理論

　次に，エリクソンのライフサイクル論と並んで有名な発達の理論的枠組みで
ある**ピアジェ（Piaget, J.）の発達理論**を紹介しましょう。ピアジェは，子ど
もが世界や物事をどのように知覚したり，学習したり，思考したりするのかと
いう認知機能に着目し，発達をとらえました。具体的には，感覚運動期（感覚
運動的段階）（0 ～ 2 歳頃），前操作期（前操作的段階，2 ～ 7 歳頃），具体的操作
期（具体的操作段階，7 ～ 11 歳頃），形式的操作期（形式的操作段階，11 ～ 15 歳頃）
という 4 つの発達段階にまとめています。

**参照**

ピアジェの発達理
論，感覚運動的段
階，前操作的段階，
具体的操作段階，
形式的操作段階
→5章

第1章　公認心理師のための発達心理学

### ①感覚運動期（感覚運動的段階）

　感覚運動期は，新生児期と乳児期にほぼ相当します。「見る」や「聞く」などの感覚をとおして事物を認識し，それらの事物に運動動作によって直接働きかけていく時期です。この時期での外界の認識は，目で見たり耳で聞いたりした刺激に対して，手足を使って直接的に反応することが主となります。

### ②前操作期（前操作的段階）

　前操作期は，幼児期にほぼ相当し，感覚や身体運動を通じてのみ外界を認識する状態から，頭のなかのイメージのようなもの（これを「表象」と呼びます）を使って外界を認識する力が発達し，操作ができるようになっていく時期です。ただし，一貫した論理的な操作はまだ不十分ですので，たとえば，他者の視点に立ちにくく，対象の一番目立つ特徴によって判断を誤りやすいという「自己中心性」といった特徴がみられます。

### ③具体的操作期（具体的操作段階）

　具体的操作期は，児童期の中心を占めます。直接見たり触ったりできるような具体的な対象については論理的な操作が行える時期となります。たとえば，2つの視点から物事を見られるようになり，自己中心性から脱却する「脱中心化」によって，客観性が生まれます。これにより，学校での学びにも適応できるようになるのです。

### ④形式的操作期（形式的操作段階）

　形式的操作期は，児童期の終わり頃から青年期にかけての時期です。具体物に縛られることなく，問題全体のなかでさまざまな可能性を考え，仮説的・抽象的な状況においても論理的な思考が可能になる時期とされます。これにより，組み合わせや比例といった複雑な形式的操作も可能になります。なお，形式的操作期が15歳頃までとされているのは，ピアジェはこの年齢頃に人間の思考が完成すると考えたからです。

> **プラスα**
>
> **操作**
> 実際に行為をするのではなく，行為が内化されたもので，頭（心）のなかで行うもの（5章参照）。
>
> **参照**
>
> 表象，操作，自己中心性，脱中心化
> →5章

# 2 ｜ 発達を調べるために

## 1　発達を調べるための心理学の研究法

　発達に関わる社会性や認知面，言語発達，知能などさまざまな心理的側面を調べるためには，どのような方法があるのでしょうか。心理学は実証的な学問です。つまり，人間を対象としたデータを得て，それを踏まえて心の仕組みや働きをとらえていきます。発達心理学でも，これらの手法が頻繁に用いられます。

第Ⅰ部　発達心理学の基礎

実証的な研究は，まず実験的研究と観察的研究に大別できます（高野，2004）。実験的研究とは，研究者がある変数を操作することで，別の変数に何らかの効果が生じるかどうかを調べるものです。ここで，操作し変化を生み出す変数を独立変数と呼び，測定される変数を従属変数と呼びます。観察的研究は，操作を行わず，測定をすることになります。

実験的研究は**実験法**であり，因果関係を特定する場合に用いられます。たとえば，絵本の読み聞かせが，幼児の言語能力の向上につながるのかどうかを知りたい場合は，独立変数として，絵本の読み聞かせを行う条件と行わない条件を設定します。その結果，実験の前後で測定した語彙力など（従属変数）について，絵本の読み聞かせを行った幼児のほうが，そうでない幼児よりも増大していることがわかれば，絵本の読み聞かせが幼児の言語能力の向上につながるという因果関係を示すことになります。

実験法以外の研究方法は多岐にわたります。

**観察法**は，日常の生活場面であるがままに自然な経過にしたがって観察するだけでなく，一定の手順にしたがって，組織的に観察する方法もあります。観察可能な行動をあらかじめ整理・分類したうえで，単位時間あたりの出現頻度を記録したりする方法です。たとえば，ある幼稚園で，他者に対する向社会的行動がどれくらいみられるかを知りたい場合が考えられます。あらかじめ「励ます」「教える」「慰める」など，向社会的行動と考えられる行動を整理・分類したうえで，自由遊びの時間を1分ごとに区切り，それぞれの出現頻度を記録して，比較するといったことがありえます。行動観察法は，倫理面などで実験的な操作を行えない場合などに特に有益です。

**調査法**は，人々の態度や意見，興味，知識などを，回答者自身に報告してもらう形でデータを集める方法です。郵送やウェブを使う機会も増えており，多様で多くの対象者から効率よくデータを集めることができます。ただし，自己報告の形をとるため，匿名性が保証されないと回答に歪みが生じるなどの問題もあります。

**事例研究法**は，少数の個人に，長期間にわたり，実験や調査や検査などを繰り返し実施し，総合的に検討する方法です。発達障害などの臨床的な事例や特別な障害（たとえば，ある特定部位の脳損傷など）のある人などを対象にした研究で有益です。

**検査法**は，個人や集団の能力や傾向の差異を調べるために，標準化された質問紙や検査器具を使用して，標準的な手続きで行う方法です。知能検査や発達検査\*などが代表的で，検査で得られた個人のデータは，あらかじめ算出されている標準値と比較され，一般集団内におけるその個人の相対的な位置がわかります。知能検査が認知機能や言語機能に焦点があたっているのに対して，発達検査では，認知機能や言語機能に加えて運動機能も評価対象にしているのが

---

**参照**

**向社会的行動**
→6章

**参照**

**発達障害**
→13章

**知能検査**
→9章

**プラスα**

**発達検査**
発達検査には，「新版K式発達検査2001」「乳幼児精神発達診断法」などが臨床場面でもよく使われる。新版K式発達検査2001は，「姿勢・運動」「認知・適応」「言語・社会」の3領域について検査できる。乳幼児精神発達診断法は，運動，探索，社会，生活習慣，言語の5つの領域から構成され，検査できる。

特徴です（願興寺，2011）。

このような心理学のさまざまな研究法をくわしく知って，適切に実施することは大切です。そうすることで初めて不適応な行動がみられる子どもたちや虐待などを受けた子どもたちの発達の様子を正確に把握することができるようになり，そこから臨床的な支援の糸口が見えてくるのです。

## 2 発達心理学特有の研究法

次に，年齢による変化を扱うという点で，発達心理学特有となる代表的な研究方法を紹介しましょう。

第1は，**横断的方法**（cross-sectional method）です。これは，発達のある一時点で，多様な年齢の対象者の現象を調べるものです。たとえば，4歳，5歳，6歳という3つの年齢群に対して，同時期に同じ記憶のテストを実施する，という手法が横断的方法となります。横断的方法は，研究の期間が短くできる，一度に多くのデータを集められる，といった利点があります。その一方で，実際の時間経過による変化を調べていないため，結果の確実性が弱まるという欠点があります。

第2は，**縦断的方法**（longitudinal method）です。これは，同じ対象者を追跡する形で，現象を調べるものです。たとえば，4歳の子どもたちを対象に記憶のテストを実施し，その子どもたちが5歳や6歳になったときに，再び同様の記憶のテストを実施するという手法が縦断的方法となります。縦断的方法は，現象の発達的変化をより正確にとらえられる利点がある一方で，時間や労力がかかるだけでなく，途中で研究に協力してもらえなくなるといったように，同じ対象者を追跡する難しさがあります。

第3は，**コホート**（cohort）研究です。これは，何らかの経験（被災など）や生まれた時期（団塊の世代）などを共有する人々の集団（コホート）に対して，長期間にわたって調査を繰り返す手法です。

このような研究方法が，さまざまな研究で適用されたり，あるいは組み合わされたりすることで，人間の発達の様子が明らかになるのです。

# 3 | 発達心理学の隣接領域

ここまで，発達心理学は，受胎して誕生してから死に至るまでを生涯発達としてとらえる学問であることを紹介してきました。これを縦軸とすれば，研究領域は横軸ととらえることができるでしょう。発達には遺伝と環境の両方が関わります（2章）が，生涯発達的にとらえる方法は研究領域を問いません。

第Ⅰ部　発達心理学の基礎

　ピアジェは主として発達を感覚運動的なもの（3章）や論理的思考（5章）を中心とした認知の側面からとらえて，段階設定をしていますが，人間の発達はもっと広いものです。社会的な面に視点を移せば，まず母子関係によるアタッチメント（愛着）の発達が重要です（4章）。また，「心の理論」の発達により，社会性や道徳性が深まる（6章）だけでなく，感情の理解と合わせて自己の発達も進みます（7章）。さらに，対人関係の深まりには，遊びも重要です（8章）。その背後には，他者とやりとりするための言葉の発達（9章）も欠かせません。このように，発達心理学の研究対象は，認知や情動や社会や言語など多様です。これらの基礎的な学びが，青年期（10章），成人期（11章），老年期（12章）の心の仕組みや働きの深い学びにつながるのです。

　さらに，発達心理学の対象は，心身の発達状況に著しい偏りや遅れがない「定型発達」だけではありません。むしろ，部分的な偏りあるいは全般的な遅れを抱える「非定型発達」について神経発達障害や発達上の問題が明らかになることで，臨床特性や支援の視点が見えてくるのです（13章）。これは，公認心理師を目指すうえで決定的に重要ですし，教員免許状を取得して教職に就く場合や社会福祉領域に進む場合にもきわめて重要です。

### 考えてみよう

本章で，発達とは獲得と喪失の両面があると学びました。本章で紹介した以外の例で，どのような獲得と喪失があるかを考えてみましょう。

第1章　公認心理師のための発達心理学

## 🪶 本章のキーワードのまとめ

| | |
|---|---|
| 発達曲線 | 発達を量的にとらえる際に用いられるもので，横軸に年齢や時間を，縦軸に目的とする発達の指標をとり，年齢の関数としてグラフにしたもの。心身のさまざまな指標が，必ずしも年齢とともに一直線に上昇するわけではないことがわかる。 |
| 発達段階 | 発達の質的変化をとらえる際に用いられるもので，ある時期に特有の顕著な特徴や機能の変化に注目し，段階設定したもの。エリクソンの8つの発達段階やピアジェの4つの発達段階がよく知られている。 |
| 生涯発達 | 受胎から死に至るまでの発達のこと。バルテスは，「人の受胎から死に至るまでの，生涯をとおしての行動の恒常性の変化」と定義し，生涯の各時点で生じる行動の変化やそれらの順序性などを見出すことを重視した。 |
| 獲得と喪失 | 生活環境で必要でない能力が失われるのと同時に，必要な能力が向上していくこと。環境への適応過程としてとらえることができる。 |
| ライフサイクル | 生物個体にみられる，生まれ，成長・成熟し，老いて死ぬという時間の進行に伴った規則的な変化もしくはその期間のこと。 |
| ライフサイクル論 | エリクソンの提唱した発達理論が有名。発達のさまざまな時期で繰り返し経験する自身の内的要求と社会からの外的要求によって生じる葛藤（心理社会的危機）をもとに，8つの発達段階にまとめた。 |
| 発達課題 | 人生の一定の時期（ライフステージ）において，解決しておくべき心理社会的な課題のこと。ハヴィガーストが提唱した。 |
| ピアジェの発達段階 | ピアジェが提唱した発達を質的にとらえる枠組みのこと。感覚運動期，前操作期，具体的操作期，形式的操作期の4つの発達段階で構成されている。 |
| 横断的方法 | ある時点で異なる年齢集団に対して調べる方法のこと。一度に多くのデータを集められる利点がある一方で，実際の時間経過による変化を調べていないため，結果の確実性が弱まる。 |
| 縦断的方法 | 同一集団を追跡する形で異なる時点での変化を調べる方法のこと。現象の発達的変化を正確にとらえられる利点がある一方で，時間や労力がかかり，同じ対象者を追跡する難しさもある。 |

## 第2章 発達の生物学的基礎

> この章では，まず人間の発達をもたらすものは何かという議論の変遷を追っていきます。「遺伝（生まれ）か環境（育ち）か」という二項対立を経て，現在では，遺伝要因と環境要因が相互作用しながら発達をもたらすという考えが一般的になっていることを述べます。そして，人間の行動や心の特徴も自然淘汰の産物とみる進化的視点をもちながら人間の発達を考えるアプローチについても紹介します。

# 1 発達をもたらす要因は何か

　まずは少し考えてみましょう。このテキストを読んでいるみなさんは，すでに第二次性徴を経験された方が大半だと思います。なぜみなさんの身体に第二次性徴が始まったのでしょうか。このように尋ねられると，「人間の身体はある時期になると第二次性徴が始まるようになっているから」とか「身体にその準備ができたから」などと答える方が多いと思います。では，テキストの文字を読めるようになったのはなぜでしょうかと尋ねられると，どうでしょう。「親が教えてくれたり，学校で習ったりしたから」と答える方が多いかもしれません。

　このように，人間に発達や発達的変化をもたらすのは，生得的な要因と経験的な要因との2つがありそうです。過去には「遺伝」か「環境」のどちらかのみに重きをおいて考えられた時代がありましたが，現在ではその両方が発達に影響すると考えられるようになっています。順にみていきましょう（本章では，生物の一種として人間を指す場合は，カタカナで「ヒト」と記します）。

## 1 成熟優位説

　**ゲゼル**（Gesell, A.）は，身体の発達も心の発達も，ある型に向かって決まった順序で進んでいく連続した過程であると考えました（Gesell, 1940/1966；Gesell & Ilg, 1943/1967）。そして，次の段階への発達は，その段階へ向かうための「内的な成熟」によってもたらされるとしています。ゲゼルは，階段を昇ることや積み木を積むといった身体機能を訓練することの効果を調べるために，一卵性双生児の一方を訓練しました。もう片方の子には，比較統制として

第2章　発達の生物学的基礎

訓練しない，あるいは後から訓練をし，両者を比較するという実験です。そして，はじめは訓練を受けた前者の子のほうが発達が進んでいるようにみられたものの，後者の子が「成熟に達するや否や，同じ腕前を表す」ことを示しました。一卵性双生児は，遺伝的には同一ですから，もし2人の発達に差があるなら，それは環境や経験（ここでは訓練）の違いによってもたらされたと考えることができます。しかし，実験では成熟を待つことで訓練の効果はみられなくなったことから，ゲゼルは外的な刺激や経験が発達にもたらす影響よりも，内的な成熟がもたらす影響のほうが大きいと考えました（**成熟優位説**）。発達の次の段階へと進むことを可能にする十分な成熟のことを**レディネス**といいます。レディネスが整ったときに行われる学習や教育が効果的であるといわれます。

ゲゼルは，成長の型や順序にはパターンがある一方で，子どもはそれぞれに「固有のテンポと仕方（スタイル）で成長していく」(Gesell, 1940/1966) とし，それを規定している「種族的な継承物や家族的な遺伝の力の，奥深い力を認める」と述べています (Gesell & Ilg, 1943/1967)。このことから，ゲゼルは，発達をもたらす遺伝要因を重視していることがうかがえます。

## 2　環境優位説

一方，遺伝や生得的要因によってではなく，環境や経験に基づく学習によって心的機能や行動の変化がもたらされるとする考えもあります。**ワトソン** (Watson, J. B.) は，心の状態や動きを自ら観察すること（内観）によって分析する，それまでの方法を「実証可能な結論に到達できない」と退け，客観的に観察できる行動とその変化のみを研究の対象とするべきだと考えました。そして，行動は「刺激と反応」によって説明できるとしています。このような考え方を**行動主義** (behaviorism) と呼びます。

ワトソンは，生後11か月のアルバートという男の子を対象に次のような実験を行いました。アルバートが何週間も一緒に遊んできた白ネズミに触れたときに，彼の背後で鋼鉄の棒を金づちで叩き大きな音を出しました（「刺激」）。するとアルバートは飛び上がってしくしく泣きました（「反応」）。こうして，白ネズミと大きな音を結びつけて提示することを繰り返すと，アルバートは大きな音が聞こえなくても白ネズミを見ただけで逃げ出すようになりました。ワトソンは，「恐れる」という心の動きを「逃げ出す」という「反応」つまり観察可能な行動としてとらえます。そして，恐れ反応も，「白ネズミを見たら大きな音が鳴る」という条件づけによって，つまり経験によって形成されるとしたのです。

ワトソンは，発達の背後にある遺伝要因の影響を排除し，どんな経験をするかということのみが子どもの育ちを規定すると考えました（**環境優位説**）。彼の考えは，次の文章によく表れています。

---

**プラスα**

**内観心理学**

心理学の父とも称されるヴント (Wundt, W.) を中心としたドイツの内観心理学は，意識を心理学の対象とし，内観法によって心的要素に分析することを心理学の使命と考えていた（『最新心理学辞典』参照）。

---

13

第Ⅰ部　発達心理学の基礎

「私に，健康で，いいからだをした一ダースの赤ん坊と，彼らを育てるための私自身の特殊な世界を与えたまえ。そうすれば，私はでたらめにそのうちの一人をとり，その子を訓練して，私が選んだある専門家——医者，法律家……そうだ，乞食，泥棒でさえも——に，その子の祖先の才能，嗜好，傾向，能力，職業がどうだろうと，きっとしてみせよう」(Watson, 1930/2017)。

### 3　大事な経験をするべき大事な時期

　動物行動学者**ローレンツ**（Lorenz, K.）は『ソロモンの指輪』(Lorenz, 1963/2006) で，孵卵器のなかで卵からかえったハイイロガンの子に「じっとみつめられたとき逃げださなかったばかりに，（中略）彼女（ガン）の最初のあいさつを解発したばっかりに，私がどれほど重い義務をしょいこんでしまったか，さすがの私もきづかなかったのである」と書いています。ローレンツが「しょいこんだ義務」とは何だったのでしょうか。それは，「彼女の母親ガンになりきること」でした。ガンのように孵化後すぐに活発に動くことができる早成性の鳥類には，孵化後最初に目にした適度な大きさの動く対象（自然な状況では親鳥）を追うという**刷り込み**（**インプリンティング；imprinting**）という行動があります。これは，遺伝的・生得的な行動であり，ひとたび追う対象が決まると変更ができません。しかも，生後数日間という特定の時期に，特定の経験（動く対象を見る）をしたときのみに成立する行動です。生得的な基盤なしには起こらず，しかし経験なしには生じない，生得的な要因と経験的な要因の両方を必要とする現象といえるでしょう。

　刷り込みの成立にみられるように，特定の時期において，特定の経験をすることによってある行動や発達が得られ，限られた時期を過ぎるとそれらが達せられなくなるという時期を**臨界期**（**critical period**）といいます。その後の研究により，臨界期においてのみ成立するとされた学習が，適切な刺激を与えることにより，異なる時期でも同様の行動が獲得されることが明らかになりました。また，発達の初期における経験が重要であるとはいえ，その時期を逃してしまうと学習ができなくなるというわけではないことも示されています。そこで，臨界期という用語に含まれる時間的限定や効果の強さを緩め，「経験がほかの時期に比べてより強い効果をもつ時期」として，**敏感期**と呼ばれることが多くなっています。

### 4　遺伝も環境も：足し算か掛け算か

　「生まれ（＝遺伝)」か「育ち（＝環境)」のどちらが発達を規定するかという議論を経て，「生まれも育ちも」，つまり遺伝要因と環境要因の両方ともが発達に影響するという考えが提唱されました。

　シュテルンは，遺伝要因と環境要因が相互に独立な要因として寄り集まり，

加算的に作用して発達を規定すると考えました（**輻輳説**）。シュテルンの考え方を図式化したのがルクセンブルガーです。図2-1 上図で示されているX（ある発達的現象）は，遺伝要因と環境要因が足し算されたものとして示されています。Xの位置が左寄りであれば遺伝要因の影響が大きく，右寄りであれば環境要因の影響が大きく，その発達的現象に影響していることが表されています。このように，ルクセンブルガーの図式では，遺伝要因と環境要因のどちらか一方の影響が強ければ他方の影響が弱くなるという考え方（**対極説**）も表現されています。

**図2-1** ルクセンブルガーの対極説の模式図（上）と
ジェンセンの環境閾値説の模式図（下）

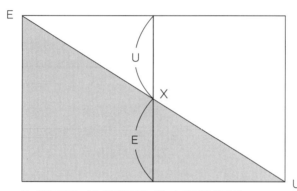

E：遺伝要因　U：環境要因　X：ある発達的現象

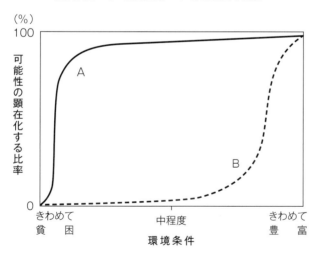

出所：新井，1997をもとに作成

　一方，遺伝要因と環境要因は，加算的に影響するのではなく，相互に作用して掛け合わさって乗算的に影響するという考え（**相互作用説**）が提唱されています。ジェンセンは，さまざまな特性は，一定の水準を超えた環境（環境閾値）があるときに発現すると考えました（**環境閾値説**）。環境閾値は，特性に

第Ⅰ部　発達心理学の基礎

よって異なります。このジェンセンの考えを模式化したものが図2-1下図です。曲線Aは，遺伝要因の影響が発現に大きく寄与しており，環境条件が悪くても発現され得る特性を示しています。身長を例にとると，栄養面や運動面といった，身体の成長に影響する環境条件がきわめて悪い場合には身長の伸びは確かに阻害されますが，それでもある程度の環境条件があれば身長の伸びはみられるでしょう。一方曲線Bは，絶対音感のように，かなり最適な環境条件があるときにはじめて発現される特性について示しています。

# 2 ｜ 行動遺伝学と発達

「遺伝か環境か（nature or nurture）」そして「遺伝も環境も」と議論する時代を経て，今や「遺伝と環境の相互作用」が人間の発達や行動の変化を理解するうえでのキーワードとなってきたといえるでしょう。現在は「通常科学の枠のなかで精密にそのメカニズムを科学的に検討すべきとき」（安藤，2009）に突入しています。しかし，「遺伝と環境の相互作用」という表現は，さまざまに異なる使い方をされ，無用な混乱や誤解が生じていることがあります（Rutter, 2006）。この節では，個人間の行動上の差異を生み出す遺伝要因と環境要因について研究する行動遺伝学（Plomin, 1990）の成果を踏まえ，「遺伝と環境の相互作用」の実相に触れていきましょう。

## 1 行動遺伝学の方法論

人間の発達や行動の変化，そしてそれらの個人差に及ぼす遺伝と環境への関心は古くからあり，またこれまでに紹介してきたように，論争も尽きない課題です。それらを扱う研究領域が**行動遺伝学**です。その始まりは，進化論を提唱した**ダーウィン**（Darwin, C.）のいとこであった，**ゴールトン**＊（Galton, F.）にまでさかのぼることができます。

行動遺伝学の基本的概念は以下のシンプルな4つの命題に基づくものです。①個人間の遺伝的な差異は，表現型の（観察される）差につながる。②個人が経験する環境的な差異も表現型の差異を生み出す。③もし個人間の遺伝的差異が表現型の出現に重要であれば，表現型の類似度は，遺伝学的な類似度に伴って変化する。④異なる人間が共通して経験する環境が表現型の出現に影響しているならば，共通の環境要因が表現型の類似をもたらす（Plomin, 1990/1994）。

---

**語句説明**

**ゴールトン**

フランシス・ゴールトンは，遺伝が人間の行動や能力に影響することを検討するために，今日の行動遺伝学の方法論を考案し，系統的な行動遺伝学研究の嚆矢となる著作を残した。しかし，著作のなかには，優生学的思想もみられ，ゴールトンの行動遺伝学への貢献については功罪両面から考える必要がある。また，ゴールトンは，家族の類似性を表すために，「相関」の概念を考え出すなど，統計学への貢献も大きかった。

### 図2-2　家系図

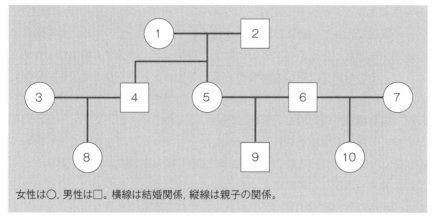

女性は○、男性は□。横線は結婚関係、縦線は親子の関係。

出所：Plomin, 1990/1994をもとに作成

> **プラスα**
>
> **近交系研究・選抜（選択）研究**
>
> 行動遺伝学の分野で、ヒト以外の動物を対象とする研究で用いられる方法として、近交系研究と選抜（選択）研究がある。どちらも人為的な交配により遺伝的に同質な系統の個体をつくり出すことで、さまざまな形質における遺伝要因の影響の検証を行う（くわしくは、Plomin, 1990/1994などを参照）。

　図2-2の家系図に基づき、親族の間でどのように遺伝的類似度が異なるのかをみてみましょう。第1度近親には親子ときょうだいが含まれます（例：図2-2の④と⑤）。その遺伝学的関係は50％です。第2度近親は、間に第1度近親をはさんだ関係です。祖父母と孫（例：①と⑧）、おじおばと甥姪（例：④と⑨）、半きょうだい（片方の親だけを共通にもつきょうだい、例：⑨と⑩）が含まれます。第2度近親の遺伝学的関係は25％です。いとこは第3度近親で、遺伝学的な関係は12.5％になります。

　ある特性に遺伝の影響が重要であれば、遺伝的に近い関係ほどその特性が類似して発現すると考えられます。これを前提として、**家系研究法**は、親族内における形質（生物にある各種の性質）の出現と親族間の遺伝的類似度の関連から、形質に遺伝の影響があるかを調べるという方法です。しかし、家族は遺伝だけではなく環境も共有するため、家系研究には家族性の類似を遺伝の影響のみから解釈することはできないという限界があります（Plomin, 1990/1994）。

　家族性の類似の原因である共有の遺伝と共有の環境という2つの要因を分離できる別の方法論として**養子研究法**があります。これには養子となって別れ別れとなり関わりのない環境のもとで育てられた遺伝的関係のある近親の類似を研究する方法と、同じ養子家庭で生活しているものの遺伝的関係のない家族の類似を研究する方法とがあります。前者の方法論では、環境を共有していないにもかかわらず類似しているならば、それは遺伝を共有しているためと考えることができます。後者の方法論では、遺伝を共有していないにもかかわらず類似しているならば、それは環境を共有しているからと考えることができます。

　さらに、一緒に育てられた一卵性双生児と二卵性双生児の類似の違いを比較するという**双生児研究法**があります。一卵性双生児は遺伝学的には同一であり、二卵性双生児は年齢の違うきょうだい関係と同じく、遺伝学的類似は50％で

第Ⅰ部　発達心理学の基礎

---

**プラスα**

**日本における行動遺伝学研究**

日本では，養子家族を対象とした研究を行うことはとても難しく，養子研究の方法論を用いた行動遺伝学研究は皆無である。しかし，双生児家族の研究協力を得て，双生児研究法による行動遺伝学研究は数多く行われている（Ando et al., 2006）。

---

**プラスα**

**行動遺伝学の10大知見**

タークハイマーによって提起された「行動遺伝学の三原則」（Turkheimer, 2000）後，蓄積された行動遺伝学の知見を総まとめとし，「行動遺伝学の10大知見」として，表現型相関を遺伝要因が媒介していることや，友人からのサポートなど，一見環境のようにみえるものにも遺伝要因の関与があることなどがまとめられている（Plomin et al., 2016）。

---

あるため，卵性によって遺伝学的関係の大きさの違いが2倍あります。一方，一卵性双生児と二卵性双生児は，同一の子宮内環境を経験し，同時に誕生し，同一の家庭で育っているという点では共通しています。そのため，ある形質について，一卵性双生児のペアの類似性が二卵性双生児のペアの類似性よりも高ければ，その形質には遺伝の影響があると考えることができます。もし卵性によって類似性に差がなければ，その形質には類似させる働きをもつ共有された環境（**共有環境**）の影響が大きいと考えることができます。また，一卵性双生児のペアが遺伝も環境も共有して育ちながらもまったく同じ形質を示すというわけではないのは，一人ひとりが独自に経験し彼らを類似させない働きをもつ環境（**非共有環境**）の影響があるためと考えられます。このようなロジックをもとにする双生児研究法は，自然が与えてくれた実験でありながら，家族性の類似を共有する遺伝と環境の二要因に分離して検討できる，とても大きな利点があります（Plomin, 1990/1994）。

## 2　行動遺伝学が明らかにしてきたこと

　前節で説明した方法論をもとに，実にさまざまな形質についてその個人差を説明する遺伝要因と環境要因の検討が行われてきました。図2-3からわかるのは，パーソナリティなどさまざまな心理的・行動的形質のほとんどについてその個人差を説明する要因は遺伝要因と非共有環境であるということです（安藤，2014）。

　一方，学業成績や一部の社会行動など共有環境の影響がみられるものもありますが，全般的には共有環境の説明率が低いものが多いです。これは，行動遺伝学の三原則として以下にまとめられます（Turkheimer, 2000；安藤，2014）。

　　第1原則　ヒトの行動特性はすべて遺伝的である。
　　第2原則　同じ家族で育てられた影響は遺伝子の影響より小さい。
　　第3原則　複雑なヒトの行動特性のばらつきのかなりの部分が遺伝子や家族では説明できない。

　各原則はそれぞれ，「あらゆる行動特性の個人差には遺伝要因の差異が関与している」（遺伝の影響の普遍性），「共有環境要因の影響は遺伝要因の影響より小さい」（共有環境の希少性），「非共有環境要因が行動の大きな部分を説明する」（非共有環境の優位性）を表しています（安藤，2017）。

第2章 発達の生物学的基礎

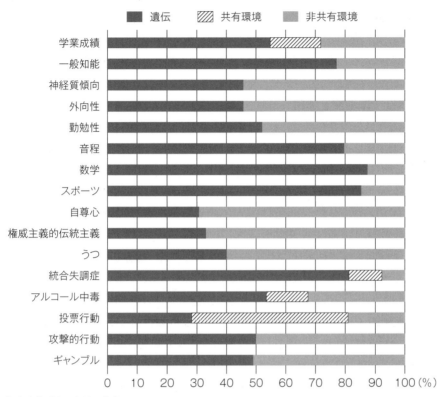

図2-3 さまざまな心理的・行動的形質の個人差を説明する遺伝，共有環境，非共有環境要因の割合

出所：安藤，2014をもとに作成

**プラスα**
**失われた遺伝率（Missing Heritability）**
心理的形質，行動特性の個人差に遺伝要因が関与するということから，具体的な遺伝子多型を特定するために，全ゲノム関連研究（GWAS）などが進められている。しかし，遺伝率を十分に説明できる遺伝子の同定には至っていない（安藤，2014）。

## 3 遺伝と環境の相互作用

### ①遺伝・環境間相関

　オリンピックに出場するなどトップクラスのスポーツ選手の家族をみてみると，親やきょうだいもスポーツ選手であったという例は数多くみられます。ほかの心理的形質については認めがたくとも，運動能力に遺伝要因の影響があることは一般的にも認知されています。実際，さまざまな運動能力には遺伝の影響があることが示されています（例：Vinkhuyzen et al., 2009）。親がハイレベルなスポーツ選手であるならば，その子どもは平均的には運動の才能があると考えられます。しかし，それだけではないでしょう。親は子どもに運動の素質だけではなく，運動能力を高めるような環境も与えているかもしれません。たとえば，自宅に卓球場や重量挙げの練習場をつくるなどがあります。また，運動能力の高い子どもは，リレーの選抜選手に選ばれるなど，運動の才能を発揮できるような特別な機会をより多く与えられる可能性があるでしょう。

19

第 I 部　発達心理学の基礎

さらに，運動ができる環境に自ら身を投じていくかもしれません。このように，遺伝的性質によって個人がさらされる環境やその程度が異なることを**遺伝・環境間相関**といいます（Plomin, 1990）。遺伝・環境間相関を理解するうえで大切なのは，遺伝子は環境それ自体に影響を与えるのではなく，自らが経験する環境を形成したり，選択したりする行動に影響を与えているということです（Rutter, 2006/2009）。

### ②遺伝・環境交互作用

極端なストレスや劣悪な環境を経験しても，問題行動の発生や精神疾患の発症が必ず起こるわけではなく，環境に対して個人がどう反応するかには大きな個人差があります。リスク的環境に対する脆弱性あるいはレジリエンス*の個人差に遺伝的影響がある場合，つまり，環境的経験が疾患や障害に及ぼす影響が，その人がもつ遺伝的素質によって変動する場合，**遺伝・環境交互作用**があるといいます（Rutter, 2006）。

たとえば，養子研究法によって，生みの親の遺伝的影響と，育ちの環境の影響を分離し，子どもの攻撃性や問題行動に対する遺伝と環境の影響を検討した研究（Cadoret et al., 1995）によると，遺伝的リスクが高い（生みの親の反社会的行動傾向が高い）ほど，また養家のリスク的養育環境度が高い（養親の精神的健康状況が悪いなど）ほど，青年期の攻撃性や問題行動が高まるということがわかりました。しかし，リスク的環境を多く経験したとしても，遺伝的リスクがなければ，青年期の攻撃性や問題行動が高まることはないということも示されました（図2-4）。

このような遺伝・環境交互作用は，特定の遺伝子との関係のなかでも報告されています。モノアミン酸化酵素（MAOA；神経伝達物質の代謝に関わる酵素）をコードする遺伝子の多型と，幼少期に虐待を受けた経験の影響が児童期の反社会的行動にどのように関連するかについて検証されました。その結果，MAOAの活性度が低い群で，幼少期に虐待を受けた場合に，反社会的行動が高まることが示されました（図2-5）。しかし，幼少期に虐待を受けなかった場合では，MAOAの活性度の高低と反社会的行動の程度に差はみられませんでした。つまり，Cadoret et al.（1995）の研究から得られる示唆と同様に，遺伝的素因としてリスクをもっていたとしても，保護的な環境があれば，問題行動の発生が抑制されるともいえるでしょう。

---

**語句説明**

**レジリエンス**

困難な状況や脅威にさらされても，うまく適応していく過程やその力，および適応の結果を指す。精神的回復力とも呼ばれる（『最新心理学辞典』参照）。

---

**プラスα**

**モノアミン酸化酵素（MAOA）**

遺伝子組み換えマウスを用いた研究により，攻撃行動との関連が指摘されている。

### 図2-4 反社会的行動の遺伝的リスクとリスクのある養育環境の交互作用：青年期の攻撃性への影響

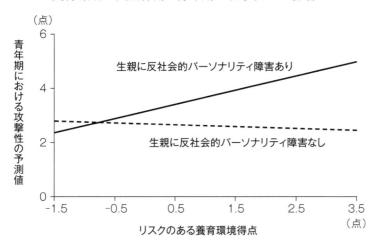

出所：Cadoret et al., 1995より翻訳

### 図2-5 MAOA活性度と不適切な養育経験が反社会的行動に及ぼす交互作用的な影響

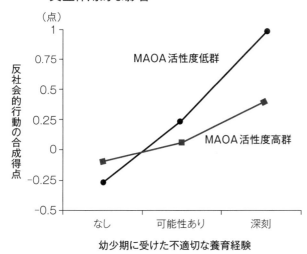

出所：Caspi et al., 2002より翻訳

## 3　エピジェネティクス

　ヒトの子育てには大きな個人差がありますが，ラットの子育てにも個体差があります。子どもをよくなめ毛づくろいする母ラットもいれば，あまりなめな

第Ⅰ部　発達心理学の基礎

い母ラットもいます。そして，母ラットの子育ての個体差は，子ラットにみられるストレス反応の個体差と関連があり，たくさんなめる母ラットに育てられた子ラットは，ストレス反応が抑制されることが知られていました。この理由として，よくかわいがられた子ラットの脳内（特に海馬：記憶などの認知機能に関わる）では，ストレスホルモンの受容体（糖質コルチコイド受容体GR）遺伝子の制御領域でメチル化が低下していることがあげられています。GR遺伝子のメチル化の低下により，GRの発現量が増すことで，ストレスに強い個体になっていると考えられています。さらに，あまり世話をしない母ラットの子をよく世話をする養母ラットに育てさせると，海馬のGRの上昇がみられたことから，経験する環境（ここでは養育行動）の変化がGR遺伝子の発現の変化をもたらしたことが示唆されました（安藤，2017；仲野，2014）。

　このような，よくなめ毛づくろいする養母ラットに育てられた養子ラットにみられた遺伝子発現の変化は，DNA配列の変化によるものではなく（DNA配列は基本的には一生変化しない），DNAの化学的変性によるものです。DNAの化学修飾という形で遺伝子に印がつき，それがDNA複製と細胞分裂を経て次の細胞へ伝わっていく仕組みが**エピジェネティクス**です（佐々木，2005）。エピジェネティクスは，「後の」「後成の」を意味する接頭語である「エピ」と「ジェネティクス（遺伝）」が合わさった語です。親から受け継いだ遺伝的基盤が，（子宮環境を含む）環境との相互作用のなかで後成的に変化しながら表現型を生み出し，そしてそれが次世代へと伝わっていくという考え（太田，2013）は，「遺伝」と「環境」をめぐる考察の次のステージへと私たちを推し進めます。近年，がんなどの身体的疾患だけではなく，統合失調症などの精神疾患に関してもエピジェネティクスによる遺伝子発現の制御やその伝達に注目した研究が進んでいます。

> **プラスα**
>
> **メチル化・アセチル化**
> エピジェネティクスな遺伝子発現制御として，メチル化とアセチル化がある。遺伝子発現が抑制される状態をメチル化，遺伝子発現が活性化される状態をアセチル化という（くわしくは，仲野，2014などを参照）。

# 4 ｜ 心の発達と進化

## 1 就巣性と離巣性

　ウマの赤ちゃんが生まれてほどなくよろよろとしながらも立ち上がり，そのうちにピョンピョン跳ねるように歩き回る姿を映像などで見たことのある人は多いでしょう。このように生まれてすぐに立ち歩くことができる動物もいれば，キツツキなど鳥類によくみられるように，生まれたときには目があいておらず，毛もあまり生えていない動物もいます。このように，ひ弱な状態で生まれてくる動物は「巣に座っているもの」（**就巣性**），ウマやゾウ，キリンなど新生児の

22

第 2 章　発達の生物学的基礎

状態ですでに発育を遂げている動物は「巣立つもの」（**離巣性**）と呼ばれ，種によって発生・発達のしかたが異なります（表2-1）。離巣性の動物は，就巣性の動物に比べて長い妊娠期間の間に母胎内で成長し，就巣性の動物よりも発達が進んだ状態で誕生します。

**表2-1**　就巣性・離巣性の種の特徴

|  | 就巣性 | 離巣性 |
| --- | --- | --- |
| 妊娠期間 | 非常に短い<br>（たとえば20〜30日） | 長い<br>（50日以上） |
| 一胎ごとの子の数 | 多い<br>（たとえば5〜22匹） | たいてい1〜2匹<br>（まれに4匹） |
| 誕生時の子どもの状態 | 運動能力が十分になく親からの給餌などの世話を必要とする | 自力で歩行や採餌ができる |
| 例 | 多くの食虫類，齧歯類，イタチの類，小さな肉食獣 | 有蹄類，アザラシ，クジラ，擬猿類と猿類 |

出所：Portmann, 1951/1961より改変

ヒトの赤ちゃんではどうでしょうか。妊娠期間の長さや1出産あたりに生まれる子どもの数としては離巣性の動物に似ているといえるでしょう。しかし一方で，体形は大人のヒトとは異なりますし，歩くこともできません。この点では就巣性の動物に似ているといえます。

**ポルトマン**（Portmann, A.）は，ヒトがほかの離巣性の哺乳類のように発達した状態で生まれてくるには，ヒトの妊娠期間がおよそ1年多くかかるはずだ，と述べました。そして，ヒトの誕生時の状態は，離巣性の哺乳類であればまだ母胎内で発育を続けなければならない時期に誕生してしまう**生理的早産**であるとしました（生理的早産説）。また，誕生時の状態は就巣性の動物に似ているようにみえるが，本来は離巣性の動物であるにもかかわらず生理的早産の状態で生まれてくるために，離巣性の動物の新生児がもつような運動能力をもたずに生まれてきているとして，人間の出産を**二次的就巣性**とも呼びました。

## 2　進化発達心理学

男の子も女の子も戦いごっこをしますが，戦いごっこを含む取っ組み合い遊びには性差があることが知られており，男の子のほうが女の子よりもそのような遊びを多くします。では，なぜ男の子たちはより多く戦いごっこをするのでしょうか？

先に登場したローレンツとともにノーベル医学生理学賞を受賞したティンバーゲンがあげた「4つのなぜ」を考えることは，この問いを考える枠組みを与えてくれます。1つ目は，「その行動を引き起こすメカニズムは何か」とい

第Ⅰ部　発達心理学の基礎

### 語句説明

**内分泌系**

生体内における情報伝達系のうち，細胞外で化学物質を介して行われるものを内分泌系と呼ぶ。ホルモンや神経伝達物質によるものなどがある（『最新心理学辞典』参照）。

**神経伝達物質**

ニューロンからニューロンへの信号伝達を行う化学物質。興奮効果や抑制効果をもたらし，心的機能に関わるものがある（アドレナリン，ドーパミン，セロトニンなど）。

**ダーウィンの進化論**

子孫に継承され得る変化によって生物の形質が変化していく状態を進化という。どのように生物が進化し多様な種になったかという問いに対し，ダーウィンは『種の起源』のなかで，生物は自然淘汰によって環境に適応するように変化し，種が分岐して多様な種が生じると論じた（『最新心理学辞典』参照）。

うものです。ホルモンなど内分泌系*や神経伝達物質*の働き，遺伝子の働きからアプローチします。2つ目は，「その種のなかでどのように発達的に獲得されるのか」というものです。周囲の環境経験や学習の側面から考えます。3つ目は，「その行動は適応的にどのような意味があるのか」というものです。発達の特定の時期においてどのような適応的価値があるために進化の過程で選択されてきたのかという視点からのアプローチです。4つ目は，「その行動は異なる種をまたがってどのように進化してきたのか」というものです。

　発達心理学の伝統的な傾向として，ティンバーゲンの「4つのなぜ」のうち，前半の2つに焦点が当てられることが多くあります。しかし，後半の2つの問いにみられるような，進化的（**系統発生〔phylogeny〕**的）視点をもつことは，個体の発達（**個体発生〔ontogeny〕**）を問ううえで有益です（Bjorklund & Pellegrini, 2002）。ダーウィンの進化論*の基本原理を現代におけるヒトの発達の説明に適用し，個体発生を進化的視点から理解することを目指す学問分野は，**進化発達心理学**と呼ばれます（Bjorklund & Pellegrini, 2002）。

#### 考えてみよう

学校の教師が教えた内容を，生徒がどの程度身につけることができるかには個人差があります。それはなぜでしょうか。理由について考えてみましょう。

# 第2章 発達の生物学的基礎

## 本章のキーワードのまとめ

| | |
|---|---|
| 生涯発達の遺伝的基盤 | ヒトの受胎，誕生から死に至るまでの生涯を通じた発達過程では，遺伝要因がある（身体的形質や心理的形質の恒常性や，質的・量的変化の基盤となる）。ヒトをヒトたらしめる，種レベルで共有された要因と，個人レベルで異なる要因である。 |
| 遺伝と環境の相互作用 | 遺伝と環境の相互作用は，個人ごとに異なる遺伝的素質によって，経験する環境やその程度が異なることを指す「遺伝・環境間相関」と，環境や経験の影響が，遺伝的素質により異なってくることを指す「遺伝・環境交互作用」から考えることができる。 |
| 行動遺伝学 | 身体的形質や心理的形質の個人差を生み出す遺伝要因と環境要因に関する学問分野。ヒトを対象とした行動遺伝学研究で用いられる方法論として，家系研究法，養子研究法，双生児研究法がある。 |
| エピジェネティクス | DNAの配列には変化を起こさないが，DNAの化学修飾による遺伝子機能の変化が細胞分裂を経て次世代に伝わる仕組みやそれを探求する学問のこと。 |
| 進化発達心理学 | ダーウィンによる進化論の基本原理を現代におけるヒトの発達の説明に適用し，発達を進化的視点から理解することを目指す学問のこと。 |
| 成熟優位説／環境優位説 | 人間に発達的変化をもたらすものとして，生得的な要因を重視し内的な成熟によって発達がもたらされるとする考えを成熟優位説という。これに対し，経験や環境により発達がもたらされるとする考えを環境優位説といつ。 |
| 臨界期・敏感期 | 特定の時期における特定の経験によりある行動や発達が得られ，その時期を過ぎると達せられなくなる時期を臨界期という。臨界期ほど厳密なものではないが，特定の行動や発達に対する経験の効果がほかの時期に比べて強い時期を敏感期という。 |
| 輻輳説・相互作用説 | 遺伝要因と環境要因が相互に独立な要因として加算的に作用して発達が規定されるとする考えを輻輳説という。一方，遺伝要因と環境要因が相互に作用し乗算的に影響し発達をもたらすとする考えを相互作用説という。 |
| 離巣性・就巣性 | 離巣性の動物は，誕生直後に目があいており自力で歩行や採餌ができる。一方，就巣性の動物は，誕生時に目があいておらず運動能力が十分になく親から給餌などの世話を必要とする。 |
| 生理的早産・二次的就巣性 | ほかの離巣性の哺乳類のような成熟に達する前に生まれるヒトの誕生を生理的早産という。ヒトの誕生時の状態は，感覚器官の発達に比して運動能力が未発達な状態である。これを二次的就巣性とよぶ。 |
| 個体発生・系統発生 | 多様な種がどのように生じてきたのか，どの種とどの種が近縁かを表す進化の歴史を系統発生という。一方，個体レベルにおける誕生から死までの一生の変化を指して個体発生という。 |

# 第Ⅱ部

## 出生前後〜児童期までの発達

### 臨床の視点

　発達は受精と同時に始まります。そのなかでも，胎児期から児童期にかけての時期は最も変化の大きい時期であるといえます。運動，認知，言語，感情，対人関係など各領域の発達が著しく，子どもの抱える問題を理解するためには，各時期の各領域の発達的特徴を理解しておくことが必要です。また，支援にあたっては，各領域は関連しながら発達するということ，すなわち発達連関があることを理解しておく必要があります。たとえば，言葉の発達を促すためには，言葉そのものを促進する働きかけではなく，認知や対人関係の発達を促すアプローチも重要となります。その点で，第Ⅱ部では各領域の各時期の発達の特徴に加え，発達の各領域間の関連についても学んでいきます。

第3章　感覚と運動の発達

第4章　アタッチメントの発達

第5章　認知の発達

第6章　社会性の発達

第7章　感情と自己の発達

第8章　遊びと対人関係の発達

第9章　言葉と思考をめぐる発達

# 第3章

# 感覚と運動の発達

この章では，生まれる前の出生前期と生まれてから約1年半の乳児期の感覚と運動の発達について述べていきます。この時期は身体，運動，感覚・知覚のそれぞれが互いに影響し合いながら，目覚ましく発達します。そこには，遺伝的に組み込まれた成長の仕組みと，それぞれの発達に伴って経験していく環境とのやりとりの両方が大きく関与しています。ここでは人生の出発点における発達の様子を学んでいきます。

### 語句説明

**乳児期**

生後1年ないし1年半の時期を指す。児童福祉法や母子保健法では1歳未満が乳児とされているが，本書では，基本的に生後1年半の時期とする。

### 語句説明

**頭殿長**

胎児の頭の先からお尻までの距離を指す。

## 1 │ 生まれる前の発達

　個体としての私たちの発達は，生まれる前からすでに始まっています。受精を始まりとして，細胞期，胎芽期，胎児期を経て出生へと至りますが，その間に身体のさまざまな部分が形成されます（これを発生といいます）。そのなかには感覚器官も含まれており，感覚が機能し始めます。それに伴って，母体内にいながらも環境からの刺激に対して体を動かすなどの反応を示すことも始まっています。

### 1 胎児期の身体と運動

　受精から出生までは出生前期（胎生期）と呼ばれ，3つの時期に分けられます。受精から受精卵が分裂を繰り返し，子宮に着床するまでの受精後2週頃までを細胞期，主要な器官が発生し，おおよそヒトの形になる受精後8週頃までを**胎芽期**，出生までを**胎児期**と呼びます。体の大きさは，胎児期に入った時点では頭殿長*3センチ，体重5グラム程度ですが，出生までに50センチ，3000グラム程度になります。

　四肢は受精後5～8週頃に発達し，胎児期に入る頃にはひじ，ひざの構造をもち，指も分かれて，ほぼ完成形といってよい形になります。身体内部については，心臓などの主要な内臓は胎芽期の間に発生し，機能しはじめます。脳は，胎芽期から胎児期，さらには乳児期以降まで長い時間をかけて徐々に発達します。胎児期初期まではあまり区分がありませんが，妊娠16週頃に側頭葉が分かれ，その後前頭葉，頭頂葉，後頭葉の区分が生じます。大人の脳にみられるようなしわ（脳回，脳溝）が生じるのはそのあとです。脳の発達は，胎児

の感覚や運動能力の芽生えを支えています。

受精後5週頃に心臓が規則的に拍動を始めるなど、内臓の活動は胎芽期にすでに始まっていますが、四肢や口などによる身体の運動の多くは胎児期になってからみられるようになります。個人差はありますが、妊婦は早い人で妊娠16週くらいになると胎児の動きを感じるようになります。しかし、その前から胎児は自発的に動いており、近年3D/4D超音波画像診断装置などの発達によって胎児が胎内で運動している様子が明らかになってきています。妊娠7週頃に最初の身体の動きが示され、その後は表3-1に示したように、9週頃にしゃっくり、11週であくび、14週で目を動かすなど、徐々に動きのレパートリーが増えていき、妊娠20週までにはほとんどの動きのレパートリーが出現します（Prechtl, 1988）（図3-1参照）。

### プラスα

**妊娠週数（在胎週数）**

最終月経の初日を妊娠0週0日として起算する。そのため、受精後の週数（胎齢）に比べて2週間ほど多くなる。たとえば、一般的な出産時期は、胎齢で38週、妊娠週数（在胎週数）で40週である。

### 表3-1 胎児期の主な身体運動の出現時期

| 出現する妊娠週数 | 身体運動 |
|---|---|
| 8週 | ジェネラルムーブメント*、手足をびくっと動かす |
| 9週 | しゃっくり、個別に手足を動かす、吸てつと嚥下、頭を後ろにそらす |
| 10週 | 呼吸する動き、反り返り、手を顔につける、口をあける、頭を動かす |
| 11週 | あくび |
| 12週 | 指を動かす |
| 14週 | 目を動かす |

出所：De Vries & Fong, 2006 をもとに作成

### 語句説明

**ジェネラルムーブメント**

四肢を含む身体の自発的な全身運動。

### 図3-1 妊娠34週時の胎児のあくび様運動

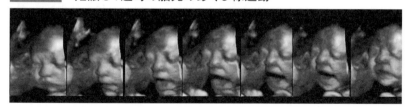

出所：夫, 2004より転載

## 2　胎児期の感覚

母胎内ではさまざまな**感覚器官**\*が発生し、それに伴って刺激に対し反応を示しはじめます。なかでも早くからみられるのは触覚刺激に対するもので、妊娠10週頃には胎児は鼻や唇に触れられると反対側に頭を動かすようになります。平衡感覚をつかさどる三半規管は妊娠10週頃から形づくられ、妊娠15週頃から母親の体位の変化に応じた動きをとります。嗅覚と味覚の神経組織は妊娠16週頃から機能しはじめ、胎内にいるうちから甘味に反応することが報告

### 語句説明

**感覚器官**

外界からの刺激を受け取って神経系に伝える器官のこと。たとえば視覚であれば感覚器官は目であり、聴覚であれば耳である。

されています。

　聴覚については，妊娠11週頃までに耳の基本的な要素が発生し，妊娠20週頃までに内耳や外耳などの基本的な構造が完成します。胎児は羊水のなかにいて，体表が脂質で覆われており，加えて母親の心音や血流音に常にさらされているため，生まれたあととは異なる音環境にいますが，胎内でもさまざまな音を聞いています。たとえば，妊娠25週までには，母親のおなかに当てたスピーカーから鳴らされた音に対して体を動かして反応するようになることがわかっています（Shahidullah & Hepper, 1993）。また，妊娠38週以降には母親とほかの女性の声に対して異なる心拍数の変化を示します（Kisilevsky, 2003）。さらに近年では，音に対する胎児の脳活動の変化を測る研究などもみられます（Porcaroa et al., 2006）。

　視覚においては，光を感じるために必須の網膜が発生するのは妊娠7週頃です（ただし，大人の網膜のような層状の組織が完成するのはもっとあとです）。妊娠10週頃には視神経が脳へと伸びはじめ，妊娠5か月頃までに基本的な眼の構造が形成されます。癒合していたまぶたが分離して開くようになるのはそれよりもあとになります。母胎内での視覚的環境はきわめて限られていますが，妊娠26週の胎児が光に対して心拍数の変化や身体の動きを示すことが示されており（Hepper, 2007），早産児が生後すぐに視覚刺激に反応を示すことからも，胎児が光に敏感であることがわかります。

## 3　胎内環境の重要性

　胎児は母親から胎盤や羊水を通じて酸素や栄養分を取り入れますが，同時に化学物質など発達を阻害するような催奇形性物質（テラトゲン）を摂取してしまうこともあります。たとえば，妊娠中の飲酒や喫煙が胎児に重大な影響をもたらすことはよく知られています。アルコールは胎盤を通じて簡単に胎児に届き，頭蓋や顔面の形成不全，発育全般の遅れ，注意欠如・多動性障害（ADHD），神経系の異常などを引き起こします（胎児性アルコール症候群）。また，タバコの成分であるニコチンは血管の収縮を引き起こして胎盤の血流を減少させるため，出生時の体重に影響したり，乳幼児突然死症候群のリスクが高まったりすることが報告されています。

　さらに近年では，胎児期や生後早期の環境が乳児期への影響だけでなく後の成長後の健康状態にも影響を及ぼすというDOHaD<Developmental Origins of Health and Disease>仮説が注目されるようになってきました。これまでに疫学研究から得られた知見として，胎児期から幼小児期の低栄養やストレス，化学物質曝露などの望ましくない環境が虚血性心疾患，脳卒中，高血圧，2型糖尿病，精神疾患などのリスク要因となることが示されています（佐田, 2016）。

---

**プラスα**

**胎芽期と催奇形性**

胎芽期は特にテラトゲンの影響を受けやすい。かつて，つわりを和らげるため妊娠初期にサリドマイドを服用した母親の一部から手足や耳などの形成不全のある赤ちゃんが生まれ，社会問題となった。また，妊娠初期に妊婦が風疹にかかると風疹ウイルスが胎児に感染し，先天性心疾患や視覚障害，聴覚障害などをもって生まれる先天性風疹症候群を引き起こすことがある。

第3章 感覚と運動の発達

また，生後の健康上のリスクを予見する**出生前診断**も，より早期にさまざまなことがわかるようになってきています。最近では，妊婦の血液を調べることによって胎児にダウン症候群*などの染色体疾患があるかどうかを調べる，いわゆる新型出生前診断と呼ばれるNIPT（non-invasive prenatal genetic testing：非侵襲的出生前遺伝学的検査）も徐々に広まりつつあります。妊婦や胎児に大きな負担をかけずに妊娠の早い時期から比較的精度の高い診断が行われるようになったことは，病気や障害のリスクに早期に備えることを可能にした一方で，人の命に関する根本的で判断の難しい議論を生んでいます。

---

## 2 ┃ 新生児期の発達

誕生してから生後28日未満の時期を**新生児期**と呼びます。新生児は一見無力で受け身の存在にみえますが，この時期にしかみられないようなユニークな行動を示しながら，母胎外の世界での長い生活のスタートを切っていきます。

### 1 出生時の状態

妊娠37～41週での出生を正期産，それより前を**早産**，後を過期産とよびます。出生時の体重については，2,500g未満は**低出生体重**，1,500g未満は極低出生体重，1,000g未満は超低出生体重と分類されます。出生後のリスクについては在胎週数と出生体重を合わせて考えることが重要で，妊娠週数に応じた体重かどうかが問題となります。特に，週数に比べて体重が少ないSFD（small-for-date）児については，その後の成長を注意深く見守る必要があります。

出生直後の身体症状もその後の発達上のリスクを予測する重要な手がかりとなります。その一般的な評価法であるアプガースコアでは，5つのポイント（心拍数，呼吸，筋緊張，反射，皮膚の色）をみて，生後1分と5分後の状態を0～10点で評価します。特に後者のスコアはその後の成長のリスクとの関連が強いと考えられています。

### 2 原始反射

羊水中から外の世界に出てくることで，乳児の身体の動きは常に重力に縛られることになります。筋力が不十分な新生児期には，ほとんどの時間を寝た状態で過ごします。この時期に特徴的にみられるのが，**原始反射**＊と呼ばれる反射行動です。主なものとして，モロー反射，バビンスキー反射，吸てつ反射，ルーティング反射，把握反射，歩行反射などがあります（表3-2）。これらは，特定の刺激に対してどの新生児にも共通して同じような運動がみられることか

---

【語句説明】

**ダウン症候群**

21番目の染色体が3本あることによる染色体疾患。染色体疾患のなかで最も頻度が高い。先天性心疾患，視力や聴覚の問題，知的障害などを伴うことがある。

【プラスα】

**出生前診断と遺伝カウンセリング**

遺伝カウンセリングでは，遺伝性疾患に関する患者や家族の相談を受け，医学的倫理的に適切な情報を提供し自らが意思決定できるよう支援する。近年の急速な出生前診断の進歩に伴い，遺伝カウンセリングの充実が求められている。

【語句説明】

**原始反射**

胎児期から新生児期にかけて特徴的に観察される反射行動の総称。

第Ⅱ部　出生前後〜児童期までの発達

表3-2　主な原始反射

| 原始反射名 | 特徴 |
|---|---|
| モロー反射 | 振動や大きな音などがしたときに，両手を広げ抱きつくような姿勢をとる |
| バビンスキー反射 | 足の裏をこすると，足の指が扇状に開く |
| 吸てつ反射 | 口唇に触れると，吸う動きをする |
| ルーティング反射 | 口唇や頬部に触れると，頭をその方向に向け口を突き出す |
| 把握反射 | 手のひらに触れると手指を閉じて握る |
| 歩行反射 | 体を支えて立たせ足裏を床に触れさせると，歩行するような動作をする |

ら反射であることは明らかですが，一方でその後に人が能動的に示す行動との興味深い類似性もみられます（たとえばルーティング反射が，触られたときにそちらに振り向いて注意を向けるというしぐさと似ているなど）。原始反射は新生児に共通した反応であり，特定の期間のみにみられます。そのため，出現するべき時期に出現し，消失すべき時期に消失するかどうかなどが乳児期の神経系の発達の指標ともなります。

## 3 感覚間知覚・新生児模倣

　ヒトは胎児期に発達させた一定の感覚機能を有して生まれてきますが，大人の能力に近づくにはまだ長い時間を要します。にもかかわらず，ある感覚で得た知覚情報がほかの感覚での知覚に反映される，**感覚間知覚**と呼ばれる現象が新生児期にすでにみられるという知見があります。有名なある実験では，「つるつるのおしゃぶり」と「イボイボのおしゃぶり」を用意して，そのどちらかを新生児に見えないように口にくわえてもらい経験させます。その後，2種類のおしゃぶりの模型を見せると，新生児は自分がくわえていたほうのおしゃぶりを長く見る傾向があることが報告されています（Meltzoff & Borton, 1979）。つまり，口での触覚情報が何らかのかたちで目で見た視覚情報への注意反応に反映されたと考えられます。さらに，物を手で触る課題を用いた研究で，生後40時間ですでにこの触覚-視覚間知覚が生じることも報告されています（Sann & Streri, 2007）。

　また，他者が顔の動作（舌を突き出す，口をあける，口をすぼめるなど）を繰り返し見せると，新生児はそれと同じ顔の動作を示す模倣が生じる**新生児模倣**と呼ばれる現象が報告されています（Meltzoff & Moore, 1977）。模倣と呼べるかどうかや，どの程度頑健な現象なのかについては議論の余地がありますが，ほとんど他者の顔を見たことのない生後1，2日の新生児でもこの新生児模倣がみられることは興味深く，生得的に自己と他者の行動を関連づける能力をもつ可能性も指摘されています。

第3章　感覚と運動の発達

## 4　新生児期の睡眠パターン

　乳児が夜中に目覚めて泣き出す夜泣きは，養育者の大きなストレスの一つとなり得ますが，これは乳児期中頃にみられるものです。一方で，乳児期初期にも特徴的な睡眠パターンが存在します。

　新生児は，昼夜のリズムに関係なく，短い睡眠時間を繰り返します（超日性リズム）。新生児期が終わると徐々に大人と同じ24時間で一回りする睡眠覚醒パターン（サーカディアンリズム）へと移行していきます。一部の乳児では，その2つの時期の間に，周期的ではあるけれども，24時間周期ではなく25時間周期のパターンを示すことがあります（フリーランニングリズム）。そうした場合には，結果として起きている時間帯が少しずつずれていくという特徴的な睡眠覚醒パターンとなることが報告されています（Shimada et al., 1999）。

## 5　新生児期の特殊性

　原始反射や新生児模倣は，乳児期初期だけにみられる特徴で，一定の時期が来ると徐々にみられなくなります。それらのうちの一部は後に同様の行動が再出現するU字型の変化を示します。たとえば，**新生児微笑**（生理的微笑，自発的微笑）と呼ばれるほほえみの表情は，まどろんでいるときの新生児によくみられます。これは生得的，反射的なもので，母親からの働きかけなど外的な刺激によって引き起こされるものではありません。新生児微笑は生後2か月ほどでみられなくなっていきますが，今度は**社会的微笑**と呼ばれる人の声や顔に向けたほほえみが出現します。このほほえみは，他者とコミュニケーションをとるなどの機能性をもっており，外界や他者とのやりとりの経験に影響を受けて生じるものです。なお，新生児微笑は，新生児期の未分化な中枢神経系の機能と関連していると考えられています。感覚間知覚が新生児期から生じることも，この中枢神経系の状態と関連しているのではないかという議論もあります。

# 3 ｜ 乳児期の発達

　人生のほかの時期に比べ，乳児期には身体，運動能力，知覚機能が目覚ましいスピードで発達します。さらにそれらを使うことで，自分が生きている環境を理解し，外界に対してさまざまな働きかけを行うようになっていきます。

## 1　乳児期の身体と運動機能の発達

　**乳児期**（特に生後半年間）は，身長・体重の増加が人生のなかで最も著しい

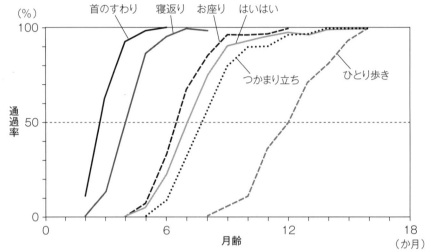

図3-2 乳児期の運動機能の発達

出所：厚生労働省，2010をもとに作成

時期で，生後1年で身長が約1.5倍，体重が約3倍になります。

この時期の運動能力の急速な発達は，身体の成長を背景とし，さらに体の動きを制御するための仕組みである中枢神経系*の成熟と末梢神経系*の髄鞘化とも深く関連しています。発達には一定の方向性がみられ，頭部から尾部へ，中枢部から末梢へ，**粗大運動**\*から微細運動\*へと進みます。

図3-2は，乳児期の全身的な運動発達の主な道標の出現時期を示したものです。運動発達は，首がすわる，寝返りをする，お座りをする，はいはいをする，つかまり立ちをする，ひとりで立つ，歩く，走るという一定の順序で進みます。この図からわかる重要なポイントは，乳児がそれぞれの行動を示しはじめる時期には個人差が大きいということです。たとえば「ひとり歩き」のグラフをみると，50％の乳児が歩くようになるのは生後12か月ですが，8か月で歩きだす場合も，16か月という場合もあります。また，はいはいをする前につかまり立ちをするなど，実際の行動としては表に現れないまま成長する場合もあります。

手で物を操作する行動は，ヒトが環境と相互作用を行うための重要な手段ですが，そこにはいくつかの運動機能が関わっています。物をつかむときの手指の動きの発達については，生後半年頃に全部の指で手のひらに物を押しつけるように握れるようになり，その後で指の働きが分化し，親指とほかの指で挟むように物をつまむことができるようになります（Butterworth et al., 1997）。物を操作するには物の位置まで正確に手がたどり着くことも必要です。そのためには，目で見た情報を適切に処理して腕を伸ばす角度，距離，速度を制御するという**目と手の協応**が不可欠です。乳児は生後5か月頃にはすでに物に手を伸ばす（リーチングする）際に，伸ばす動きのなかで腕の方向を微調整する

---

**語句説明**

**中枢神経系と末梢神経系**

中枢神経系は，神経系のうち，形態上でも機能上でも中枢となる部分で，脊椎動物では，脳と脊髄からなる。末梢神経系は，中枢神経系と体内の末端器官を結ぶ神経の総称。

**粗大運動と微細運動**

粗大運動は身体全体のバランスを要する大きい運動，微細運動は手先の細かい運動を指す。

ことができ，さらに物に手が届くタイミングに合わせて指の開き方も変化させます（Hofsten & Rönnqvist, 1988）。

## 2　乳児の感覚・知覚の研究法

　生まれたばかりの赤ちゃんにとって周りの世界がどのように見えているのかを調べるにはどうしたらよいのでしょうか。乳児は古くから無能力で受動的な存在であると考えられてきました。この最も大きな理由は，言葉でのやりとりができず身体運動能力のきわめて限られている乳児の心理を探る有効な方法がなかったため，その実際をとらえることができなかったことにあります。

　**選好注視法**（preferential looking method）は，20世紀半ばにファンツ（Fantz, R. L.）が考案した方法です。この方法は，乳児に2つの刺激を同時あるいは継時的に提示し，刺激によって注視時間が異なるかどうかを確かめるものです（注視時間が異なればそれらの刺激を弁別している証拠になります）。ファンツはこの方法を用いて，乳児でもパターンの弁別能力があることを示しました。たとえば，さまざまな図形のペアを並べて提示し，それぞれに対する注視時間を測定した結果，生後すぐに同心円と縞模様，市松模様と四角形などの図形の弁別ができることを示しています（図3-3）。反応強度の違いによって弁別能力を探るアプローチは，条件づけと組み合わせて音刺激の弁別を調べる選好振り向き法やほかのさまざまな測定方法へと展開し，20世紀後半からの乳児研究の

### プラスα
**選好**
**（preference）**
ここでの選好とは，反応の偏りを示すもので，必ずしも一般に用いるような嗜好の度合いを反映しているとは限らない。

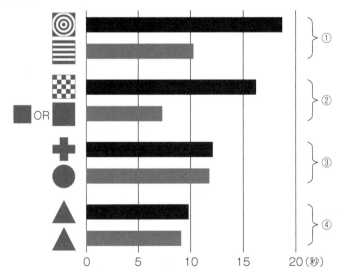

**図3-3　ファンツが図形選好実験で用いたパターンとその結果**

1分間のテストにおける平均注視時間

注：①と②では図形によって注視時間が異なっていた（選好があった）ことから，乳児は各図形を弁別していたと解釈できる。③では十字と円に対する注視時間に差はなかった。この場合，乳児は2つの図形を弁別していなかったという解釈と，弁別はしていたが選好がなかったという解釈の両方が成り立つ。④は同じ図形では選好が生じないことを確かめるために行われた。
出所：Fantz, 1961をもとに作成

第Ⅱ部　出生前後〜児童期までの発達

発展に貢献しました。

選好注視法は複数の刺激を見せるだけでよいため，長時間の実験が難しい乳児研究において優れた研究技法といえます。しかし，選好が生じないからといって弁別していないことの証拠にはならないという限界があります。次に示す馴化-脱馴化法は，実際は弁別しているけれども選好の程度は同じくらいであるという場合にも適用可能な方法です。

乳児に刺激を提示すると注視などさまざまな反応が生じますが，同じ刺激を繰り返し提示すると，反応強度が徐々に低下します（たとえば，注視時間が減少します）。これを馴化と呼びます。その後，刺激が変化すると，反応強度が回復します（たとえば，注視時間が増加します）。これを脱馴化と呼びます。このように，脱馴化が起こるということはその刺激と前の刺激とを弁別していることを意味します。これを利用した弁別能力の測定法が**馴化-脱馴化法**（habituation-dishabituation method）です。馴化-脱馴化はあらゆる刺激に対して起こるので，選好注視法よりも利用範囲が広く，さまざまな知覚・認知能力の研究で用いられています。

これから何が起こるかについて乳児が予期していた場合，その予期のとおりの結果が起きたときと予期に反する結果が起きたときでは，後者のほうでより注意が強まり，注視時間などの反応強度に差が生じます。これを利用して乳児の認知能力を測るのが**期待違反法**（violation of expectation method）です。典型的な実験では，日常生活のなかでの法則性に照らして起こり得る事象（可能事象）と，起こり得ない事象（不可能事象）を提示し，反応強度が異なればその法則にしたがった予期をしている，異ならなければ予期していないと判断します。しかし，2つの事象の間で可能・不可能だけを変えてほかの知覚属性（たとえば動きなど）を等しくすることは困難なため，そうした無関係な属性の違いが反応強度に影響しないよう，多くの場合は馴化-脱馴化法と組み合わせて用いられます。

こうした測定法の多くでは指標として注視時間が使われますが，ほかにも心拍数や吸てつ反応なども用いられます。また，近年は乳児にも適用しやすい近赤外分光法（NIRS）や脳電図（EEG，脳波）などを中心に，乳児の脳活動を反映する生理指標の利用も増えています。

## 3　乳児期の感覚・知覚

胎児期の知見からわかるように，**五感**（視覚，聴覚，触覚，嗅覚，味覚）や体性感覚＊などは誕生したときから生じていますが，まだ未成熟です。感覚＊は乳幼児期をとおして徐々に発達して大人に近づき，それとともに外界の事物を知る知覚能力も発達します。

---

**プラスα**

**近赤外分光法**
体内透過性の高い近赤外線を用い，神経活動における脳血流変化に伴うヘモグロビン（Hb）の変化量を計測することで，脳の活動状態をとらえる方法。

**脳電図**
頭皮上から，神経細胞の活動に伴って発生する微弱な電位変化を増幅し記録したもの。

**語句説明**

**体性感覚**
触覚，温度感覚，痛覚といった皮膚感覚と，筋や腱など身体内部での感覚である深部感覚の総称。

**感覚と知覚**
感覚受容器（視覚であれば目，聴覚であれば耳）が刺激を受容して生じる過程を感覚，より高次で複雑な過程を知覚と呼ぶ。たとえば，外界から網膜上に届いた光刺激によって生じた視覚感覚をもとにして，自分のまわりの三次元の世界を知覚する。ただし，実際には感覚と知覚を明確に区別することは難しい。

①視力

　生まれたばかりの赤ちゃんの視力はかなり低めです。視力の指標はいろいろありますが，乳児でよく使われるのは縞視力です。これは，白黒の縞模様を，灰色ではなく縞模様と感じられる最小のきめの細かさで表した視力で，乳児では選好注視法でこれを調べます。下條とヘルド（1983）によれば，生後1か月の縞視力は1cpd以下で，生後半年間で急速に発達しますが，それでも大人（50～60cpd）に近づくのは5歳頃です。一方で，視力（解像力）以外の視覚能力であるコントラスト感度（明暗の違いに対する感度）は，生後半年頃に成人同等まで発達します。

②色の知覚

　色の知覚については，生後すぐに灰色より色のついたものを選好することがわかっています（Adams, 1987）。その後の発達については研究による違いも多いですが，馴化-脱馴化法を用いた研究により，生後4か月で大人同様の青・緑・黄・赤の色カテゴリを知覚していることが報告されています（Bornstein, et al., 1976）。

③奥行き知覚

　網膜に映った二次元情報をもとに外界を三次元の世界として知覚するには，奥行き知覚が必要です。乳児の**奥行き知覚**について有名なのは，ギブソンとウォークの**視覚的断崖**の実験です。彼らは，図3-4のような，透明な床の下に深さの違う断崖がある装置の中央部に生後6か月以降の乳児を乗せ，それぞれの方向に移動するかどうかを調べました。その結果，ほとんどの乳児が深い崖のほうへは進もうとしませんでした。彼らが奥行きを知覚していたことは確かですが，その後の研究から，深い断崖に進むかどうかは日常での移動経験（ハイハイや歩行器による移動）の有無に依存することがわかっており，この課題自体は奥行き知覚よりも落下への恐れを調べるものだと考えられます。奥行き知覚そのものは，もっと早く生後すぐに生じているようです。スレーターら

図3-4　視覚的断崖の装置の例

出所：旦, 2009をもとに作成

第Ⅱ部　出生前後〜児童期までの発達

**語句説明**

**恒常性**
同じものでも，見る距離や方向，照明条件が変化すれば網膜に映る像も変化するが，私たちは比較的一定のものとして知覚する。これを知覚の恒常性と呼ぶ。物の特性に応じ，大きさの恒常性，形の恒常性，明るさの恒常性などと呼ばれる。

は，生後2日の新生児に大小いずれかの立方体を見せて慣れてもらったあと，さまざまに距離を変えながら大小の立方体を左右に提示しました。その結果，距離による見えの大きさの違いにかかわらず，実際の大きさが見慣れたものとは異なる立方体を長く注視しました（Slater et al., 1990）。この実験は，新生児の視覚に大きさの恒常性*があることを示したもので，同時に奥行きの情報を利用できることも示しています。

**④乳児にとっての顔，生物の動き**

　乳児が知覚する外界のさまざまな物のなかでも，顔は特別な位置づけにあるようです。ファンツのパターン選好の実験では，生後2，3か月の乳児が顔状の刺激を特に強く選好することが示されています（Fantz, 1961）。また，生後間もなくでも，目や耳などの顔のパーツの配置を変えた刺激よりも普通の配置の顔刺激を好むこと（Johnson & Morton, 1991）や，母親の顔を他者の顔よりも選好することなどが報告されています（Walton et al., 1998）。

　顔と同様に，物の動きについても特定の特徴に対して早くから選好を示します。画面上で多くのドットが運動する映像刺激で，個々のドットの位置と動きがヒトや動物が動いているときの身体の主要なポイント（関節など）をなぞっていると私たちはそこに生物の動きを知覚します。これは**バイオロジカルモーション**と呼ばれます。生後2日の新生児でもほかの点の動きよりもバイオロジカルモーションのほうを長く注視することが示されており（Simion et al., 2008），私たちが生物に対して特別な知覚をする仕組みを生得的に有する可能性が指摘されています。

**⑤聴覚と嗅覚**

　**聴覚**については，赤ちゃんは母胎内にいるときからさまざまな音刺激を経験しています。先に述べたように出生前から母親と他者の声を聞き分けているなど，一定の聴覚能力をもって生まれてきます。出生後も発達は進み，1,000Hz以下の低音の感度は生後3か月頃までに大人と近いものになります（Spetner & Olsho, 1990）。

　言語理解の端緒である話し言葉への敏感性については，近赤外分光法（NIRS）を用いた研究で，発話の音の高さの変化の有無や赤ちゃんに向けた発話音（Infant-Directed Speech）と大人に向けた発話音とで脳活動が変化することが報告されています（Saito et al., 2007a,b）。また，乳児の /ra/ と /la/ の弁別能力を調べた研究によると，6〜8か月児では日本の乳児も米国の乳児と同じくらい2つの音を聴き分けましたが，10〜12か月児になると日本の乳児は米国の乳児よりも鈍感になっていました（Kuhl et al., 2006）。これは，私たちの話し言葉の聴き取り能力が人生初期の経験によって培われていることを示唆しています。

　音がどの方向から聞こえたかを知覚する音源定位能力については，新生児は

音のした方向へ頭を向ける反応がみられますが、この反応はその後いったん消失し、生後 4, 5 か月くらいからまたみられるようになります。前者はルーティング反射と同様の原始反射であり、後者が音源の定位としての能力の現れだと考えられています（Muir & Clifton, 1985）。

嗅覚については、生後 3, 4 日の新生児が人工乳をつけた布よりも母乳をつけた布に頭を振り向けることが報告されており（Marlier & Schaal, 2005）、注意を向ける対象を決める重要な手がかりとしてにおいが機能していることが示唆されています。

## 4 乳児期の外界の認知

私たちは、外界についての知覚をもとに事物の性質を理解し、起こったことに理由づけをしたり、これから起こることを予期したりします。こうした外界認知能力は、乳児期初期にまず、対象の永続性の獲得を始まりとして、物体の性質や振る舞いの認知（**素朴物理学**）から発達していきます。

素朴物理学の研究の多くでは、期待違反法を使い、目の前の出来事の次に何が起こるかを乳児が予期しているかを調べます。たとえば、生後 4 か月半の乳児に図 3-5 のような 2 つの事象を見せます。ともに手に持った箱を同じ位置で手放しますが、一つの事象では別の箱で支えられ（可能事象）、もう一つでは空中で放されたのに空中にとどまります（不可能事象）。乳児は後者をより長く見ました。これは、空中で放された箱が落ちると予期していたことを示しており、この月齢の乳児が「支えのない物は落ちる」という法則にしたがって外界を認知していることを示唆しています（Needham & Baillargeon, 1993）。重力に関わる認知についてはその後、支えるために必要な接触のしかたや、物が落ちるときの落下方向などにも敏感になり、徐々に大人と同じ正確な予期ができるようになっていきます。また、物の運動については、慣性の法

> 参照
>
> **対象の永続性**
> → 5 章
>
> **素朴物理学**
> → 5 章

図3-5　重力法則理解を調べる実験

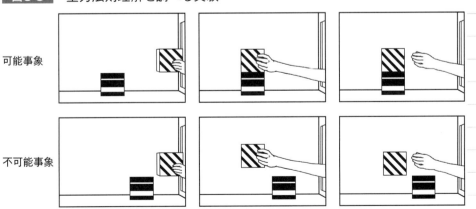

出所：Needham & Baillargeon, 1993 をもとに作成

第Ⅱ部　出生前後〜児童期までの発達

則（動いている物は同じ方向に動き続ける）が生後8か月までに獲得されることも示されています（Spelke, 1994）。

　乳児期の後半になると，物の振る舞いに関する認知が精緻化し，動いているのが人間か物かで予期が変わったり，動き方を手がかりに対象の意図（何がしたいのか）に沿った予期をするようになります。こうした予期の分化は，大人がもっている生物や心理についての理解につながっていくと考えられます。

　そのほかに，幼児期以降の数の理解につながる可能性のある認知能力を調べた研究もあります。期待違反法を用いた研究で，ウィンは，おもちゃとつい立てを使い，1＋1＝2や1＋1＝1，2－1＝1や2－1＝2といった状況をつくり出して乳児に見せました。その結果，5か月児が足し算・引き算の規則に反した結果をそうでない結果よりも長く注視することを示しました（Wynn, 1992）。

　こうした乳児の認知を探る研究は，主に注視時間などの間接的な指標を用いているため，どこまで乳児が「理解」しているのかという解釈については慎重になる必要があります。乳児が見ている世界は私たち大人が見ているものとは大きく違うかもしれません。それでも，急速に発達する感覚・運動能力を背景に，身のまわりの世界を能動的に探索するとともに，ある程度整合性をもって認識するようになるのは乳児期であることは確かでしょう。

**考えてみよう**

外界を知覚・認知する能力の発達と身体・運動能力の発達は独立ではなく，相互に影響し合っていると考えられます。知覚・認知能力の発達が運動の発達を促進したり，逆に身体・運動の発達が知覚・認知能力の発達を促進したりする例を考えてみましょう。

# 本章のキーワードのまとめ

| | |
|---|---|
| 胎芽期 | 受精卵が子宮に着床してから受精後8週までの時期を指す。この時期に主要な器官が発生する。この時期の終わりには，きわめて小さいものの，頭部，胴体，四肢，指など各部が整ってほぼヒトの形をとる。 |
| 胎児期 | 受精後9週から出生までの時期を指す。この時期には身体が大きくなると同時に，感覚を含むさまざまな器官が成長し機能しはじめる。環境とのやりとりを始めるという意味では人生の最初期といえる。 |
| 新生児期 | 生後28日未満の時期を指す。原始反射や独特な睡眠パターンなど，この時期にだけみられるさまざまな特徴がある。 |
| 乳児期 | 新生児期も含め，生後1年半頃までの時期を指す。通常発達心理学的な観点からは，歩いてしゃべるようになると幼児期に移行するが，その区分は明確ではない。研究法の進歩により，この時期に外界の事物について知覚・認知能力がさまざまに発達することが明らかになっている。 |
| 五感 | 感覚のなかでも主要な視覚，聴覚，触覚，嗅覚，味覚を指す。大人と同等になるには幼児期以降まで待たなければならないが，胎児期・乳児期を通じて五感の感度は大きく向上し，知覚・認知能力の発達の基礎となる。 |
| DOHaD〈Developmental Origins of Health and Disease〉仮説 | 胎児期や生後早期の環境が乳児期への影響だけでなくのちの成長後の健康状態にも影響を及ぼすという仮説。これまでに，胎児期から幼小児期の低栄養やストレス，化学物質曝露などの望ましくない環境が虚血性心疾患，脳卒中，高血圧，2型糖尿病，精神疾患などのリスク要因となることが示されている。 |
| 出生前診断 | 胎児が何らかの疾患に罹患しているかを検査して診断すること。広義には通常の妊婦健診で胎児の健康状態をみることも含まれる。胎児にとって非侵襲的な検査として，超音波画像診断，母体血清マーカー検査，母体血胎児染色体検査，侵襲的な検査として羊水検査，絨毛検査などがある。 |
| 原始反射 | ヒトの反射行動のうち，乳児期，特に新生児期にのみみられるものを原始反射と呼ぶ。その一時性は，発達中の中枢神経系の機能と密接に関わっていると考えられ，正常な時期に生じ，消失するかどうかが乳児の発達をアセスメントする際の手がかりとなる。 |
| 目と手の協応 | 知覚-運動協応のなかでも，目で見た対象と手の情報が手を動かす距離，方向，加速減速，タイミングなどに反映され，精緻な対象の操作が行われることを目と手の協応と呼ぶ。最初は主に対象への手伸ばし（リーチング），その後対象の把握（グラスピング）においてみられる。 |
| 選好注視法 | 乳児研究で多く用いられる方法の一つ。2つの刺激を提示して，刺激によって注視時間が偏ることで2つを弁別していることを示す。条件づけと組み合わせて用いられることもある。 |
| 馴化-脱馴化法 | 乳児研究で多く用いられる方法の一つ。同じ刺激を繰り返し提示すると，反応が徐々に低下することを馴化，その後で刺激が変化すると反応強度が回復することを脱馴化と呼ぶ。脱馴化が生じるということはその刺激と前の刺激とを弁別していることを意味する。これを用いて，乳児が刺激を弁別する能力を調べる。 |
| 期待違反法 | 乳児研究で多く用いられる方法の一つ。日常生活のなかでの法則性に照らして起こり得る事象（可能事象）と，起こり得ない事象（不可能事象）を提示する。乳児が後者を長く注視した場合は，その法則にしたがった予期をしていたと解釈する。 |

# 第4章 アタッチメントの発達

発達心理学では誕生から死までの長い人生における人の心を扱いますが，アタッチメント（愛着）はその一生にわたって重要な意味をもち続けると考えられています。この章では，アタッチメントとはどのようなものかを学びます。誕生直後から子どもと養育者の間でアタッチメントが形成されていく過程や，子どもと養育者の関係に関わる心理について述べていきます。

## 1 人生の始まりと 土台としての乳児期

　人はみな，乳児として誕生します。乳児は，自分で立つことも，ご飯を食べることも，言葉で話をすることもできません。人間の乳児は，「育ててもらう」ことを前提に生まれてくるとも考えられます。親などから養育をされることで，身長が伸び，体重が増え，やがてお座りやハイハイ，歩行などの姿勢の保持，運動能力が高まります。健康な身体の育ちは，これから長い人生を健やかに歩んでいくための土台となります。そして，身体，移動運動能力の育ちの傍らで，私たちが人間として社会的生活を送っていくことに欠かせない，心理的・社会的な発達も進みます。

### 1 乳児期の親子関係

　誕生後間もない乳児にとっての社会的やりとり，人間関係の中心は，養育者，親との関係です。**母子関係**，父子関係など，日常的に自分に関わり，世話をし，保護し，遊んでくれる相手との関係のなかで，子どもの心理的・社会的発達が育まれます。たとえば，お母さんに乳児が抱っこされて心地よさそうにほほえむ姿，反対に，そのお母さんが見えなくなって大泣きをしている乳児の姿を見たことがあるでしょう。乳児にとって，お母さんはいつもそばにいてくっついていたい特別な存在であるように思われます。では，乳児はなぜ，お母さんにくっついているのでしょうか。

　かつて，乳児は空腹を満たすため，乳をもらうために母親に近接し，その結果として，母子の間に特別な絆ができてくると考えられていました。しかし，ハーロウによるアカゲザルの実験結果などから，その見直しがなされまし

---

**プラスα**

**二次的動因説**
空腹などの生理的欲求（一次的動因）の充足のために親に近接を繰り返した結果として，親との間に特別な関係が形成されてくるという考え方は二次的動因説と呼ばれる。

た（Harlow, 1958）。ハーロウは，生後すぐにアカゲザルの乳児を母親のもとから引き離し，2つの「お母さん人形」がいる部屋に移しました。お母さん人形の1つは，体が針金でできていて哺乳瓶が取りつけてあり，乳児がミルクを飲むことができる人形でした。もう1つの人形は，哺乳瓶は取りつけられていないものの，身体にやわらかい布が巻きつけてあり，温かくやわらかいものでした。乳児がもし，ミルクが欲しいために母親にくっついているのだとすれば，アカゲザルの乳児は哺乳瓶つきの針金人形にしがみついているはずです。ところが，観察の結果からは，アカゲザルの乳児は多くの時間を布製の人形にしがみついて過ごし，空腹時には針金の人形からミルクを飲むものの，飲み終わればまた布製の人形の傍らで過ごす，という姿がみられました。この実験の結果から，乳児にとっては栄養を得るというよりも，母親に近接することで温かさや安心感を得ること自体が重要な意味をもっていることがうかがえます。

## 2　養育者との関係のなかで育まれる信頼感

　乳児が親や養育者に近接して安心しようとする傾向をもつと同時に，養育者やまわりの大人も乳児を日々，養育し，世話をしようとします。そのとき，大人は乳児にさまざまに声をかけたり，目を合わせてほほえんだり，乳児の発声に合わせて笑ったり返事をしたりします。そうした声かけや微笑みかける行為は，乳児にとって，社会的な刺激となります。大人は，乳児の身体的世話をしながら，多くの場合同時に，社会的相互作用のなかに乳児を誘い，乳児の心理的・社会的な育ちを促しているのです。

　乳児は，自分が不快で泣いているときに養育者が抱き上げてくれることや，空腹のときにミルクをもらえること，自分と一緒に養育者が笑ってくれるということ，自分の目を見つめて話しかけてもらうこと，など日々の養育者とのやりとりを少しずつ重ねながら，養育者との間に心の交流を経験しはじめます。その過程で，自分の傍らにいる養育者は，自分を保護し，助け，必要なときに必要な関わりをしてくれるという，**基本的信頼感**を育んでいきます。**エリクソン**（Erikson,E.H.）が提案した，8つの発達段階と各時期における発達課題について，乳児期の部分をみてみましょう。乳児期の発達課題は，「**基本的信頼対　基本的不信**」と表されます。乳児は自分に日常的に関わってくれる養育者，周囲の大人や環境に対して信頼感をもち，そうした信頼感は同時に，自分は養育者から守ってもらえる，関わってもらえる，という自分自身の価値を感じることにつながります。一方，乳児の欲求や思いに周囲の大人が応答してくれない場合，乳児には「不信」という状態が生まれます。なお，養育者とはいえ，いつでも完璧に乳児に応じることは不可能ですから，乳児は折々に小さな不信を感じることもあるでしょうが，そのことも乳児の心理的な経験となります。養育者からの日々の関わりの蓄積をとおして，全体のバランスとして不信

**参照**

エリクソンの発達
段階
→1章

第Ⅱ部　出生前後〜児童期までの発達

よりも信頼感をより豊かに経験できることが重要です。人生の始まりである乳児期に，自分に関わってくれる周囲の人や環境を信じることができる，そして自分には大切にされる価値があるという感覚をもつことができるのは，これから生きていく世界と自分に対する希望へつながると考えられるでしょう。

# 2 ｜ アタッチメントの発達

　乳児は，毎日，自分を世話し，保護し，やりとりをしてくれる相手との間，多くの場合は養育者との間に，大切で特別な関係を築いていきます。その特別な関係は，**アタッチメント**（attachment：**愛着**）と呼ばれています。

## ■1■ アタッチメントとは

　イギリスの児童精神科医である**ボウルビィ**（Bowlby, J.）は，自身の心理臨床の経験や，第二次世界大戦で養育者を失った戦争孤児に関する調査から，子どもの健康な心身の成長にとって，親子関係がいかに重要な意味をもつかを説き，その特別な関係を「アタッチメント」と名づけて体系的な理論を示しました（Bowlby, 1969/1982, 1973, 1980）。アタッチメントとは，子どもが，ストレス，不安や不快，危機感などを感じたときに，養育者など特定の相手に近寄り，身体的な近接を図ろうとする傾向であり，その近接と，相手からの保護によって「大丈夫」「安全だ」「安心だ」という感覚を取り戻そうとする行動制御のシステムを指します。他個体への近接により安全感を取り戻し維持しようとする傾向は，幼い子どもが養育者に向ける生得的な姿であるとともに，ハーロウのアカゲザルの実験でも触れたように，人間以外の動物にも認められます。また，アタッチメントの広義の意味として，親子間でこのような情動の調整と安全感の回復の経験を積み重ねながら形成される，情緒的な絆を指すことがあります。

　親子間のアタッチメントについて，わかりやすく説明している「安心感の輪」（図4-1）に基づきながらみていきましょう。図の左側にある2つの手は，子どもがアタッチメントを向ける対象である養育者などを表しています。子どもの動きが「輪」の1周として描かれていますが，輪を挟んだ養育者の手の反対側のあたりには，さまざまな環境，おもちゃや絵本，友だち，親以外の人々，遊びや学びの活動など，子どもが出会い経験する幅広い物事や人々がいると考えてください。さて，最初に，輪の下半分の子どもの動きを説明します。初めての玩具で遊んだり，見知らぬ人に出会ったり，新しい活動をやってみたりするとき，子どもはちょっと不安になったり，怖さを感じたりすることがあ

---

**プラスα**

**多様な愛着対象**
子どもがアタッチメントを向ける相手を愛着対象と呼ぶ。生後間もない乳児にとっての主たる対象は親であることが多いが，そのほかにも養育者，祖父母などの家族，保育者なども，子どもにとって大切な愛着対象となり得る。

44

るでしょう。しかし幼い子どもは、怖さや不安、不快などのネガティブな情動状態を、自分一人でうまく調整したり、解消したりすることはできません。子どもは不安や不快を感じたとき、泣いたり、養育者に抱き上げてもらおうとして近づいてきたりします。アタッチメント対象への近接を図ろうとする行動は**愛着行動**と呼ばれます。愛着行動の背景にある子どもの気持ちは、図4-1の輪の左下の囲みにあるように、「守ってね」「慰めてね」といったところでしょう。子どもがこうした状態にあるとき、養育者は助けを求めている子どもが駆け込むことができる「安全な避難所」という機能をもちます。子どもは親に抱き上げてもらいなだめてもらうことで、泣きやみ、不安の波に飲み込まれそうであった気持ちが徐々に穏やかになり、もう大丈夫、という落ち着きを取り戻します。アタッチメントは、幼い子どもが特定の相手との関係のなかで気持ちの揺れを回復する、2者関係による情動調整*という働きをもっています。

心の揺れから回復した子どもは、自ら再び、玩具や活動、人々との交流など、環境へと好奇心を向け、輪の上半分の動きを見せはじめます。このとき、アタッチメント対象である養育者などは**安全基地**（図4-1では「安心の基地」）という機能をもちます。輪の右上の囲みにあるように、子どもは「見守っていてね」「一緒に楽しんでね」という気持ちをアタッチメント対象に向けながら、養育者を安全基地として、世界へと自律的な探索活動に出かけます。そして、探索活動

**図4-1** 安心感の輪

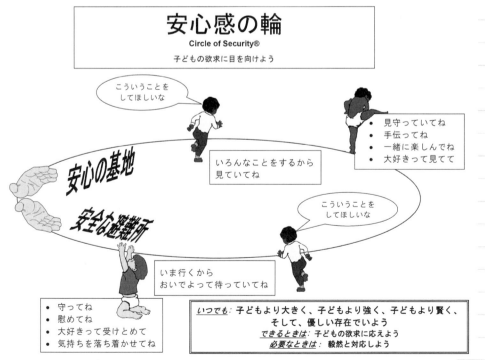

> **語句説明**
>
> **情動調整**
> 情動の強度や持続性、内容を調整することや、情動によって行動や対人関係などを調整すること。アタッチメントの文脈では、否定的情動の調整が主であるが、情動の調整としては、喜びなどの肯定的情動についても強度の調整や維持などが行われる。

第Ⅱ部　出生前後〜児童期までの発達

のなかで再び不安や不快を感じることがあれば，アタッチメント対象を「安全な避難所」として求めるでしょう（輪の下半分）。アタッチメント対象が果たす安全基地と避難所の機能を十分に信頼しながら，子どもが自ら自律的に輪を1周できる状態が，アタッチメントが安定している状態だと考えられます。

## 2　アタッチメントの発達

　ボウルビィによると，乳児は誕生時からアタッチメントの欲求をもちながらも，誕生後にアタッチメントの発達が徐々に進んでいくと考えられています。出生から3か月頃までの乳児は，周囲の人に対して特段の区別をせずに誰に対しても，見つめたり，発声したり，手を伸ばしたりします。この時期の乳児は，泣いているときに誰が抱き上げても泣きやむという様子がみられます。やがて，乳児は愛着行動を特定の人に向けて発信するようになります（生後3〜6か月頃）。日常的によく関わってくれる大人，多くは親や家族などを，それ以外の人とは区別するようになってきます。さらに生後半年以降，そうした人の区別はより明確になり，愛着行動を向ける相手，安心感を回復できる相手が特定されてきます。

　さらにこの時期，乳児は，はいはいや歩行により，つたないながらも自分で動くことができるようになります。それ以前の愛着行動は，乳児が不安や不快を感じたときの泣きや発声などであり，相手がそれを聞きつけて近寄ってきてくれる，というものでした。すなわち「相手が自分のところにきてくれる」という形で乳児は愛着対象との近接を図っていたわけですが，生後半年を過ぎると，乳児は，不安等を感じたときに自分のほうから養育者のもとへと近づいていくことができるようになるのです。

　子どもが大きくなり3歳以降になると，養育者などにくっついている時間や，養育者のそばにいようとする愛着行動が，それより幼い時期よりもぐっと少なくなるようにみえます。その背後には，子どものなかに「養育者は必要なときに自分を守ってくれる」「自分は養育者にちゃんと守ってもらえる」というような，養育者と自分の関係についての確信，期待のようなものが徐々にできてきて，物理的・身体的に常に養育者のそばにいなくても，安心して過ごすことができるようになってきたという育ちが考えられます。この，子どもが抱く養育者のイメージ，養育者から自分がどのように接してもらえるかというような確信，期待，イメージのようなものは**内的作業モデル**と呼ばれます。

## 3　特別な相手と離れがたい子どもの気持ち

　アタッチメントの発達において，子どもにとって特定の相手，特別な相手ができてくると，その相手と離れることに強い抵抗や泣きを示すようになります。それまでは，泣いているときに誰に抱き上げられても泣きやんでいたのに，母

---

**プラスα**

**人見知り**

生後半年以降，乳児にとってなじみのある，日常的に関わっている相手と，そうではない相手の区別がはっきりとしてくる。なじみのある相手との心理的な経験の蓄積や，顔その他の特徴に関する記憶の能力が高まることを背景に，乳児には，なじみのない相手に対して泣いたり，近寄らないでおこうとするような，人見知りの行動がみられる。

親など特定の人に慰めてもらえるまではなかなか泣きやむことがありません。このように，人の区別ができ，特別な人が子どものなかにできてくると，**分離不安**と呼ばれる様子がうかがえるようになります。これは，特定の相手が不在であったり，その相手と分離することを予期した際に，子どもが不安や恐れを感じて大きく泣いたり抵抗したりするといった姿です。養育者にとっては激しく泣かれると辛いものがありますが，子どもがそれだけ，特別な関係を感じているということでもあるでしょう。

　なお，子どもはやがて，徐々に物理的には養育者と離れて，自分で活動ができるように育っていきます。その過程において，**移行対象**をもつ子どもがいます。たとえばスヌーピーの作品に登場するライナスという男の子は，いつも毛布を持ち歩いて，頬や体に毛布をくっつけています。常に肌身離さず持っているこの毛布が，ライナスにとっての移行対象です。毛布のほかに，ぬいぐるみや人形，タオルなど，肌触りがよく温かさを感じられるような素材でできた物を移行対象とする子どもが多いようです（図4-2）。移行対象とは，養育者などからの分離による不安や苦痛に耐えるために，子ども自身によってつくり出されるもので，イギリスの精神分析家ウィニコット（Winnicott, D. W.）が取り上げました。移行対象があることで，不安が軽減されたり，安心を感じることができたりと，子どもの感情を支え調整してくれる機能があると考えられています。移行対象の有無は子どもによって違いますし，持つ時期や持続する期間にも個人差がありますが，子ども自身が創出したものであり，心の杖となって子どもの現実場面への対処，気持ちの調整を支えているという点が注目されます。

**図4-2**　移行対象

## 4　アタッチメントの個人差とタイプ

　さて，再びアタッチメントに視点を戻しましょう。先述のようにアタッチメントそのものは，すべての子どもが養育者などに向ける普遍的な傾向ですが，それぞれの子どもをみてみると，アタッチメントの向け方，表し方には個人差が認められます。その個人差には，大きく分けると4つのタイプがあること

が知られています。アタッチメントの個人差についての研究を展開した**エインズワース**（Ainsworth, M. D. S.）らは，子どものアタッチメントのタイプを測定するために**ストレンジ・シチュエーション法**という親子観察の手続きを考案しました（Ainsworth et al., 1978）。手続きの流れを図4-3に示します。

この方法では，実験室などの見慣れぬ場所に，乳児（1歳〜）とその親など（図中の例の母親のほか，子どもが向けているアタッチメントのタイプを測定したい相手）を招き，図4-3にあるように一定の出来事を実験的に繰り広げながら，子どもの様子を観察します。特に観察のポイントとなるのは，親子の分離場面（場面④や⑥）と，その後の親子の再会場面（場面⑤や⑧），子どもが実験室で示す探索活動の様子です。この実験に参加した子どもたちの6割程度は，親との分離場面で泣いたり嫌がったりと苦痛を示しますが，親との再会時には近寄って行き，親に抱き上げてもらったり，お話をしながら頭や背中をなでてもらうことで，不安や恐怖，寂しさから回復して落ち着きを取り戻します。また，親を安全基地として実験室で遊んだり，玩具や実験者に好奇心を向けたりする様子が観察されます。こうした行動をみせる子どもたちは，親との間のアタッチメントが安定しているとされ，**安定型**（Bタイプ）と呼ばれます。

**図4-3　ストレンジ・シチュエーション法**

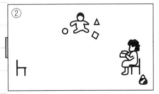
① 実験者が母子を室内に案内，母親は子どもを抱いて入室。実験者は母親に子どもを降ろす位置を指示して退室。（30秒）

⑤ 1回目の母子再会。母親が入室。ストレンジャーは退室。（3分）

② 母親は椅子にすわり，子どもはオモチャで遊んでいる。（3分）

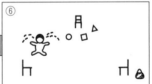
⑥ 2回目の母子分離。母親も退室。子どもはひとり残される。（3分）

③ ストレンジャーが入室。母親とストレンジャーはそれぞれの椅子にすわる。（3分）

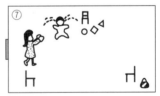
⑦ ストレンジャーが入室。子どもを慰める。（3分）

④ 1回目の母子分離。母親は退室。ストレンジャーは遊んでいる子どもにやや近づき，はたらきかける。（3分）

⑧ 2回目の母子再会。母親が入室しストレンジャーは退室。（3分）

出所：Ainsworth et al., 1978；数井・遠藤, 2005をもとに作成

第 4 章　アタッチメントの発達

一方，安定型とはやや異なる様子をみせる子どもたちもいます（不安定型）。親との分離時にあまり苦痛の様子をみせず，親との再会時にも部屋に戻ってきた親に対して大きな反応をみせずにそれほど親との近接を求めない子どもは**回避型**（Aタイプ）と呼ばれます。比較的，親のことを気にせずに実験室内で遊ぶような様子がみられます。また，親との分離時に非常に大きな苦痛を示し，その混乱が比較的長く続き，親との再会時にはしがみつくなど身体的な近接を強く求めつつ，自分を部屋に残していった親に怒りを示すように叩いたりするといった行動が特徴的な子どもたちは**アンヴィバレント型**（Cタイプ）と呼ばれます。

なお，その後の研究から，上記の3つのいずれにも分類できない子どもたちの存在が発見されています。たとえば，親に近づこうとする様子をみせつつも親の手前で動きが止まってしまい親の傍らに行かない，親と一緒に遊びたがるそぶりはありながらも親がいる方向とは別の方向に玩具を走らせる，など，親に近接したいのか，したくないのかがわかりにくい行動が表れる子どもたちです。このタイプは**無秩序・無方向型**（Dタイプ）と呼ばれています。

# 3 アタッチメントの個人差に絡むさまざまな要因

前節で取り上げたアタッチメントの個人差は，どのようにして生じてくるのでしょうか。子どもがアタッチメントを向ける親がもっている特徴による影響と，子ども自身がもっている特徴による影響のそれぞれについて研究がなされています。この節では，まず，アタッチメントの個人差の規定因について触れた後，アタッチメントをはじめとした子どもの育ちに影響しているさまざまな要因について考えてみましょう。

## 1 アタッチメントの個人差の背景

アタッチメントの個人差，タイプを生じさせる可能性がある要因には，大きく分けて親側のものと，子ども側のものがあります。

### ①親の応答性・敏感性

ストレンジ・シチュエーション法によりアタッチメントの個人差を研究してきたエインズワースらが着目した個人差の規定因は，親側の特徴でした。子どもは親に向けて愛着行動を示しますが，幼い子どものその行動は，泣きであったり，まだ言葉にならない発声であったりします。親は，子どものそのときどきの行動やサインを受け止め，「不安になっているのかな？」「慰めてほしいのかな？」「見守っていてほしいのかな？」などと，子どもの欲求に目を向けつつ，

---

**プラスα**

**アタッチメントのタイプと障害**

本文で紹介したアタッチメントのタイプは，いずれも子どもに特定の愛着対象がおり，その対象に向けて形成したアタッチメントの内容にみられる特徴に基づいて分類をしたものである。Dタイプについては，臨床的なリスク（親の抑うつや，虐待など）を抱える親子にみられやすいことが指摘されている一方で，非臨床的な親子サンプルにおいても15％程度，存在することが報告されている（van IJzendoorn et al.,1999）。なお，アタッチメント障害（愛着障害）については，誰に対してもアタッチメントを示さない，特定の関係を形成しない状態を指すものであり，きわめてまれにみられるケースであるという整理がある。しかしながら，愛着障害という表現がさまざまに多用されていることが指摘されている（数井，2007を参照）。

49

第Ⅱ部　出生前後～児童期までの発達

**プラスα**

**アタッチメントのタイプと親の敏感性**

アタッチメント安定型の子どもの養育者は子どもの欲求に敏感で，一貫した（子どもにとって予測しやすい）関わりをしやすい。これに対して，アンヴィバレント型の子どもの養育者は，関わり方が一貫せず，子どもの欲求に合わせるというよりは，どちらかというと養育者の都合に合わせた子どもへの関わりが多いという特徴がある。また，回避型の子どもの養育者は，子どもに対して拒否的な態度を示すことがあり，子どもへの情緒的な関わりが少ないという特徴がある。

サインの内容を読み取ったり解釈したりしながら，子どもの欲求に応えようとして行動します。エインズワースらは，親子の観察を通して，子どものサインの受け止め方，子どもへのこたえ方には親によって違いがあることを見出していました。そして，親が敏感な応答性（responsiveness）をもつことが，子どもの安定したアタッチメントの形成を促すと考えたのです。応答性は養育者が示す言語的，非言語的行動にさまざまに表れます。子どもの状態に合わせて関わりかけるという応答もあれば，子どもが助けを必要としていないときには，子どもの自律的活動を見守るという応じ方もあるでしょう。エインズワースらは親の養育行動の特徴を観察に基づいて測定する視点を提案し，一連の研究から親の**敏感性**（sensitivity）に注目しています。養育者の敏感性に関する研究は多く行われてきており，安定したアタッチメントをもっている子どもの親は，子どものアタッチメントの欲求，愛着行動のサインに気づき，それに対してタイミングよく適切なやり方でこたえるという，高い敏感性をもつことが示されています。

**②子どもの気質**

アタッチメントの個人差，タイプを規定すると考えられる，子ども側の要因としては，**気質**が注目されてきました。気質とは，子どもが生得的にもつ，行動や情緒的反応，表出にみられる特徴です。多少の物音がしてもすやすや眠り続ける赤ちゃんもいれば，忍び足の足音でも目覚めて泣き出す赤ちゃんもいます。眠りや食事などのリズムに加え，音や光の変化にすぐに気づきやすいかや，新しいものが好きか怖がるか，などといった点において，乳児には生まれながらにすでに個人差があります。このことは，客観的には同じ出来事を経験していても，個々の気質的特徴をもつ乳児によって感じ方が違っている可能性を示唆します。ストレンジ・シチュエーション法では，子どもは見知らぬ実験室で，親との分離や，見知らぬ実験者とのやりとりを経験します。ケイガンによると，怖がりやすく，いらだちやすいという気質的特徴をもつ子どもは，ストレンジ・シチュエーション法において，激しい泣きや親への怒りなどを表しやすく，その結果Cタイプに分類されやすいと考えられます（Kagan, 1984）。一方，不安や恐れをそれほど感じない，見知らぬ人にもそれほど人見知りをしないという気質的特徴をもっている子どもは，Aタイプに分類されやすいでしょう。アタッチメントのタイプ分類の基準となる子どもの行動表出には，子どもがもともともっている気質が影響しているという考え方です。

## 2　子どもの育ちに絡むさまざまな要因と，要因相互の影響

アタッチメントの個人差には，親と子どものそれぞれの特徴による影響が想定されていますが，実際には，どちらか一方によるというよりも，互いの影響が絡み合っていると考えられるでしょう。仮に同じような気質的特徴をもって

いる子どもでも，育つ環境が異なれば育ちの姿は異なるでしょう。また，同じ環境であっても，子どもの気質によって影響のしかたや度合いが異なるでしょう。**気質と環境**だけでも複雑な組み合わせが考えられ（Thomas et al., 1968），影響の及ぼし合いが想定されます。アタッチメントをはじめ，子どもの育ちには何か単一の要因が直接的に影響を及ぼす，というよりも，もともと子どもが生得的・遺伝的に有している特徴，養育者が有している特徴，そのときどきの親子を取り巻く社会的環境，物理的環境などが複雑に関係しています。

複雑な影響プロセスの一例として，**相互規定的作用モデル**（transactional model）という考え方があります。これは，親と子どものそれぞれの特徴が，今現在において互いに影響を及ぼし合うだけではなく，時間軸上で双方向的に影響し合いながら両者それぞれにも変化が生じていく様子を指しています。親子の間においては，このモデルで説明されるような変化がしばしばみられます。たとえば，子育てにおいては不安や迷いがつきものですが，子どもに一生懸命に関わろうとする気持ちをもともとはもっている親が多いものです。しかし，気質的にむずかりやすい，リズムが不規則的といった子どもは，親にとっては特に養育が難しいと感じられます。そのような子どもとの生活のなかで，親はストレスを感じ，養育への不安が大きくなり，自信が低下してしまいがちです。そうすると，親の子どもへの関わりは消極的で不安定なものになっていきます。そうした親の関わりは，子どもの欲求に十分にこたえるものではなかったり，気持ちを落ち着かせてくれるものではないために，子どもの不安やいらだちを喚起し，子どもはいっそう，落ち着きを得ることが難しくなってしまうということがあります。

親子間の相互規定的な性質は，子どもと親，あるいは両者の関係における良好な姿，発達の背景にも多く認められます。一方で，子ども，親，親子関係における問題や葛藤，困難が生じる背景としても，ていねいに考慮する必要がある性質だと考えられます。

## 3 子どもの育ちと養育環境

ここまでみてきたように，乳児期は，養育者との関係を軸としながら心理的・社会的発達が始まる，人生の基礎，土台としての大切な時期だと考えられます。しかしこの時期に，通常の，当たり前に期待されるような養育を受けることができなかった場合，乳児の発達には阻害的な影響が及びます。養育者を失った孤児，不十分な条件下の施設で育った子どもたちの研究などからは，乳児に安定的・持続的に関わってくれる特定の大人から，身体的世話に加えて，温かいほほえみや声かけなどをとおした，気持ちを交わす情緒的関わりを受けることができないこと（母性剥奪）は，乳児の心身の発達に重篤かつ長期的な影を落とすことが見出されています。乳児と養育者の情緒的関係は，子どもの育ちを

---

**プラスα**

**母性剥奪**
母性剥奪は，必ずしも「母親」からの養育を受けないことを意味するものではない。このため「母性的養育の剥奪」と表されることがある。乳児の育ちは，母親，父親，祖父母，保育者などさまざまな大人からの養育に支えられている。ただし発達早期には，複数とはいえ特定の大人が安定的・持続的に関わること，特に，温かさを伴う情緒的やりとりを含む養育が必要である。

第Ⅱ部　出生前後〜児童期までの発達

支える重要な意味をもつのです。

　しかしながら，子どもが情緒的な交わりを伴う特定の人間関係を経験できないことに加え，さまざまな形の**不適切な養育**があるのが現状です。子どもの**虐待**は，その一つでしょう。身体的虐待，性的虐待，心理的虐待，ネグレクトといったかたちに分類されますが，それらは重複して起こることも少なくありません。虐待によって身体が傷つけられ，身体的発達が阻害されることに加え，たとえ身体に傷を負わずとも虐待は脳の発達にダメージを与え，子どもは深い心の傷を負い，心理的・社会的発達も大きく阻害されてしまいます。さらに，発達早期における虐待などの深刻な出来事は，子どもの人生において長期的に否定的影響を与え続けてしまうことが指摘されています。不適切な養育が起こる背景には，先にみたように，養育者の要因，養育者と子どもを取り巻く状況，あるいは子どもの生得的要因など，複数の要因が絡んでいることが少なくありません。

　発達早期の養育者との関係が，子どもの育ちを支え促す重要な場であり，子どもにとってそこでの適切で温かく情緒的なやりとりの経験をもつことができることが何よりも大切です。しかし同時に，子どもの育ちは，養育者との関係に閉じたものではありません。すべての子どもの人生の始まりが穏やかで健やかで希望に満ちたものであるよう，子どもと養育者を広く支え，温かく見守る姿勢が社会にも求められていると考えられます。

### 考えてみよう

アタッチメントの個人差，タイプは，厳密には「子どもが特定の大人との間に形成した関係のタイプ」であるため，同じ子どもでも相手が異なれば，異なるアタッチメントタイプをもち得ます。その具体例を考えてみましょう。

例：子どもが父親との間に形成したアタッチメントと，母親との間に形成したアタッチメントのタイプ，さらには，保育所や幼稚園の先生との間に形成するアタッチメントのタイプは同じものでしょうか？　違うでしょうか？　同じ場合と，違う場合のそれぞれについて，その理由も考えてみましょう。

# 本章のキーワードのまとめ

| | |
|---|---|
| 基本的信頼感 | 乳児が養育者など周囲の他者，環境との関わりの経験をとおして形成する，周囲は安定して自分にこたえてくれる，安心を与えてくれるといった信頼感を指す。エリクソンは乳児期の発達課題を「基本的信頼　対　（基本的）不信」とし，周囲からの安定した安心できる関わりがなければ，乳児は恐れや不信をもつようになると示した。 |
| アタッチメント（愛着） | 子どもが危機や不安を感じた際に，養育者など特定の対象に接触，近接しそれを維持しようとする傾向であり，それによって安全感・安心感を取り戻そうとする行動制御のシステム。また子どもと対象との間におけるやりとりを経て形成される情緒的な絆を指す。 |
| 安全基地 | 子どもがアタッチメントを向けている対象が果たす，子どもが安心感や安全感を感じられるような，子どもにとっての心の拠り所としての機能。子どもは安全基地を信頼することで自律的な探索活動をすることができる。 |
| 内的作業モデル | 養育者などの愛着対象と自分に関する確信，予測，期待などのイメージ（表象）。必要なときに養育者は自分を守ってくれるだろう，自分は親からこんなふうに応じてもらえるだろう，といった子ども自身がもつ主観的な信念。 |
| 分離不安 | 日常的に接している養育者などから身体的に離れたり，姿が見えなくなったりしたときに子どもが感じる不安や恐れ。分離不安の背景には，特定の相手との間のアタッチメントの形成や，人の顔や身体的特徴を記憶したり見分けたりする認知的発達がある。 |
| 移行対象 | 子どもが日常的に持ったり触れたりしている毛布やぬいぐるみなどであることが多い。養育者などからの分離や，分離を予期して不安や寂しさなどを感じる際に，気持ちを落ち着かせて安心させてくれるような，感情の調整を支えてくれるものを指す。 |
| ストレンジ・シチュエーション法 | エインズワースらが開発した，子どもと愛着対象の実験的観察に基づく，アタッチメントタイプの測定方法。親子の分離場面，再会場面，子どもの探索活動などに着目して，子どものアタッチメントのタイプが安定型，回避型，アンヴィバレント型，無秩序・無方向型に分類される。 |
| 敏感性 | 子どもが安定したアタッチメントを発達させることを促すと考えられている，養育者側の特徴。子どもの欲求に関するサインに気づき，タイミングよく，適切なやり方で子どもに応答することを指す。 |
| 気質と環境 | 乳児は生得的に活動性や周期性，順応性などに表れる行動パターンの特徴をもっており，これを気質という。子どもの育ちは，子どもの気質と，子どもを取り巻いている養育の環境の組み合わせ，気質と環境の相互の影響の及ぼし合いなどが絡みながら進む。 |
| 相互規定的作用モデル\<transactional model> | 養育者と子どもの関係について，養育者と子どものそれぞれがもっている特徴が，今現在において互いに影響を及ぼし合うだけではなく，時間軸上で双方向的に影響し合いながら，養育者と子どもそれぞれの姿に変化を生み出していく過程を指したモデル。 |
| 不適切な養育（虐待） | 子どもの健やかな心身の発達を妨げ，直接，間接に否定的影響を与えるような養育を指す。虐待には身体的虐待，性的虐待，心理的虐待，ネグレクトが含まれ，子どもの心身を深く傷つける養育者の行為，養育の様子を指す。 |

# 第5章 認知の発達

この章では，幼児期や児童期を中心に認知発達がどのように生じるのかを説明していきます。まず，認知の発達全般を理解するための基本となるピアジェやヴィゴツキーの理論を学びます。また，その後の研究展開として，子どもの認知を情報処理という観点から説明するアプローチ（ケイス，シーグラー）や，「ピアジェの想定以上に子どもたちが認知的な有能性を発揮できること」（領域固有性，生態学的に妥当な文脈）を学びます。

## 語句説明

**幼児期**
日本では一般に，1歳半頃から満6歳の小学校入学前までの期間を意味する。欧米では，トドラー（toddler）期（よちよち歩きの時期：1～3歳）と就学前期（3歳～小学校入学前）を合わせた期間を主に意味する。

**児童期**
一般に，小学校入学後の満6歳から，小学校を卒業する満12歳までの期間を意味する。ただし，児童福祉法等の分野では，児童とは「18歳未満の者」を意味する。

**構成主義**
ヒトの知識を「外部から受動的に与えられるもの」と考えるのではなく，「主体が能動的に構成していくもの」と考える立場。

## 1 │ 認知発達のグランド・セオリー

認知とは，知覚・注意・記憶・学習・推論などの，私たちヒトが外部の世界を知るための心の働き全般を指します。つまり，認知発達とは，子どもが自分を取り巻く世界をどのように知り，そして子どもから大人にかけて，世界を知るための方法や内容が変化する（あるいは変化しない）過程を意味します。

この認知発達に関して，本節では認知発達全般に関わるグランド・セオリーとして，ピアジェ（Piaget, J.）とヴィゴツキー（Vygotsky, L. S.）の発達理論を紹介します。彼らはいずれも，子ども自身が能動的に認知をつくり上げていくといった構成主義*的な立場という点で共通しています。しかし，ピアジェは，認知発達を個人のなかで生じ，個人が環境と相互作用することにより構成される過程とみなし，他者や社会・文化の影響を中心的には論じませんでした。それに対してヴィゴツキーは，認知発達を他者との相互作用のなかで生じ，そのなかで構成される過程とみなし，他者や社会・文化の影響をより大きく論じました。そのため，ピアジェの発達理論は個人的構成主義，ヴィゴツキーの発達理論は社会的構成主義とも呼ばれます。

以下では，ピアジェとヴィゴツキーそれぞれの理論において想定されている「認知の発達を生じさせるメカニズム」や重要な概念について説明します。

### 1 ピアジェの発達理論

#### ①ピアジェの理論における発達メカニズム

ピアジェは「シェマ（schema）」「同化（assimilation）」「調節（accommodation）」という概念を用いて，発達のメカニズムを説明しています。シェマとは「外界

の事物・事象を理解する際に用いられる一定の枠組み」，同化は「外界の事物・事象を自分のシェマに合うように取り入れること」，調節は「外界の事物・事象に適するように自分のシェマをつくり変えること」です。たとえば，「お医者さんはみんな男である」というシェマをもつAくんが，友だちから「僕のお母さんはお医者さんだよ」と言われた場面を想像してください。この友だちの発言は，Aくんのもつシェマとの**認知的葛藤**（自分のシェマと友だちの発言の矛盾）を生じさせます。このとき，Aくんが「友だちのお母さんは女だからお医者さんではない。本当は看護師さんだろう」と解釈する（友だちの発言を自分のシェマに合うように同化する）こともあれば，病院でお医者さんとして働いている友だちの母親を見て，「お医者さんには男も女もいる」と解釈する（事実に合わせて自分のシェマを調節する）こともあります。このように，さまざまな認知的葛藤を経験し，シェマの同化・調節が繰り返されること（これを「均衡化」と呼ぶ）によって新しいシェマが獲得される，つまり認知発達が生じるとピアジェは考えています。

### ②ピアジェ理論における認知発達段階

ピアジェは，認知発達を0～2歳頃の感覚運動的段階（**感覚運動期**：sensori-motor stage）と，それ以降の表象的思考段階に分けました（Piaget, 1970/1972, 1948/1978; Piaget & Inhelder, 1966/1969）。感覚運動的段階では，子どもたちは見る・聞く・触るなどといった感覚や自らの身体を使った運動をとおして，この世界の物事を認識していきます。たとえば，感覚運動的段階をとおして，子どもたちは「事物は見えなくなっても，同一の実体として存在し続ける」という**対象の永続性**（object permanence）の概念を獲得します。大人が魅力的な玩具を乳児に見せ，乳児が手を伸ばしてきたら，その玩具に布をかぶせて隠す場面を想像してください。このような場面に直面すると，生後8～9か月以前の乳児は隠された玩具を探そうとせず，なくなってしまったかのように振る舞います。それが2歳頃までに，隠された玩具であっても探し出せるようになっていきます。

それに続く**表象的思考段階**になると，子どもたちは目の前の物事を離れ，心的イメージや言語といった表象（representation）を用いて考え，この世界を認識できるようになっていきます。たとえば，1歳半～2歳頃にみられる延滞模倣\*や「見立て」遊びは，いずれも初期の表象の表れといえます。この表象的思考段階は，2～7・8歳頃までの前操作的段階（**前操作期**：preoperational stage）と，それ以降の操作的段階に分けられます（図5-1）。以下では，この表象的思考段階に焦点を当てて，それぞれの発達段階の特徴について説明します。

---

### プラスα

**感覚運動的段階における下位段階**

感覚運動的段階は6つの下位段階を含んでいる。
1）反射の行使：生得的な反射等を用いて外界を知るような段階。
2）第一次循環反応：自分の特定の身体部位に向けた行動（例：指しゃぶり）を連続的に行う段階。
3）第二次循環反応：偶発的に生じた出来事を繰り返し行うような段階。
4）第二次シェマの協応と新しい状況への適用：特定の目的のために，複数のシェマ（手段）を用いるような段階。
5）第三次循環反応：手段（例：物の落とし方）を変えて，結果（例：物の落ち方）の変化を調べるような段階。
6）心的結合による新しい手段の発明：目的のために，新たな解決手段を発見するような段階。

### 語句説明

**延滞模倣**

以前に経験したモデルの動作や発話を，一定時間が経過した後で模倣する現象。たとえば，保育所で見た動きを，帰宅後に行うようなこと。

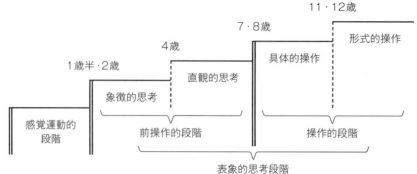

図5-1　ピアジェの発達段階

出所：岡本，1986をもとに作成

### 1）前操作的段階の思考の特徴

**前操作的段階**は4歳頃を境に，象徴的思考段階と直感的思考段階に分けられます。象徴的思考段階では，言語や心的イメージといった表象を用いて，頭のなかで物事を想起したり，それぞれの物事を関連づけたりするようになります。しかしながら，この時期の子どもの思考はまだ大人のもつ思考とは異なり，自他が区別されていない傾向がみられます。たとえば，子どもたちはただの物体に表情や感情を見出したり（**相貌的知覚**），無生物でも心や生命があると考えたり（**アニミズム**）します。また，外界の自然現象もすべて人間がつくったと考える傾向（**人工論**）や，夢や思考のような主観的なものが実在すると考える傾向（**実念論**）も，この時期の未分化な思考の表れとしてみられます。

次の直観的思考段階になると，より洗練された形で物事を想起したり，物事を関連づけることができるようになり，論理的な思考（操作）＊が徐々にできるようになります。しかし，子どもたちはまだ自己中心性や事物の知覚的に目立った特徴に左右され，一貫した論理的な操作は困難な傾向をもちます。たとえば，この前操作的段階の自己中心性を，ピアジェは「**三つの山問題**」を使って示しています（Piaget & Inhelder, 1956）。三つの山問題では，子どもに図5-2（左側は模型上部，右側は模型のA側からの見え方）のような模型を提示しました。まず子どもに模型全体を見せたあと，子どもをある面（例：A側）に座らせ，子どもとは異なる側面（例：C側）に人形を置きます。そして，模型をさまざまな側面から模写した絵のなかから，人形からの見え方を選択させました。すると，前操作的段階にあたる4～7歳の子どもは自分の位置からの見え方と一致する絵を選びますが，具体的操作段階に当たる7歳頃から正しい見え方の絵を選択できます。このように，前操作的段階の子どもは他者のことも自分の視点から考えるという特徴（**自己中心性**）＊をもちます。その一方，次の操作的段階の子どもは自己中心性から離れ，複数の側面を考慮して思考する，つまり**脱中心化**して思考できるようになっていきます。

---

**語句説明**

**操作**
外的な行為ではなく，心のなかで遂行する内化された行為のこと。たとえば，「リンゴ5個とバナナ2本」の合計を計算するとき，最初は指さしなどの外的な行為によって数えたりする。それが徐々に頭のなかで合計を暗算できるようになる。この場合，暗算という操作が獲得されたといえる。

**自己中心性**
自分の行為と他者／物の行為／活動，あるいは自分の視点と他者の視点が十分に分離できず，自分という1つの視点から物事をとらえてしまう傾向のことで，中心化傾向ともいわれる。

### 図5-2　三つの山問題の模型図

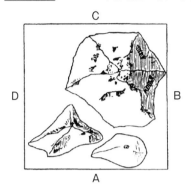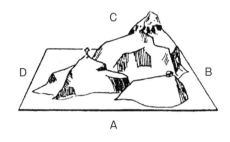

出所：Piaget & Inhelder, 1956をもとに作成

### 2）操作的段階の思考の特徴

　操作的段階は，7・8～11・12歳頃の具体的操作段階（**具体的操作期**：concrete operational stage）と，それ以降の形式的操作段階（**形式的操作期**：formal operational stage）に分けられます。具体的操作段階になると，子どもは脱中心化された思考や，具体的な事柄に関して論理的な操作（operation）ができるようになっていきます。代表的な例として，**保存**（conservation）**概念**\*の獲得があげられます。たとえば，子どもに2つの同じ大きさの容器（容器A・容器B）に入った等量の液体を見せたあと，子どもの目の前で容器Bの液体を長細い形の別の容器Cに移し替えます（図5-3上段）。そして，子どもに「容器Aと容器Cのどちらの液体が多いか，それとも同じか？」を尋ねます。すると，前操作的段階の子どもは「高さ」という視覚的特徴に引きずられ「Cの液体が多い」と回答します。その一方，具体的操作段階の子どもは「液体をもとの容器に戻せば，同じ」（可逆性），「液体を増やしたり減らしたりしていないから，同じ」（同一性），「容器の高さは高くなったが，底面積は小さくなっているから，同じ」（相補性）といったように，論理的に回答できます。同様の現象は，数の保存（図5-3下段：2列に並べた同数のおはじきを見せたあと，一方の列のおはじきの間隔を広げ，どちらの列のおはじきが多いかを尋ねる）などにもみられます。

　このほかにも，具体的操作段階の子どもは系列化や分類\*といった思考も可能になります。系列化とは「空間・時間の相対的な関係の理解」のことで，たとえば子どもに長さの異なる10本の棒を示し，その棒を長い順に並べるよう求めたとします。すると，前操作的段階（1歳半・2歳～7・8歳）の子どもは単純な並べ方（例：「短い棒」と「長い棒」の塊に分ける）をしますが，具体的操作段階（7・8歳～11・12歳）の子どもは「棒Aは棒Bより長いが棒Cより短い」などの相対的な関係を理解し，長さの順に並べることができるように

---

**語句説明**

**保存概念**
「対象の形や状態を変形させても，対象の数量といった性質は変化しない」という概念。

**語句説明**

**分類**
「物をカテゴリーに分ける」ことで，包含関係の理解（それぞれの集合は全体集合の一部である）などを含む。たとえば，「タンポポ（集合A）が5本，チューリップ（集合B）が3本あります。タンポポと花全体（集合A＋集合B）はどちらが多いですか？」という問題に正答するには，包含関係を理解している必要がある。

### 図5-3 保存課題の例

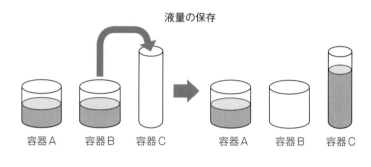

出所：Piaget, 1970/2007をもとに作成

なります。このように，具体的操作段階に至ると，子どもたちはより広い視点からさまざまな思考ができるようになります。しかし，これらの思考は直接目に見えて手で触れられるような具体的な事柄や，直接イメージできる事柄に比較的限定されています。

このあとの**形式的操作段階**（11・12歳以降）になると，具体的な事柄だけでなく，記号・数字等の抽象的な事柄や経験・知識に反するような事柄に関して思考できるようになります（例：**演繹的思考**＊，確率・比率の概念）。また，さまざまな複数の可能性（仮説）を考慮して思考することが可能になっていきます。たとえば，フラスコに入った無色透明の4種類の液体と，それとは別のgと呼ばれる液体を提示し，「それらの液体をどのように組み合わせれば黄色に変化するか」を子どもに尋ねたとします。すると，具体的操作段階の子どもはすべての組み合わせを考えることができなかったり，計画的に調べることができないのに対し，形式的操作段階の子どもはすべての可能な組み合わせを考え，計画的に調べることができるようになります。

## 2 ヴィゴツキーの発達理論

### ①ヴィゴツキー理論における発達メカニズム

ヴィゴツキー（1930-1931/1970, 1984/2002）は，ヒトの心理的活動が低次と高次の精神機能に分けられると考えます。低次の精神機能は，ほかの哺乳類にも共有されるような，知覚・注意・記憶といったそれぞれの個別的な認知機能の総称です。その一方，**高次の精神機能**はヒト特有のもので，それぞれの

---

**語句説明**

**演繹的思考**
「ある情報（前提）に基づいて論理的に正しい結論を導き出す思考」のことで，三段論法や条件文に関する推論が含まれる。

第5章　認知の発達

個別的な認知機能が相互作用あるいは協働した統合的な機能のことです。

　ヴィゴツキーによれば，この高次の精神機能は，最初に精神間的機能として現れ，後に精神内的機能として現れます。たとえば，子どもが事物を取ろうと手を伸ばすが，その試みが失敗した場面を想像してください。近くにいた大人が，この子どもの行為を「欲しい事物を指さしている」と解釈したとき，子どもの行為の機能（意味）は「事物を取ろうとする試み」から「事物の指さし」へと変化します。この段階では，「事物の指さし」という機能は，大人と子どもの二者の関係のなかでのみ成り立っています。しかし，このような経験を繰り返すなかで，子どもは「事物への指さし」としての機能を徐々に獲得します。このように，最初は他者との関わりや社会的活動のなかで可能となっていた機能が，徐々に個人に内化されることによって，認知発達が生じるとヴィゴツキーは考えています。

### ②発達の最近接領域

　ヴィゴツキー理論における発達メカニズムと関連する重要な概念が「**発達の最近接領域**」（Vygotsky, 1935/2003）です。子どもには，自分一人で課題・問題を解決できる限界があります（現在の発達状態で可能な水準）。しかし，大人や能力のある同年齢者との共同行為のなかでなら，その限界を超えて問題の解決がなされ得るレベル（潜在的な発達可能水準）があり，それが「発達の最近接領域」と呼ばれます（図5-4）。たとえば，子どもが自分一人では完成できないパズルを，大人の助言を得ながら，あるいは仲間と一緒に考えながら完成させるといった状況を想像してください。ヴィゴツキーは，一人で解決できない問題に関しても，他者の援助を借りる等によって徐々に自力でできるようになり，それに次いで発達の最近接領域がさらに拡大され，また新たな発達の最近接領域のなかで新しい能力を獲得していくと考えていました。

**図5-4**　発達の最近接領域の概念図

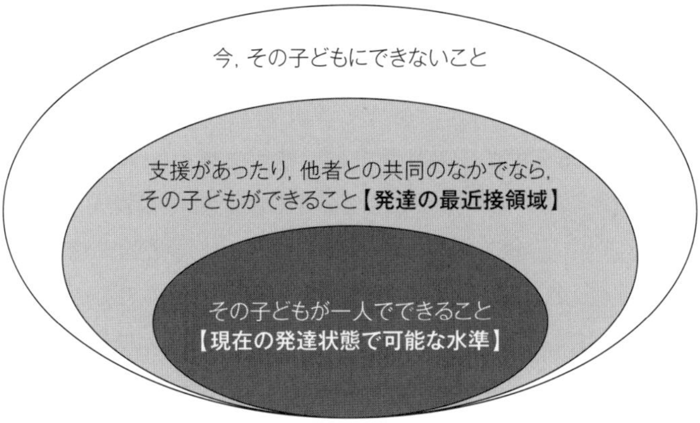

今，その子どもにできないこと

支援があったり，他者との共同のなかでなら，
その子どもができること【発達の最近接領域】

その子どもが一人でできること
【現在の発達状態で可能な水準】

---

**プラスα**

**足場かけ（スキャホールディング）**
発達の最近接領域に対して大人が行う援助は「足場かけ（スキャホールディング）」と呼ばれ，子どもに対する適切な教示方法を考えるうえでの重要な概念となっている。

第Ⅱ部　出生前後～児童期までの発達

### ③思考を媒介する心理的道具の重要性

　高次の精神機能の発達は，心理的道具を媒介することによって起こります。**心理的道具**には言語，絵を描くこと，文字を書くこと，読むこと，数記号を使うこと，地図などが含まれます。これらの心理的道具は，その社会・文化での進化（歴史）の産物であり，特にヴィゴツキーは思考を媒介する言語の重要性を強調しています。

　ヴィゴツキー（1934/2001）は，言語と思考の関連に関して，4つの段階を想定しています。第一段階は，言語はコミュニケーション・社会的結びつきの機能をもつ手段ですが，思考とは無関係な発話（前知的発話）となっている段階です。第二段階は，言語と思考それぞれが並行して発達しますが，お互いに影響を及ぼさない段階です。第三段階は，自分の思考や問題解決を助けるために，他者の発話や自分自身への話しかけ（独語）を利用する段階です。そして第四段階は，言語が思考に大きく影響し，問題解決の際に独語を日常的に用いていたのが，徐々に減少していくような段階です。このように，主にコミュニケーション手段として機能していた外言が，徐々に自分の行為の調整や思考の道具として機能する内言に移行していきます。

---

## 2　ピアジェ理論の再構築：情報処理理論に基づくアプローチ

　ピアジェ理論を受けての研究展開の一つとして，成人の情報処理理論に基づく認知発達へのアプローチがあります。以下では，まず情報処理理論の基本的な考え方を説明したあと，情報処理理論に基づく発達理論の代表的な研究者であるケイス（Case, R.）とシーグラー（Siegler, R. S.）の理論を紹介します。

### 1　情報処理理論の基本的な考え方

　**情報処理理論**では，ヒトの認知機能を「外部から入力された情報が，どのように保持され，処理されるか」といった情報処理に関わる過程や能力などの変化の観点からとらえます。この理論では，情報処理のための基本的なシステムをいくつか想定しています（たとえば感覚記憶，ワーキングメモリ［作業記憶］，長期記憶；図5-5）。五感を通して得られた情報は，意識的に覚えようとしなくとも，感覚記憶\*として0.5～5秒程度，保持されます。その感覚記憶のなかで注意を向けられた情報が**ワーキングメモリ**（作業記憶）に送られます。ワーキングメモリは短期記憶\*を発展させた概念で，「何らかの認知的活動を行いながら，そのために必要な情報を保持する」システムであり，文章読解や計算といった学業場面はもちろん，車の運転や料理などの日常場面でも働いていま

---

**参照**

**外言・内言**
→9章

**語句説明**

**感覚記憶**
視覚・聴覚などの感覚器から得られた刺激情報をそのまま保持する記憶。

**プラスα**

**ワーキングメモリ**
音韻ループ，視・空間的スケッチパッド，そして中央実行系の3つの下位システムから構成される。音韻ループは音声的情報を保持するシステム，視・空間的スケッチパッドは視覚的・空間的情報を保持するシステムである。中央実行系はこれらの下位システムを制御し，認知的活動の処理の実行と必要な情報の保持に関わっている。

**語句説明**

**短期記憶**
注意を向けた情報を一時的に保持する記憶。

## 図5-5 情報処理理論の概要

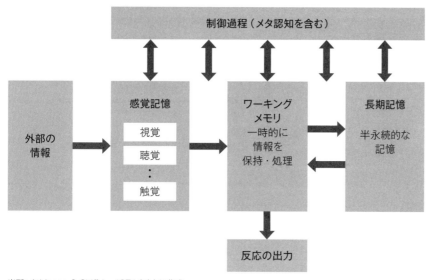

出所：Atkinson & Shiffrin, 1971をもとに作成

す。このワーキングメモリには一定の限界があり、その容量は大人でも7±2程度で、リハーサル*等の記憶方略を用いなければ、その情報は15〜30秒程度で消失します。このワーキングメモリのなかでリハーサル等の記憶方略を用いられた情報は、長期記憶として半永久的に保持されます。そして、その**長期記憶**の情報は必要に応じて検索され、そのときどきの思考や問題解決に使用されます。たとえば、演繹的に思考する能力はワーキングメモリによって規定されており、思考の対象となっている事柄が長期記憶の情報（自分の経験や知識）と一致しているかどうかによって、その遂行が変化します（中道, 2009）。

また、このような情報処理の制御過程と関わる重要な概念の一つが、「**メタ認知**」です。メタ認知（metacognition）とは「認知活動に対する認知」のことで、メタ認知的知識とメタ認知的活動の2つの側面をもっています。メタ認知的知識は、自分の認知や記憶に関する知識（例：自分はひらがなを読めるが、漢字を読めない）や、直面している課題の性質や効果的な遂行のための方略（例：歴史の年号は丸暗記より語呂合わせにしたほうが覚えやすい）に関する知識のことです。たとえば、メタ認知的知識の一つである記憶方略に関する発達は、名前をつける・指さしする・注意を向けるなどの初歩的な記憶方略を学びはじめている段階（0〜5歳）から、リハーサルや体制化*といったさまざまな記憶方略を獲得し、それを記憶場面で徐々に利用できる段階（5〜10歳）に移行し、最終的にすべての方略が洗練され、方略をより効率的に利用できる段階（10歳以後）に至ります（Siegler & Alibali, 2005）。また、メタ認知的活動は、自分の認知的活動をモニターしたり、修正・調整等のコントロールを行う働き

### 語句説明

**リハーサル**
覚えたい情報を口頭で、あるいは頭のなかで復唱する方略。

### プラスα

**長期記憶**
長期記憶には、宣言的記憶と手続き的記憶の大きく2種類がある。宣言的記憶とは意図的に言語化できる記憶で、一般的な事実や概念に関する意味記憶と、個人的な出来事・事象に関するエピソード記憶を含む。手続き的記憶は、車の運転などの技能の実行に関わる記憶である。

### 語句説明

**体制化**
多数の情報（例：リンゴ、車、鉛筆、…バナナ）のなかから、関連する情報をまとめて覚える（例：リンゴとバナナ＝果物）ような方略。

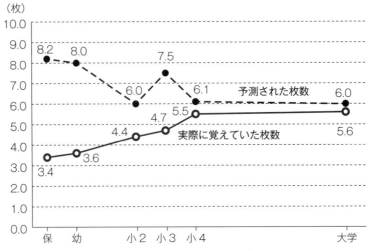

図5-6 年齢別の予測された遂行と実際の遂行

出所：Flavell et al., 1970；Yussen & Levy, 1975をもとに作成

のことです。たとえば，幼児や小学生に複数の絵を示し，自分が覚えられる枚数を予測させ，実際に覚えられた枚数と比較します。すると，図5-6が示すように，幼児期頃は自分の予測と実際に覚えていた枚数に大きなズレが生じますが，年齢発達に伴いズレが小さくなり，小学校4年生頃になると成人と同程度に正確に自分の覚えることのできる量を予測できるようになります。

## 2 ケイスの発達理論

**ケイス**はピアジェ理論における発達段階の考え方を継承しつつ，認知発達をワーキングメモリにより規定されるといった情報処理的観点から説明しました（Case, 1978）。たとえば，液量の保存課題を解決するのに必要な情報処理量は3単位と考えられます（表5-1）。つまり，容器AとBの液量が等しいという事実を保持しながら（1単位），水は容器AからBに移し替えられただけで

表5-1 液量保存課題で用いられる方略と必要な情報処理量

| 情報処理量 | 到達年齢 | 用いる方略 |
|---|---|---|
| 1 | 3～4歳 | 容器の水面の高さに注目して，水の量を決定する |
| 2 | 5～6歳 | 容器の水面の高さに注目するが，その差が小さい場合には容器の幅にも注目し，水の量を決定する |
| 3 | 7～8歳 | 両方の容器の液量が等しいという事実を保持し，水は容器AからBに移し替えられただけであることを再生し，それらに基づいて水の量を決定する |

出所：Case, 1978をもとに作成

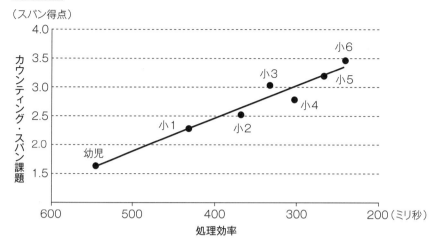

図5-7 処理効率と情報処理量の関連

出所：Case et al., 1982をもとに作成

**プラスα**

**カウンティング・スパン課題**
いくつかのドットが描かれているカードを1枚ずつ提示し，各カードのドットを計数したうえで，最後に各カードのドット数を回答するよう求める課題。

あることを思い出し（1単位），それらに基づいて結論を出す（1単位）ことが必要になります。子どもの情報処理量は3〜4歳頃で1単位，5〜6歳頃で2単位，7〜8歳頃で3単位であり，前操作的段階では子どもの情報処理量が不足しているために液量保存課題を解決することができません。

また，この情報処理にはワーキングメモリの容量だけでなく，「情報をどれくらい素早く処理できるか」といった処理効率（処理速度）が関わっています。たとえば図5-7に示すように，幼児から小学6年生にかけて処理効率が向上する（計数速度が速くなる）につれ，子どもが情報を保持・処理できる量が多くなっていきます（Case et al., 1982）。このようにケイスは，認知発達が情報処理量や処理効率の変化により起こると考えています。

## 3 シーグラーの発達理論

シーグラー（Siegler, 1996, 1999）は，認知発達をその領域でのより効果的な方略が形成・使用される過程とみなし，**重複波理論**（Overlapping waves theory）を提唱しています。ある年齢の子どもは問題解決のための複数の方略（図5-8の方略1〜3）をもち，それらの方略のいずれかを用いて問題を解決しようとします。そして，年齢発達や経験に伴って，ある方略の用いられる頻度が変化したり（図5-8の方略4），新しい方略が形成・使用されるようになる（図5-8の方略5）ため，認知的課題の遂行が変化するといった考え方です。

この図5-8は理論のイメージ図ですが，実際にシーグラーは計算・読解・問題解決などのさまざまな領域に関して，方略の発達的変化を明らかにしています。その具体例の一つをみてみましょう。シーグラーは，幼児・小学1年生・小学2年生に対して加算問題を実施し，彼らが用いる方略について検討しま

図5-8 方略の重複波モデル

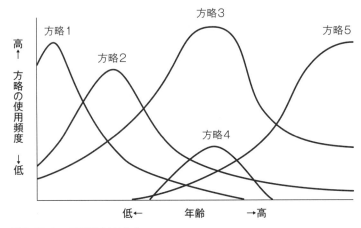

出所：Siegler, 1999をもとに作成

した（Siegler, 1987）。表5-2は、問題解決のための方略それぞれが用いられた割合を示しています。検索方略は、長期記憶に保存されている過去に行った計算の結果を引き出す方法です。最小方略は、加算の対象となっている2つの数の大きいほうを最初に選び、それに小さいほうの数を加える方法です（例：3＋6の場合、最初に6を選び、それに3を足す）。分解方略は、計算をしやすいように数を分割する方法です（例：12＋2の場合に「12は10と2」→「2と2で4」→「10と4で14」と計算する）。count-all方略は、たとえば「リンゴ5個とミカン2個、全部でいくつ？」という問題に対して、全体を数えるような方法です。推測は、明確にわからないまま答えを言うようなことです。表5-2が示すように、年齢発達に伴って検索方略や分解方略は増加し、count-allや推測といった方略は減少します。このように、見かけ上は同じような回答でも、子どもはその問題の解決のための方略を発達的に変化させています。

参照
**count-all方略**
→9章

表5-2 年齢別の各方略使用の割合 (%)

|  | 幼児 | 小1 | 小2 | 全体 |
|---|---|---|---|---|
| 検索 | 16 | 44 | 45 | 35 |
| 最小 | 30 | 38 | 40 | 36 |
| 分解 | 2 | 9 | 11 | 7 |
| count-all | 22 | 1 | 0 | 8 |
| 推測・無反応 | 30 | 8 | 5 | 14 |

出所：Siegler, 1987をもとに作成

第 5 章　認知の発達

# 3 | グランド・セオリーを超えて： 子どもの認知の有能性

## 1 認知発達の領域固有性への注目

　ピアジェは発達段階が上がることによって，その領域・内容に関係なく，全般的に同じように認知発達が進むと考えていました。このような考え方を「発達の領域一般性」と呼びます。これに対して，認知発達の進み方がそれぞれの領域・内容によって異なるという考え方を「**発達の領域固有性**」と呼びます。

　ピアジェ以降の別の研究展開として，子どもたちが特定の領域でなら優れた遂行を示すといった，認知発達の領域固有性が示されてきました。たとえば，ある研究（Chi, 1978）では，チェスあるいは数列を使った課題を用いて，チェスに熟達した子どもとチェスの素人の大人の記憶力の違いを調べました。チェス課題では，ゲーム中盤の駒の配置（平均22駒）を10秒間で覚えてもらいました。同様に，数列課題では実験者が10桁の数列を読み上げ，その数列を覚えてもらいました。すると，チェス課題では，熟達者の子ども（9.3個）が素人の大人（5.9個）より多くの駒の配置を覚えていましたが，数列課題では，素人の大人（7.8個）が熟達者の子ども（6.1個）より多くの数を覚えていました。このように，認知発達の進み方は領域によって異なる部分があります。

　また，ヒトにとって重要な領域の基本的な知識は，人生の早期から獲得されています。この重要な領域としては，物理的な事柄に関する領域（**素朴物理学**），人の心理に関する領域（**素朴心理学**），生物学的な事柄に関する領域（**素朴生物学**）があります。これらの領域の知識は，ヒトという種が進化の過程で生き残るために重要であったため（例：自然のなかでさまざまな事物を扱う，自分以外の他者と接して生活する，食べ物［動植物］を採取する），生涯の早い段階から獲得されます。特に，この三次元の世界でのさまざまな物理的現象を理解することは，生物の生存にとって基本的で重要なことであるため，素朴物理学の獲得が最も早いことが多くの研究で示されています。

　また，これらの領域での知識は断片的な知識の集合ではなく，①個々の知識が相互に関連づけられており，②存在論的な区別（心理的な知識は心理的な事柄にだけ使用できるといったように，知識の適用範囲が限定されている）をもち，③その領域内の事象を説明するための枠組みをもつといった体系的な知識（Wellman & Gelman, 1992）であることから，「**素朴理論**」と呼ばれます。もちろん，この素朴理論は「理論」といっても，科学理論のように仮説検証の過程を経て理論の構築・精緻化されたものではなく，その内容が必ずしも科学的に正しいとは限りません。たとえば，稲垣・波多野は幼児・児童や成人を対象に，

> **参照**
>
> **素朴物理学**
> →3章
>
> **素朴心理学（心の理論）**
> →6章

65

摂食や呼吸などの身体現象が生じる理由を尋ねました（例：私たちが毎日おいしい物を食べるのは，どうしてだと思いますか？）（稲垣・波多野，2002/2005）。すると，児童や成人は「身体現象は生理学的メカニズムによって生じる（例：胃や腸で食べ物の形を変えて，体に取り入れるため）」と考えますが，幼児は「臓器による何らかの力のやりとりによって生じる（例：食べ物から元気が出る力をとるため）」といったように，児童や成人とは異なる説明概念をもっていました。

このように，成人がもつ科学理論と同一ではないにせよ，幼児は物理・心理・生物などの重要な領域に関して，彼らなりの理論をもっています。幼児は自分の知らない事柄に直面した場合にも，その領域の素朴理論を適用することによって，その事柄に対する何らかの理解をもつことができます。そのため，幼児がこの世界を理解するうえで素朴理論は重要であると考えられています。

## 2 子どもの認知における生態学的に妥当な文脈の重要性

認知発達の領域固有性に関する研究とともに，生態学的に妥当な，つまり子どもにとってなじみのある日常的な文脈でなら，子どもたちが認知的な有能性を発揮できることが示されています。たとえば，ある単語（例：キャンディー，アイス）を覚えてもらう際，単純に単語を覚える場合より，買い物といった文脈で「買い物リストを覚えてください」という場合に，幼児は多くの単語を覚えることができます（Karpov, 2005）。このような生態学的に妥当な文脈の効果は，ピアジェが用いた課題でも検討されています。たとえば，ドナルドソン（Donaldson, 1978）は，ピアジェの課題に対する幼児の困難さは能力の未熟さではなく，課題の文脈や質問のしかたによると考え，前述の保存課題や三つの山問題の文脈等を変形させた一連の研究から，ピアジェが想定したより幼い年齢の子どもたちがそれらの課題を通過できることを示しています（図5-9）。

### 図5-9 「男の子と警察官」課題

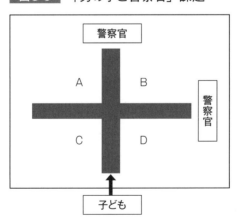

「三つの山問題」の変形課題で，警察官の人形から見えないように，壁で4つに区切られた場所の1か所に男の子の人形を置くよう求める課題。たとえば左図のように，警察官の人形が2か所に配置された場合，「C」の位置に男の子の人形を置くことが正解となる。

この課題の場合，3歳半〜5歳の幼児でも，9割以上が正しい位置に男の子の人形を置くことができた。つまり，自分以外の視点から考えることが可能である。

出所：Donaldson, 1978をもとに作成

第 5 章　認知の発達

このような現象は，子どもの生活にとって重要な**「遊び」**と関連する文脈でもみられます。幼児や児童は通常，自分の経験に反する内容について演繹的に思考することに困難さを示します。たとえば，「魚は木に住む，トットは魚である，トットは木に住むか？」と幼児が問われた場合，論理的に「はい」と回答するのではなく，自分の経験・知識（例：魚は水に住む）に基づいて「いいえ」と回答する傾向があります。しかし，「これから違う星にいるふりをする」といった遊びの文脈のなかでなら，幼児は自分の経験・知識に縛られず，演繹的に思考することができます（中道, 2006）。また，子どもたちは遊びの文脈でなら，通常よりも自己を制御することができます。たとえば，3 ～ 7 歳の子どもに，次の 3 つの文脈のいずれかで「できる限り長く，動かずに立っている」ことを求めます：①特定の文脈もなく，一人の部屋で行う，②「番兵になる」という遊びの文脈で，一人の部屋で行う，③「番兵になる」という遊びの文脈で，ほかの子も遊んでいる部屋で行う（Karpov, 2005）。すると，子どもたちは 3 番目の文脈において，最も長く立っていることができました。

この「ふり遊び」の効果についてはまだ検討の余地があるものの（Lillard et al., 2013），多くの研究が，生態学的に妥当な文脈のなかでなら子どもたちが自身の認知的な有能性を発揮できることを示しています。また近年，ヴィゴツキーの発達理論に基づくような，認知発達における社会や文化の役割を重視するアプローチも盛んになっています（e.g. Rogoff, 2003/2006）。このため，多様な文脈のなかで子どもの認知をとらえることが重要だといえるでしょう。

> **プラスα**
> **幼児期の遊び**
> 日本の幼児教育では「遊びをとおした指導」に重きを置いており，国が制定している幼稚園教育要領・保育所保育指針にも遊びの重要性が反映されている。そのため，幼児期の発達や支援を考えるうえで，「遊び」という観点は重要となる。

> **参照**
> **自己制御**
> →7 章

> **プラスα**
> **社会文化的アプローチ**
> 社会文化的アプローチとは，人の生活に関わるより広い文脈（コミュニティ，社会，文化，等）やそのなかで生じる社会的相互作用を踏まえたうえで，心や認知の発達をとらえようとする考え方である。

**考えてみよう**

子どもたちの認知能力やその発達は，彼らの日常生活のさまざまな活動を支えています。身近にいる子どもたちを観察したり，あなた自身の経験をふり返り，本章で学んだ幼児期・児童期の認知能力やその発達を表すような具体的な事例を考えてみましょう。

第Ⅱ部　出生前後〜児童期までの発達

## 🖋 本章のキーワードのまとめ

| | |
|---|---|
| Piagetの発達理論（シェマ，同化，調節） | ピアジェは，「外界の事物・事象を理解する際に用いられる一定の枠組み」であるシェマを，同化（外界の事物・事象を自分のシェマに合うように取り入れること）あるいは調節（外界の事物・事象に適するように自分のシェマをつくり変えること）することによって認知発達が生じると想定し，認知の発達段階説を提唱した。 |
| 感覚運動期 | ピアジェの発達段階説の一つで，0〜2歳頃の時期を指す。見る・聞く・触るなどの感覚や自らの身体を使った運動をとおして，この世界の物事を認識していく段階で，たとえば「対象の永続性」の概念が獲得される。 |
| 前操作期 | ピアジェの発達段階説のなかで2〜7・8歳頃の時期を指す。心的イメージや言語といった表象の出現に伴い，頭のなかで物事を想起したり，物事を関連づけるといった論理的な思考がこの時期をとおして徐々に可能になっていくものの，1つの視点から物事をとらえてしまう（自己中心性）等の特徴もみられる段階である。 |
| 具体的操作期 | ピアジェの発達段階説のなかで7・8〜11・12歳頃の時期を指す。自分の視点だけではなく，複数の視点から考える思考や，具体的な事柄に関して論理的な思考が可能になる段階で，たとえば「保存概念」が獲得される。 |
| 形式的操作期 | ピアジェの発達段階説のなかで11・12歳頃以降の時期を指す。具体的な事柄だけでなく，記号・数字等の抽象的な事柄や経験・知識に反する事柄に関して論理的な思考が可能になる段階である。 |
| アニミズム | ピアジェ理論では「無生物に対しても心や生命があると考えるような幼児の心理的特徴」を意味し，相貌的知覚・人工論・実念論などとともに，象徴的思考段階の未分化な思考の現れの一つとされている。 |
| 保存概念 | 「対象の形や状態を変形させても，対象の数量といった性質は変化しない」という概念で，ピアジェ理論では具体的操作期に獲得されると考えられている。 |
| 三つの山問題 | 他者視点の理解の発達を検討するためにピアジェとイネルデによって実施された課題で，台上に置かれた三つの山の模型を一定の位置（視点）から子どもに見せ，自分（子ども）とは異なる位置から見たらどのように見えるかを尋ねる。ピアジェ理論では，具体的操作期までは達成が困難であると考えられている。 |

| | |
|---|---|
| 自己中心性・脱中心化 | 自己中心性（中心化）とは「自分の行為と他者／物の行為／活動，あるいは自分の視点と他者の視点が十分に分離できず，自分という1つの視点から物事をとらえてしまう傾向」で，前操作的段階の特徴の一つである。具体的操作期に入り，この自己中心性から離れて思考できるようになることを「脱中心化」と呼ぶ。 |
| Vygotskyの発達理論 | ヴィゴツキーは，認知発達を「他者との関わりや社会的活動のなかで可能な心理的機能（精神間機能）が，徐々に個人に内化された機能（精神内的機能）になる過程」，つまり他者との相互作用のなかで生じるものであると想定し，発達の最近接領域の概念を提唱した。 |
| 発達の最近接領域 | ヴィゴツキーによって提唱された概念で，「現時点で自分一人で解決できる課題・問題の水準」と「現在の発達状態では解決できない課題・問題の水準」の間にある「大人や能力のある同年齢者との共同行為のなかでなら，解決がなされ得る課題・問題の水準」を指す。 |
| 幼児期 | 1歳半頃から満6歳の小学校入学前までの期間を意味する。ピアジェ理論では主に前操作的段階にあたり，表象を用いてさまざまな思考が可能になりはじめるが，まだ自己中心性などの特徴をもつ時期である。 |
| 児童期 | 小学校入学後の満6歳から，小学校を卒業する満12歳までの期間を意味する。ピアジェ理論では主に具体的操作段階に当たり，具体的な事柄に関して論理的な思考が可能になりはじめる時期である。 |
| 素朴理論 | 人生早期の段階から子どもたちがもつ体系的な知識のことで，物理的な事柄に関する領域（素朴物理学），人の心理に関する領域（素朴心理学），生物的な事柄に関する領域（素朴生物学）の知識などを含む。 |
| 発達の領域固有性 | 発達の進み方がそれぞれの領域・内容によって異なるという考え方のこと。これに対して，領域・内容に関係なく，全般的に同じように発達が進むという考え方を「発達の領域一般性」と呼ぶ。 |

第6章

## 社会性の発達

> この章では，社会性とは何か，また年齢が上がるにつれてどのように変化していくのかを述べます。社会性は人との関わりのなかで発達していくため，親子間の愛着形成や，仲間関係の発達とも関係の深いトピックです。また，人と関わる状況をどう理解するかという意味では，認知発達とも関連します。社会性は，人と関わる際の諸能力や心の働きを総括した概念ですので，ほかの領域と関連づけながら学んでいきましょう。

**参照**

**愛着（アタッチメント）**
→4章

**認知発達**
→5章

# 1 | 社会性とその内容

　みなさんは「社会性がある」と聞いて，どのようなイメージをもちますか。たとえば，人の気持ちを理解し，思いやりがあることをイメージする人もいるでしょう。また，集団のなかでまわりの人との関係を良好に保つことや，人との約束を守る，嘘をつかないなどの社会の決まりを守って行動できることだと思う人もいるかもしれませんね。

　いずれにしても，社会性は，人が社会のなかで生活するためには必要不可欠な能力であるといえるでしょう。そしてその能力は，生まれてから現在に至るまでの人との関わりのなかで身につけていくものです。そのため，年齢を重ね，学校などの集団生活を経験し，さまざまな人と関わる機会が増えることで，社会性の能力は変化していきます。

　以下ではまず，社会性の定義とその内容について述べていきたいと思います。

## 1 社会性とは何か

　社会性とは，人が社会の一員として生活していくうえで身につけていくものであり，人間関係を形成し，円滑に維持する能力と考えられます（『心理学辞典』参照）。社会性には，その場の状況や相手の振る舞いをどのように理解するかという「社会的認知」と，自分がその状況で，相手に対してどう振る舞うかという「社会的行動」が含まれています。

　たとえば，「たくさん荷物を持ったお年寄りに電車の席を譲る」という場面を考えてみましょう。このとき，「たくさんの荷物を持って座れないことで，困っているのではないか」と相手の立場に立って考えることや，「お年寄りに

第6章　社会性の発達

は電車の席を譲るべきである」と社会的な慣習にのっとって考えることが社会的認知に相当します。そして、そうした考えに基づいて実際に席を譲ることが社会的行動にあたるわけです。

## 2　社会的認知とは何か

　まず、社会的認知について詳しくみていきましょう。社会的認知は、先に述べたように、人が人と関わる際に、その場の状況や相手の振る舞いをどう理解するかという認知過程を指しています。理解する際の判断材料となるのは、法律や慣習といった社会的規範と呼ばれる社会の決まりであったり、相手の気持ちや考えのような心理的な要因であったりします。ここでは、社会的認知の代表的なものとして、①道徳性、②規範意識、③共感性について紹介します。

### ①道徳性

　道徳※性とは、物事や人の行動の良し悪しに対する意識や理解のことです。上の例でいうと、「お年寄りに電車の席を譲ることはよいことである」といった理解を指します。子どもははじめ、身近な大人から教えられたとおりの基準で良いことと悪いことの区別を行いますが、年齢が上がるにつれて学校や公共の場などで関わる人の範囲が広がっていき、そのなかで物事の良し悪しの基準を自ら考え、つくり出していくようになります。

### ②規範意識

　その人が所属する社会のなかで定められた、守るべき決まり全般を社会的規範と呼びます。社会的規範のなかには、法律のように制度化され、明示されている明らかなものもあれば、慣習と呼ばれるもののように、制度化されてはいないけれど、集団のなかで望ましい（または望ましくない）行動として定着している決まりもあります。①であげた道徳性も社会的規範との重なりが大きい概念です。この社会的規範に対する意識のことを規範意識と呼びます。規範意識は、幼少期の頃から人との関わりをとおして徐々に発達していくものです。

### ③共感性

　私たちが人と関わるときには、社会的規範のみに基づいて行動するのではなく、相手の気持ちや考えを推測したうえで、それを考慮して行動します。相手の言動から、相手の気持ちや考えなどを推測することをメンタライゼーション※（mentalization）と呼び、相手の立場に立って考え、それを自分のことのように共有する能力のことを共感性とよんでいます。たとえば、おなかをさすって顔を歪めている人がいれば、「おなかが痛いんだろうな。かわいそうだな」などと推測します。共感性も人と関わる経験のなかで身につけていくものです。

## 3　社会的行動とは何か

　次に、社会的行動についてみていきましょう。社会的認知に基づいた行動の

---

**語句説明**

**道徳**
道徳とは、物事の善悪の判断や公平性に関わるものである。「理由もなく人を叩くのは悪いことである」というように、その判断基準は文化普遍的で絶対的なものであるとされる。

**語句説明**

**メンタライゼーション**
他者だけでなく自己の心理状態を推測することも含まれる。フォナギーは、乳幼児期の愛着関係の安定とメンタライゼーションの能力の高さには正の関係があることを示している（Fonagy et al., 2002）。

71

第Ⅱ部　出生前後～児童期までの発達

ことを社会的行動と呼びます。基本的には，人との関わりのなかで行う行動を指します。たとえば，人を手伝ったり，助けたりするような援助行動，人に分けたり，譲ったりするような分配行動など，人のために行う**向社会的行動**（prosocial behavior）があります。向社会的行動とは，他人あるいはほかの集団を助けようとするような，人々のためになることをしようとする自発的な行為と定義されます（Eisenberg & Mussen, 1989）。ほかにも，教える行動や慰めたり，励ましたりするような行動があります。

　これに対して，社会的規範に反した人への関わりを反社会的行動と呼びます。たとえば，いじめのような人への攻撃や，無視のような行動（関係性攻撃），窃盗などの法律違反にあたるものです。また，人との関わりを避け，自分だけの内に閉じこもるような行動を非社会的行動と呼びます。たとえば，不登校やひきこもりといったことがこれに該当します。

**参照**

**関係性攻撃**
→8章

# 2 ｜ 社会的認知の発達

　前節では，社会性を，社会的認知と社会的行動に分けて説明しました。社会的認知は，生活する社会の規範がどのようなものであるのかによって変わりますし，相手の立場に立って人の気持ちを推測できるか否かによっても変わってきます。年齢が上がっていくにつれて，人は相手の立場に立って気持ちを理解することが可能になり，また，社会的規範への理解も深まっていくため，一般的には社会的認知は年齢とともに発達していくと考えられています。ここでは，社会的認知の発達についてみていきましょう。

## 1 社会的認知の芽生え

　社会的認知の芽生えは，すでに乳児期の頃にみられます。乳児期の子どもはまだ社会的規範の存在を理解していないはずですし，相手の立場に立って考える力を明確な形で有しているわけでもありません。しかし，自分にとって重要な他者である親や保育者の考えていることに注意を向けるという社会的認知の萌芽ともいえる力を発達させていきます。

　乳児は，生後9か月頃になると，大人の指さしや視線の方向に自分の視線を合わせ，相手が何に注意を向けているのかを理解することができるようになります。つまり，「自分と他者（相手）」といった2つの間の関係（二項関係）から，「自分と他者と対象」という3つの間の関係（三項関係）へと発展するのです。この三項関係の代表的なものが**共同注意**\*（joint attention）です。たとえば，大人が子どもの顔を見ていて，そばにあるおもちゃに視線を移した

**語句説明**

**共同注意**
ある対象に対する注意を他者と共有することを指す。

72

ときに，子どももその視線をたどって，おもちゃを見る，すなわち「おもちゃ」という対象に同時に注意を向けるといった場合が当てはまります。この二項関係から三項関係への進展，すなわち共同注意の成立は，社会性の発達にとってとても重要です。相手と一緒に何かの対象を共有できるからこそ，それを話題にしたり，その対象を取ってあげるといった援助も可能になるからです。

また，生後12か月前後から子どもは，自分がどう行動すればよいかに迷った際，大人の表情を見て，自分の行動を調整しはじめます。たとえば，新しいおもちゃがあるときに，それを触ってよいかどうかを確認するように，そっと母親の顔を見ます。母親が笑顔を向けるとおもちゃに触りに行き，母親が怖い顔でいると触りに行かないということが起こります。このように，あいまいな対象や状況に対して，他者の情動的な情報を探索し，その情報を用いて対象（状況）への自らの振る舞いを調整することを**社会的参照**（social referencing）と呼んでいます（Campos & Stenberg, 1981）。共同注意や社会的参照は，身近な大人が，周囲の対象や状況の良し悪しをどのように判断しているのかという，非常にメッセージ性の強い情報を子どもに示すことになります。すなわち，子どもは物事や状況の良し悪しを，乳児期の頃から意識的にしろ，無意識的にしろ，大人の視線や表情をとおして学んでいるのです。

## 2 心の理論の発達

社会的認知において，相手に対して共感的に理解するためには，相手の立場に立って考える力が重要になります。メンタライゼーションの能力については，これまで発達研究では主に，「**心の理論**」（theory of mind）をテーマとした研究が進められてきました。心の理論とは，自己や他者の行動を予測したり説明したりするための心の働きについての知識や原理と定義されます。簡単に言えば，自己や他者の行動を心的状態（信念，知識，意図，欲求，感情など）を想定して理解する枠組みのことを指します。たとえば，晴れているのに，Aさんがわざわざ傘を持って外出しようとしている様子を見れば，「Aさんは雨が降ってくると思っているんだな」と理解すると思いますが，これは「傘を持って出かける」という行動に対して，「（雨が降ってくると）思っている」という心的状態（この場合は，「信念」）で理解していることになります。これが心の理論の働きとなります。

子どもが心の理論をもっているかどうかを調べるための最も有名な課題が，「**誤信念課題（false belief task）**」です（Wimmer & Perner, 1983）。これは「自分がある状況の変化を「知っている」が，他者はその状況の変化を「知らない」という状況において，他者の誤信念（状況を「誤って思っている」こと）や，それに基づく行動を予測できるかどうかを調べる課題です。幼児を対象とした研究では，幼児に紙芝居や人形劇のようなかたちで，登場人物が誤信念をもつ状

---

### プラスα

**社会的参照の研究**

社会的参照の研究では視覚的断崖（3章参照）と呼ばれる実験装置を用いた研究が有名である（Sorce et al., 1985）。断崖の先に母親が立ち，乳児に向かって微笑むと，乳児は段差を渡って母親のほうにハイハイして移動するが，母親が恐怖の表情をすると，段差を渡ろうとしない。

**心の理論**

心の理論は，プレマック（Premack, D.）らの「チンパンジーは心の理論を持つか？」という類人猿を対象とした研究（Premack & Woodruff, 1978）から始まり，現在では，発達心理学を中心に心理学で一大トピックになっている。

**信念，知識，意図，欲求**

信念とは「思っている（考えている）」，知識とは「知っている」，意図とは「…しようとする」，欲求とは「…したい」といった心的状態を指す言葉である。

**誤信念課題**

誤信念課題は，心の理論の発達を調べる代表的な課題である。「サリー・アン課題」（Baron-Cohen et al., 1985）が有名であるが，これは最初に用いられたときの登場人物（サリーとアン）に由来する名前であり，正確には誤信念課題と呼ぶ。

図6-1 誤信念課題のストーリー

①男の子がかごにチョコレートを入れて部屋から出る。
②男の子のいない間にお母さんが箱にチョコレートを移動させる。
③男の子は戻ってきて、どこを探すか?(正解は「かご」)。

況をお話として聞かせ、そこから登場人物の考えを推測させる課題を用いて検討がなされてきました。

図6-1の課題では、お話を聞いている子ども自身は、チョコレートがかごから箱に移動したことを「知っている」のですが、登場人物の男の子はそのことを「知らない」というように、自分の知識とは異なる「他者の誤って思っていること」を理解する力が必要になります。3歳児の多くはこの課題に誤答し、自分の知識で「箱」と答えてしまいます。しかし、4〜5歳頃になると、男の子の立場で考えるようになり、知らないはずだから「かご」と正答する子どもが増え始めます。男の子の行動(どこを探すか)を心的状態(箱にあるのを知らない、かごにあると思っている)で理解していることから、心の理論を働かせることができていると考えられるのです。このように、心の理論は幼児期に大きく発達するといえます。

さらに、心の理論の発達は、その後も続きます。児童期の6〜9歳頃にかけて、「お母さんは『男の子がチョコレートはかごにあると思っている』のを知らない」といったように、他者(男の子)の心的状態(「思っている」)についての別の他者(お母さん)の心的状態(「知らない」)を推測できるようにもなります。このように入れ子になった心的状態は、「二次の心の理論」の発達によって可能になります(Perner & Wimmer, 1985)。これにより、しだいに複雑な対人関係も理解できるようになっていきます。

## 3 道徳性・規範意識の発達

次に、道徳性や規範意識の発達について紹介していきます。特に発達研究に大きな影響を与えた、①ピアジェの認知発達理論、②コールバーグの道徳性発達理論、について紹介します。

### ①ピアジェの認知発達理論

子どもの道徳性の発達について観察やインタビューを通して系統的な検討を行ったのは、ピアジェ(Piaget, J.)でした。ピアジェは、次のように動機と結

---

**プラスα**

**二次の心の理論**
入れ子になった複雑な心的状態を理解するレベルを指す。これに対して、「男の子はチョコレートがかごにあると思っている」といったように、単に他者(男の子)の心的状態(「思っている」)を理解するレベルを一次の心の理論と呼ぶ。

**参照**
ピアジェ
→5章

果がそれぞれ異なる対になったストーリーを聞かせ,「どっちの子が悪い?」「なぜ?」といった質問の答えから,子どもの道徳的判断の発達を検討しました(Piaget, 1932)。

A) 男の子が,ドアの後ろにコップがあるのを知らないままドアを開けてコップを15個割った

B) 男の子が,戸棚のお菓子を盗み食いしようと,戸棚によじ登った際に,コップを1個割った

研究の結果,7歳頃までの子どもは,結果の大きさで行動の良し悪しを判断することが多いということが明らかになりました。つまり,コップをたくさん割ったストーリーAのほうが悪いと判断していました。一方,その後の年齢では,ストーリーBのほうが悪いと判断するようになりました。つまり,悪いことをしようとする動機があったかどうかが判断の基準となることを明らかにしました。前者は結果論的判断,後者は動機論的判断と呼ばれています。

②コールバーグの道徳性発達理論

コールバーグ(Kohlberg, L.)は,年齢によって子どもの道徳的判断が変わるというピアジェの理論をさらに発展させ,道徳性発達理論をまとめました。コールバーグの理論は,個々の文化の枠組みを超えた普遍的な道徳性の発達を想定したものであるところに特徴があります。

コールバーグは,「ハインツのジレンマ」課題(表6-1)のような葛藤状況を含むお話を子どもに聞かせて,登場人物(ハインツ)のとった行動に対する賛成・反対とその理由を子どもに尋ねる課題を行い,その判断の理由を基準に,3水準(6段階)からなる発達段階(表6-2)を構築しました(Kohlberg, 1969)。

コールバーグは,登場人物の行動への賛否を評価するのではなく,その理由づけに着目しました。前慣習的水準では,ほめられるなどの報酬を得るか否か,罰を受けるか否かといった理由が当てはまります。次に,慣習的水準は,人間関係や社会的な義務,法律を守るといった理由づけに相当します。脱慣習的水準は,自分自身の良心や正義の基準,尊厳を根拠とした理由づけがなされた場合に位置づけられます。

### 表6-1 コールバーグによる「ハインツのジレンマ」課題

| | |
|---|---|
| ストーリー | ハインツの妻がガンで死にかかっている。医者は「ある薬を飲めば助かるかもしれないが,それ以外に助かる方法はない」と言った。その薬はある薬屋が発見したもので,開発費用の10倍もの値段で売っていた。ハインツはお金を借りて回ったが,半分しか集まらなかった。ハインツは事情を話し,薬屋に薬を安く売ってくれるか,後払いにしてくれるように頼んだ。しかし,薬屋は頼みを聞かなかった。絶望したハインツは,妻を救うために薬屋に押し入り,薬を盗んだ。 |
| 質問 | ハインツは薬を盗むべきだったでしょうか?<br>どうしてそう思うのですか? |

出所:Kohlberg, 1969をもとに作成

表6-2 コールバーグの道徳性発達段階

| | | |
|---|---|---|
| Ⅰ 前慣習的水準 | 段階1：罰と服従への志向性 | 罰を避け，力をもつものに服従することに価値がおかれる。 |
| | 段階2：報酬と取引への志向性 | 自分の欲求や他者の欲求を満足させることに価値がおかれる。 |
| Ⅱ 慣習的水準 | 段階3：対人的同調への志向性 | 他者から肯定されることに価値がおかれる。 |
| | 段階4：法と秩序への志向性 | 社会の構成員の1人として社会の秩序や法律を守ることに価値がおかれる。 |
| Ⅲ 脱慣習的水準 | 段階5：社会的契約への志向性 | 道徳的な価値基準が内面化されている。個人の権利や社会的公平さに価値がおかれる。 |
| | 段階6：普遍的倫理への志向性 | 人間の尊厳の尊重に価値がおかれる。 |

出所：外山・外山，2010をもとに作成

図6-2 乳児の社会的評価を調べる実験

丘に登ろうとしている者●を援助者▲が押し上げる

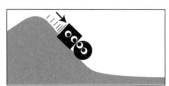
丘に登ろうとしている者●を妨害者■が押し返す

出所：Hamlin et al., 2007をもとに作成

このように，ピアジェやコールバーグの研究によって，子どもの道徳性の発達の様子が明らかになりました。しかし，その後の多くの研究からは，ピアジェが想定したより年少の頃から，子どもは他者の心的状態を考慮した判断が可能であることもわかっています。また，コールバーグの理論は，欧米の文化に特徴的なものであり，文化普遍的な段階とは言い難いという批判もあります。

近年では，すでに乳児の頃から道徳性の芽生えがみられ，単純な動きのなかにも社会的意味を読み取ることが明らかになりつつあります。図6-2のように，丘に登ろうとする動きの●に対して，▲が押し上げる動き（援助）と■が押し返す動き（妨害）を乳児に見せると，生後6か月頃でも，妨害する■より援助する▲のほうを好んで選ぶことが知られています。このように，かなり幼い頃から行動の社会的評価をすることも示唆されています（Hamlin et al., 2007）。

# 3 社会的行動の発達

前節では，社会的認知の芽生えは乳児期から存在し，年齢が上がるにつれて，徐々に自律的で，社会的規範を踏まえた理解へと変化していくことを紹介しました。それでは，社会的行動はいかに発達していくのでしょうか。

## 1 向社会的行動の発達

　向社会的行動についても，幼い頃から芽生えとなる行動が現れはじめるようです。たとえば，0歳児の頃には他児の情緒の伝染が生じている状態だったのが，1歳半を過ぎた頃から，自分と相手の気持ちを区別しはじめ，なぐさめるなどの向社会的行動がみられるようになります。自分の好きなおもちゃをもってくるなど，まだ相手の立場に立った行動とはいえませんが，生まれて1年ほどの間にも，他者への関わり方を変化させていることがわかります。

　幼児期に入ると，「慰める」「譲る」といった行動が増加します。ここには，先に述べた心の理論の発達が影響していると考えられます。たとえば，幼児はしだいに，相手の意図や知識といった心的状態に注意が向きはじめ，自分が好きなおもちゃを，相手が先に使おうとしていたという意図に気づくことで，「譲る」といった行動もみられるようになります。

　児童期の向社会的行動については，質問紙を用いた研究も多く行われています。「えんぴつや消しゴムを忘れた人に，自分のえんぴつや消しゴムを貸したことがありますか」といった経験を尋ねる質問を行い，「ある」「少しある」「ない」などの選択肢から回答を選ばせるものです。一般的に，小学校高学年では向社会的行動を行った経験があると答える子どもが多いことが示されています（二宮, 2010）。そして中学生では，小学生の頃より向社会的行動の経験が減ることが明らかになっています（村上・西村・櫻井, 2016）。この背後には，二次の心の理論の発達によって，援助される他者の気持ちを複雑に推測するようになることや，それまで当然のこととととらえ「良い行い」と感じていた向社会的行動に疑問をもつようになるという変化があるのではないかと考えられます。

## 2 社会的行動に影響する要因

　子どもが人との関わりのなかで社会性を発揮していくためには，時に自分の欲求や衝動的な行動を我慢し，他者の気持ちや考えを推測したり，社会的規範を思い浮かべたりして，社会的に望ましい行動をとっていくことが必要になります。このように，自分の考えや行動をコントロールし，目標に向かって行動を調整していく働きのことを，実行機能（executive function）または自己制御（self-regulation）と呼んでいます。

　**実行機能**は，「抑制（inhibition）」「切替（shifting）」「更新（updating）」の3つの要素が中心的な役割を果たしていると考えられています（Miyake et al., 2000）。「抑制」とは，ある状況において，現在優勢となっている情報があるなかで思考や行動を抑える働きのことです。たとえば，目の前にマシュマロが1つある（優勢な情報）けれども，食べないでいればあとで2つもらえるという状況のなかで，待っていられるとすれば，抑制が働いていることになりま

第Ⅱ部　出生前後～児童期までの発達

す。これは「マシュマロテスト」として知られています（Mischel, 2014）。「切替」とは，思考や行動を柔軟に切り替える働きのことです。たとえば，ものの分類で形に着目して分けるルールで進んでいたときに，急に色で分けるルールに変わっても，前の形で分類に固執してしまうとすれば，切替がうまく機能していないことになります。「更新」とは，次々とワーキングメモリに入ってくる情報を監視し，更新する働きのことです。子どもには，どれくらいの数の物事の名前を，言われたのと逆の順序で言えるかを調べる課題などが使われます。記憶しながら活動させる（逆順に言う）ことからワーキングメモリの容量を調べることができるのです。

　この実行機能の3つの要素の働きは，主に成人を対象とした研究で実証されてきました。幼児期や児童期にはこれらと類似する働きがあるのか，成人と同じような要素に分かれているのか，そしてどのように発達していくのかについては現在も議論と研究が盛んに進められています。明確なことは，こうした実行機能の基礎的な部分も幼児期の4～5歳頃に顕著な発達がみられることです。

　心の理論研究においては，抑制機能を調べる課題の成績と心の理論の課題の成績との相関が有意に高いことが示されています。先に述べたように，誤信念課題において相手の立場に立って考える際には，自分の知識を一度とどめておく必要があります。こうした働きの背景には抑制機能があるといえます。実際に抑制の働きを高めるような訓練が，子どもの心の理論の成績を高めるといった研究も知られています。

　また，衝動的にならず規範に沿ったり，道徳的に行動していくには，自分の欲求を抑える必要がありますし，次々に入ってくる情報を更新したり，注意をうまく切替えていくことが求められます。このように実行機能の発達は，心の理論に限らず広く社会性の発達に重要であることがわかります。実行機能の研究は，心の理論の研究と並んで，子どもの社会性の発達を調べるために，盛んに研究が進んでいるところです。今後の実践現場への応用が期待されます。

**参照**

**ワーキングメモリ**
→5章

**プラスα**

**切替**
切替を調べる課題として有名なのが，DCCS（Dimensional Change Card Sort）課題である。たとえば，「赤い車」と「青い船」がそれぞれ描かれたモデルカードに対して，「青い車」が描かれたカードと「赤い船」が描かれたカードを次々と見せていき，最初のルール（例：形）でモデルに当てはまるように分類させる。その後，新しいルール（例：色）で分けさせるようにして，どれくらい最初のルールに固執してしまうかをみる。

**誤信念課題に関する近年の研究**
近年の研究では，言葉で反応させるのではなく，自発的な視線の向け方や注視時間を測定することで抑制の必要を弱めた誤信念課題も生み出されている。こうした課題を使った研究では，乳児期でも誤信念を理解する可能性を示唆する知見が得られている（Onishi & Baillargeon, 2005）。

**考えてみよう**

幼児期や児童期の子どもたちの遊びやいざこざを観察してみましょう。そして，子どもたちは何を基準に，自分や友だちの行動の良し悪しを判断しているのか，学んだことを踏まえて考察してみましょう。

第6章　社会性の発達

## 🖋 本章のキーワードのまとめ

| 道徳性 | 物事や人の行動の良し悪しに対する理解のこと。幼児期には身近な人の基準を取り入れて理解するが，年齢が上がるにつれて，良し悪しの基準を自ら考え，つくり出すようになる。 |
|---|---|
| 規範意識 | 社会のなかで定められた，守るべき決まりに対する意識のこと。規範のなかには，法律のように制度化され明示的なものもあれば，慣習のように制度化されてはいないが守るべき決まりとして潜在的に存在するものもある。 |
| 共感性 | 相手の気持ちや考えを相手の立場に立って考え，それを自分のことのように共有すること。特に，共感性という言葉が使われる場合は，相手と同様の感情状態になることを指していることが多い。 |
| メンタライゼーション | 相手の言動から，相手の気持ちや考えなどを推測すること。共感性が比較的相手の感情状態を共有することを強調した語句であるのに対し，メンタライゼーションは，相手の行動から心的状態を想像する能力全般を指す。 |
| 共同注意 | 子どもが，相手が注意を向けているものに対して，自分自身も注意を向けること。生後9か月頃からみられる。大人が，視線や指さしで注意を向けているものを示すと，乳児はその視線や指さしの先を追って見るようになる。 |
| 社会的参照 | あいまいな状況や対象に対して，生後12か月前後から，子どもが身近な他者の情動的な情報を参照して自らの行動を調整すること。たとえば，身近な大人の表情を見て，新しいおもちゃを触るかどうかを決めること。 |
| 心の理論 | 自己や他者の行動を予測したり説明したりするための心の働きについての知識や原理のこと。幼児期には，特に，他者の誤信念やそれに基づく行動を予測できるか否かが問われることが多い。 |
| 誤信念課題 | 主に幼児を対象として行われる「自分の知識とは異なる他者の誤った考えを理解する力」を測定する課題のこと。4〜5歳頃から課題に正答するようになる。 |
| コールバーグの道徳性発達段階 | 児童期から成人期にかけての道徳的な推論を段階別に示したもの。道徳性の前慣習的水準，慣習的水準，脱慣習的水準という3つの水準からなり，それぞれの水準に2つの段階が存在する，6段階に分けて説明されている。 |
| 向社会的行動 | 他人あるいはほかの集団を助けようとするような，人々のためになることをしようとする自発的な行為のこと。具体的には，援助行動や配分行動などがあげられる。 |
| 実行機能 | 自分の考えや行動をコントロールし，目標に向かって行動を調整していく働きのことで，社会性の発達や社会的な行動に影響する。特に，社会性の発達においては，抑制機能との関連が強いことがわかっている。 |

◇ 第7章

# 感情と自己の発達

> この章では，感情の発達と自己および社会との関連性について述べていきます。そもそも感情とは何か，それがどのような役割を果たしているのか，感情の発達に自己や社会はどのように関わっているのか，ということを学びます。いずれもとらえどころのない概念ですが，だからこそ，心理職に携わる人は学術的な背景をしっかりと押さえておく必要があるといえます。

## 1 ┃ 感情の発達

### 1 「感情」とは何か

　まず「**感情 (feeling)**」とは何かについて簡単に述べたいと思います。「感情」とは，何かを感じ取ること，私たちが主観的に感じ取る心の動きのことをいいます (遠藤, 2013)。関連する用語として「**情動 (emotion)**」と「**気分 (mood)**」があります。「情動」は，身体の生理的な反応（例：心臓のドキドキ）に基づき，急激に起こる心的状態のことをいいます。生理的な側面やすぐ始まりすぐ終わるといった一過性の意味合いが強くなります。また「気分」とは，比較的長期間続き，あまり原因がはっきりしない場合の心的状態を指し，ある行動に影響を与える背景として着目されることがあります（例：イライラした気分が宿題の進み具合を遅くする）。

　実のところ，これらの使い分けは厳密なものではありませんが，一言で「感情」といった場合でも，生理的反応が急激かゆるやかか，持続時間が短いか長いか，といったさまざまな観点が含まれています（なお，本章では以下，これらをまとめて基本的に「感情」という言葉を用います）。

### 2 感情の機能

　現代は感情を管理することが求められる時代です。感情的になることは調和を乱すと考えられ，それを避けるために理性的になることが求められます。しかし，一見調和を乱すようにみえる感情ですが，そこにはさまざまな役に立つ，すなわち適応的機能があります。この機能には大きく分けて「個人内機能」と

「個人間機能」があげられます（遠藤，2013）。

　個人内機能としては，たとえばすぐに行動しなければならない状況でその状況にのみ注意を集中し，その解決のための身体と心の準備をすることがあります。誰かが襲ってきた場合，ほかのことを考えていたりその原因が何かを考えたりしている場合ではありません。「恐怖」という感情がとりあえずその場から私たちを逃がすように行動をセットします。あるいは，私たちが何かを学ぶときにも役立ちます。何かができたりわかったりしたときに，それを「おもしろい」と思う感情は，その後の学習を促進することになるでしょう。

　個人間機能としては，コミュニケーションの機能があります。感情は多くの場合，個人の中だけにとどまらず，他者にも向けられます（例：うれしいと笑顔が出てくる）。そのことが，「その人は今どう感じているのか」といった情報を与えてくれます。また，そのように示された感情に私たちは自然と影響を受けてしまいます。イライラしている人のまわりにいると，こちらまでイライラしたり，悲しんでいる人を見ると同情したり慰めたりせずにはいられなくなります。さらには，恥や罪悪感といった感情があるからこそ，私たちは自分勝手な行動を慎むことになります。このような対人機能があるからこそ，感情はあとにみるような「自己」といった領域と関連することになります。

## 3　感情の発達

　感情は時間（年齢）とともにどのように発達・変化していくのでしょうか。この点に関して，大きく2つの立場があります。1つは「**基本感情理論**」，もう1つは「**構成主義理論**」です（久崎，2014）。前者は，感情は生まれたときからある程度「まとまり」をもった基本感情（具体的には，喜び，悲しみ，恐れ，怒り，驚き，嫌悪）が備わっていると考える立場です。また，それぞれの感情は特定の生理的な変化や表出されるパターンと対応していると考えます（例：「喜び」は「目尻が下がり，両唇が上がる」表情とセットになっている）。生まれたときから分化した感情をもっていると考え，感情の生物的・進化的側面を重視します。後者は，感情は生まれたときは未分化であり，成長とともにやがてまとまりのある感情が組織されていくと考える立場です。具体的に，この立場の代表的論者である**ルイス**の感情発達モデル（Lewis, 2008）をみてみましょう（図7-1）。

　まず誕生直後は，「快」と「苦痛」といった感情の要素があります（ここに「興味」が加わることもあります）。生後6か月から1年頃までに，「喜び」「驚き」「悲しみ」「嫌悪」「怒り」「恐れ」などがみられます。2歳頃から，「てれ」や「羨望」「共感」，2歳頃から3歳にかけて「誇り」「恥」「罪悪感」などの感情が出てきます。生後2年目以前と以降の感情は，「**自己意識**」が関わってくるかどうかで分けられます。生後2年目以前の感情を「**一次的（原初的）感情（primary**

プラスα
**基本感情理論**
基本感情理論の立場を取る代表的な人物にエクマンやイザードがいる（遠藤，2013参照）。

## 第Ⅱ部　出生前後〜児童期までの発達

**図7-1** ルイスの感情の発達モデル

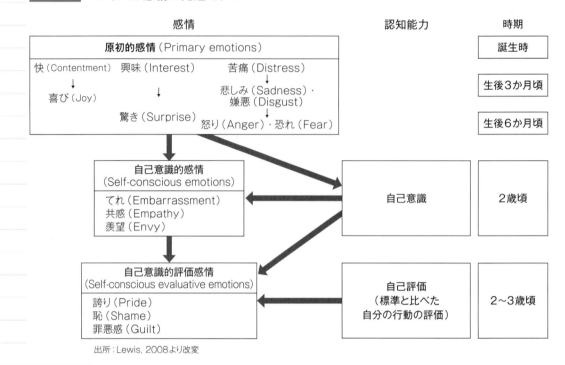

出所：Lewis, 2008より改変

**プラスα**

**自己意識的評価感情**
ルイスは，誇り・恥・罪悪感などは，自己意識に加えて，自分の行動を規則や標準と比較して評価する能力を必要としており，「自己意識的評価感情」と呼んでいる（Lewis, 2008）。

emotions）」，以後の感情を「**二次的感情（secondary emotions）**」あるいは「**自己意識的感情**」と呼びます。この点については，またのちほど述べたいと思います。

### 4　感情知性

　感情は適応するかたちで働くこともあれば，不適応なかたちで働くこともあるので，私たちはそのような感情とうまくつきあっていく必要があります。この「感情とうまくつきあう力」として，**感情知性**（感情知能，emotional intelligence；EI）があげられます。これは，自分や他者の感情を理解したり，感情を表現したり逆に抑えたりするプロセスのことを指します。感情知性の代表的な研究者に**サロヴェイとメイヤー**（Salovey & Mayer, 1990）がいます。彼らは感情知性の構成要素に，自分や他者の感情を認識し表現する能力，感情を調整する能力，感情を利用する能力（例：やる気を出す）などをあげています。サロヴェイとメイヤー自身はそれぞれの要素について発達的な変化よりも機能的な側面に着目していますが，子どもの成長をみるうえで，それぞれの要素がどのように発達していくのかを押さえておくことは重要です。そこで，「感情理解」と「感情制御」について，その発達的変化をみてみることにします。

### ①感情理解

　子どもは生まれて数か月の時点から，他者の感情に敏感なようです。たとえば，生後3か月の子どもも喜びの表情と驚きの表情を区別することができます（Young-Brown et al., 1977）。また，表情の区別だけでなく，そこに込められた感情的な意味を理解することもできるようです。たとえば，生後12か月児が母親の笑顔や恐怖の表情を参照し，自分の行動をコントロールすることができる（社会的参照）ことが報告されています（Sorce et al., 1985）。つまり，この時期の子どもは，単に顔の特徴を区別しているという以上に，その特徴に含まれている感情的な意味をとらえているのです。

　生後2年目頃になると，言語で感情を識別しはじめます。具体的には，ある表情とその表情を示す言語(例：笑顔−「うれしい」)を対応させます。(Michalson & Lewis, 1985; 櫻庭・今泉, 2001)。この場合，ある言葉に表情を対応させること（「うれしい顔はどれ？」の質問に対して適切な表情を選ぶ）は早くからできますが，逆にある表情を言葉で表すこと（「この表情はどんな気持ち？」の質問に対して適切な言葉を回答する）はそれよりも遅れます。日常場面でも2歳頃から「心」に関する言葉(例：欲しい，知っている)を使った会話をします。その際，「他者」だけでなく「自分」の心の状態についても言葉にしていきます（Bretherton & Beeghly, 1982）。

　3歳頃から，状況の要因から感情を推測する力が向上します。具体的には，積木が壊された「状況」では人は「怒る」（「悲しむ」）ということを理解しはじめます（Deconti & Dickerson, 1994）。また6歳頃から，感情の「見た目」と「本当」の区別（例：顔で笑って心で泣いて）を理解しはじめます（Banerjee & Yuill, 1999; Harris et al., 1986）。これらは，人の感情を「感じる」プロセスから「考える」プロセスとしてとらえることができます（近藤, 2014）。

### ②感情制御

　さまざまな感情を適度に調整することを**感情制御**（emotion regulation）といいます。ただし制御は「押さえつける」という意味合いが強くあり，必ずしもこの言葉が適切ではないとして，「ほどよくする」という意味合いの「**感情調整**」という言葉が使われることもあります（金丸, 2014）。感情制御の発達は，主にまわりの大人（養育者）によって制御される段階から，徐々に子ども自らが制御するようになる段階へと進んでいきます。生まれたての赤ちゃんは，不快な状態になると泣いたりぐずったりすることでまわりの大人に不快感を伝え，自分の感情状態をなだめてもらうといったような，大人主導の感情制御を行います。生後3か月頃から，すべて大人にまかせるのではなく子ども自身もやりとりのなかで感情を制御するようになります。たとえばこの時期，親に笑いかけてもらうだけでなく赤ちゃん自身が親に笑いかける「**社会的微笑**」（社会的なやりとりのために用いる微笑み）がみられるようになります。

---

**プラスα**

**EIとIQ**

感情知性（EI）概念の背景には，主にテストで測定されるIQ（知能指数）とは別に，社会生活を送るうえで重要な能力が必要であるという考え方が出てきたことがあげられる。科学ジャーナリストのゴールマンがEQ（こころの知能指数）としてEI概念を広めた。ただしEI概念の妥当性については議論の余地がある（遠藤, 2013参照）。

**参照**

**社会的参照**
→6章

**プラスα**

**感情制御**

感情制御は，情動制御と表記されることもある。

これは，自分の微笑みがまわりの人からの関わり（例：言葉かけ）を引き出し，それがまた自分に喜びをもたらすことを学びはじめていると考えられます（船橋，2014）。

生後2年目頃から，言葉による感情制御が行われます。初めは，子ども自身の言葉にならない思いを大人が言語化するというかたちをとります（例：悲しかったね）が，のちに子ども自身が自分の思いを言葉にするようになります。

生後4年目頃から，自律的に感情を制御するようになってきます。特に，感情を表情や行動で示す「**感情表出**」のコントロールができるようになります。たとえばコールは，4歳頃の子どもでも，期待はずれのプレゼントをもらったときに，「がっかり」した様子ではなく「うれしい」様子を示すことを報告しています（Cole, 1986）。その場に適切な感情の表出に関するルールを「**表示規則（display rule）**」といいますが，子どもたちは徐々にこのようなルールを理解するようになります（溝川，2013）。

# 2 自己の発達

## 1 自己意識の発達

参照
自己意識
→10章

次に，感情の発達と密接に関連する「自己」の発達について述べます。もちろん，「自己とは何か」については簡単に扱える問題ではありません。ここでは，自己のなかでも「自分についての意識」である「**自己意識**」に焦点を当て，述べていきたいと思います。

子どもはいつ「自分」を意識するのでしょうか。生まれたばかりの赤ちゃんでも，自分というものについて何らかの感覚をもっていることは確かでしょう。そうでなければ不快なときに泣くといったこともできません。しかし，それは必ずしも「自分」というものを意識したものではありません。心理学の分野で自己意識が成立するのは，2歳頃だとされています。それはこの時期に，「鏡に映った自分」（**鏡映的自己**）を自分だと認識できるようになるからです。この現象は，**ルージュテスト**と呼ばれる課題で調べられます。子どもの鼻の先に（子どもに気づかれないように）口紅を塗り，鏡の前に連れていきます。そのとき，鏡ではなく「自分の」鼻の口紅をとろうとすれば，それは「鏡に映っているのは自分だ」と認識したと考えられます（図7-2）。一般に，2歳頃にこの課題を通過するようになります。もちろん「自分」の認識はこれで完了ではなく，たとえばビデオ映像に映った「過去の自分」を認識するのは4歳頃だとされています（Povinelli et al., 1996）。

図7-2　ルージュテストのイメージ

鏡映的自己の認識なし（鏡への反応）

鏡映的自己の認識あり（自分への反応）

　また，幼児期になると，視覚的に自分をとらえるだけでなく，言葉を用いた自分についての概念（**自己概念**）を獲得します。たとえば「自分はどんな子か」や「何が得意か」といったことについて言葉で説明します。幼児期段階では身体面や外見面に言及することが多いですが，児童期になると行動面や性格特性に言及するようになります（佐久間ほか，2000）。特に9，10歳頃になると他者との関係のなかにある自分に言及するようになり，自分を客観的にみる力が育ちます（楠，2009）。

## 2　第一次反抗期

　2歳頃に生まれた自己意識は，子どもが自分の「したいこと」や「欲しいもの」も認識することにつながります。すると，そのような思いを強く主張するようになります。また，「自分のことは自分でしたい（人の言うことは聞きたくない）」という思いも芽生えてきます。そこで出てくるのが，大人の言うことに何でも反抗する**第一次反抗期**，いわゆる**イヤイヤ期**です。ここでのポイントは，自己意識が成立し，主張できる「自分」が育っているからこそ，反抗ができるということです。またこの時期のイヤイヤは，他者への主張や反抗をとおして自分の存在を確かめるという側面もあります（赤木，2012）。イヤイヤ期を単なるやっかいな現象としてとらえるのではなく，その背後にある発達の構造をみることが重要となります。

## 3　自己制御

　自分の行動や行為を調整することを「**自己制御**」といいます。先ほど述べた

第Ⅱ部　出生前後〜児童期までの発達

**プラスα**

**エフォートフル・コントロール**

自己制御能力は意識せずに行っている部分もあるが，特に意識的に行う自己制御の側面は「エフォートフル・コントロール（Effortful-Control：EC）」と呼ばれる（原田ほか，2010）。

**プラスα**

**注意の移行と注意の焦点化**

近年の研究では自己主張と自己抑制に加えて，「注意の移行」（例：活動の途中で名前を呼ばれても反応する）と「注意の焦点化」（例：話を最後まで聞く）を加えることもある（大内ほか，2008）。

「感情制御」も広い意味では自己制御の一つになりますが，自己制御は実際に行われる行動の制御・調整により焦点を当てています。たとえば有名な実験課題に**マシュマロ・テスト**というものがあります（Mischel, 2014）。大人が子どもの前にマシュマロ（すぐ食べたいもの）を置き，「大人が戻ってくるまでの間，食べないで待てればもう一つマシュマロを食べることができる」と伝えて，一度部屋から出ます。ここでは「あとで得られる大きな報酬（マシュマロ2個）」のために「今すぐ得られる小さな報酬（マシュマロ1個）」を我慢できるかどうかが調べられます。この「食べないで待つ」能力，つまり「我慢する力」は幼児期から児童期にかけて向上します。

　もちろん私たちは「欲しいもの」といった物との関係だけでなく，人と人，あるいは社会との関わりのなかでも自分の行動を制御します。このような社会的な場面で行う自己制御を「**社会的自己制御**」といいます（原田ほか，2009，2010）。社会的自己制御には2つの側面があります。一つは自分の欲求や意思を他者に向けて表現し実現する「**自己主張**」，もう一つは自分の欲求や意思をその場に応じて抑える「**自己抑制**」です（柏木，1988）。自己主張と自己抑制には発達的なズレがあり，3〜4歳頃に自己主張が急激に発達する（その後，時に停滞したりしてゆるやかに上昇する）のに対して，自己抑制は3〜6歳にかけて徐々に発達していくとされています（柏木，1988）。自己制御の発達もまた，感情制御と同じく，最初はまわりの大人（養育者）によって調整され，その後，子どもが自律して調整していくというプロセスを経ます。

# 3 | 感情と自己

　これまでは感情と自己についてそれぞれ述べてきましたが，ここでは感情と自己がどのように関連し，また発達していくのかを見ていきたいと思います。

## 1 自己意識的感情

　すでに述べたように，生後2年目頃から自己意識が成立し，それ以降「**自己意識的感情**」と呼ばれる感情がみられるようになります（図7-1）。もちろん，喜びや怒りといったあらゆる感情が「自己」に関わってくるのですが，自己意識的感情のポイントは「他者の目」を意識したがゆえに生じる感情だという点です（遠藤，2013）。その代表的なものが「てれ」です。ルイスは，鏡映的自己の認識が成立した子どものほうがそうでない子どもと比べて，見知らぬ人と会ったりほめられたりするときに「てれ」の感情を示すことが多いことを報告しています（Lewis et al., 1989）。自己意識的感情には，ほかにも「羨望」「誇

り」「罪悪感」などの感情があります。このなかには一見「自己意識的」といえないような感情もあります（たとえば「羨望」は「自分」を意識しているというよりもむしろ「他者」を意識していると思えます）が，自分と他者の関係性を考慮した際にのみ生じる感情という点で自己意識的感情と考えることができます（遠藤，2013）。このように，他者あるいは社会との関係性のなかで生じるという意味で自己意識的感情を**社会的感情**と呼ぶ（あるいは社会的感情の一つとする）ことがあります。

## 2 自尊感情（自尊心）

　**自尊感情**あるいは**自尊心**（self-esteem）とは，自分自身を自ら価値あるものとして感じることです（中間，2016a）。もう少しいえば，自己評価における「とてもよい（very good）」と「これでよい（good enough）」の二つのあり方のうち，後者にあたるものと考えられています。「とてもよい」は他者よりも優れているという意味合いをもっていますが，「これでよい」は自分の基準によって自分を受け入れる（自己受容）という意味があり，自尊感情はこの意味での感情になります（中間，2016a）。

　自尊感情はどのように発達していくのでしょうか。残念ながら，自尊感情は概念上，言語によって質問し，報告してもらうことが重要になります。そのため，非常に幼い子どもの「自尊感情」を直接検討した研究は少ないといえます。質問紙が使用できる年齢を対象にした研究では，小学生～中学生・高校生と年齢が上がるにつれて，自尊感情が低くなっていくこと，全体的に男子よりも女子のほうが自尊感情が低いことが報告されています（古荘，2009）。特に小学4年生頃に顕著に下がりはじめるようです。

　では，なぜ小学4年生頃から自尊感情が低下するのでしょうか。その理由の一つとして，先ほど「自己意識の発達」で述べた，自分のことを客観的にみる「自己客観視」の力が考えられます。この力が備わることで，自分の苦手な部分もみえてくるようになり，自分への否定的な感情を強めることにもつながります（楠，2009）。逆にいえば，自尊感情の低下は，自分を客観的にとらえる力の育ちを反映しているともいえ，必ずしもネガティブな現象ではないともいえます。ただし，子どもがあまりにも否定的な側面ばかりをみてしまっている場合，子どものおかれている生活を見直す必要があります。さらに，自尊感情は「高ければ高いほどよい」というものではないことにも注意が必要です。根拠のない自己評価ではなく，本当の意味で「自分っていいな」と思える経験や生活を保障していくことが必要だといえます。

## 3 自己効力感

　**自己効力感**（self-efficacy）とは，自分にはある行動をうまくやり遂げる

---

**プラスα**

**自尊感情の変化**

成長とともに常に低くなっていくわけではなく，大学生や成人（18～60歳），高齢者（60歳以上）になると自尊感情は相対的に高くなっていくようである（小塩ほか，2014）。

**自尊感情の臨床的視点**

たとえば中間（2016b）は，自尊感情の負の側面（自尊感情が高い人のほうが自分の優越を示すために暴力行為や攻撃性につながる）や，自尊感情が低いことがむしろ適応的である可能性（上手なあきらめ，欠点を改める態度）を指摘している。また，自尊感情が低い子どもにとっては，自信をもたせる働きかけ以前に，価値判断なく（否定なく）自分を受け入れてもらう経験が必要であると考えられる（水島，2018）。

ことができるという自信のことです(藤田，2007)。自己効力感を考えるには，「**結果期待**」と「**効力期待**」を区別する必要があります(Bandura, 1977)。「結果期待」とは，ある結果が得られる期待のことです。「効力期待」とは，ある行為を自分がうまく行える期待のことです。たとえば，「1日12時間練習すればプロ野球選手になれる」という結果期待をもっていたとしても，そもそも「1日12時間練習することができる」という効力期待をもっていなければ，この行動は実行に移されません(図7-3)。この考え方は，子どもの支援において，あることを実際にできるかどうか(能力)だけでなく，できると思っているか(効力期待)に着目することの重要性を教えてくれます(安達，2016)。

**図7-3** 効力期待と結果期待

　自己効力感はいくつかの要因によって形成・影響されます(Bandura, 1977)。具体的には，過去に成功した体験をもっていること(遂行行動の達成)，ほかの人の行為の結果を見て学ぶこと(代理的経験)，「やればできる」といった言葉かけを受けること(言語的説得)，「緊張している」といった身体の情報(情動的喚起)などがあります。

　先の自尊感情と同じく，自己効力感も直接的に検討しようと思うと，どうしても言語的な方法に頼らざるを得ないので，幼い子どもを対象とした研究はあまり見当たりません。ただし，それに関連した現象はいくつか報告されています。たとえば，シンらは，幼稚園児，小学1年生，小学3年生を対象に，いくつかの事物が描かれた絵を見せて，どれだけ覚えられるかを子どもに尋ねました。その結果，幼稚園児や小学1年生のほとんどの子どもが，実際に自分が覚えられた(思い出せた)数よりも多く「覚えられる」と予想していました(Shin et al., 2007)。また，この傾向はやりとりを繰り返しても続いていました。つまり，先ほど覚えられなかった事実があったとしても，もう一度「どれだけ覚えられるか」を尋ねると，また実際よりも多くを覚えられると予想していたのです。このように，幼い子どもは(たとえ客観的にはできていなくても)すごくできていると自己評価する，つまり「自己効力感が高い」時期だといえます(認知的にみると，「メタ認知」がまだうまく機能していないとも考えられます)。もちろんこれは悪いことではありません。このように自分に自信満々だからこそ，新しいことに挑戦し，失敗してもへこたれず何度もがんばることができます。ただし，何度行ってもうまくいかないという経験を繰り返すことは，自分

参照
メタ認知
→5章

第 7 章　感情と自己の発達

はできるという感覚をうまく育てていけないことにつながります。このこと
は特に，発達障害をもつ子どもの二次障害を考えるうえで重要になってきます
(菊池，2014)。

# 4 ｜ 社会との関係からみた感情と自己

　第 1 章で述べられていたように，エリクソン（Erikson, E. H.）は個人の心
理的な変化（発達）と社会・歴史・文化との関連性について理論化しました。
具体的には「自分」が成立していく過程に「社会との関係性」という視点を組
み込み，それぞれの時期に特徴的な心理社会的危機（分岐点）を見出しました。
西平の言葉を借りれば，何らかの共同体のなかに自らを位置づけるだけでなく，
共同体からも位置づけてもらうことによって，はじめて「自分」となるといえ
ます（Erikson, 1980, 訳者あとがき）。この節ではエリクソンの発達段階のなか
で，「幼児前期（1 ～ 3 歳）」と「幼児後期（3 ～ 6 歳）」の子どもの姿を取り上
げます（以下，Erikson, 1980を参考）。

## 1　幼児前期と後期の子ども

　幼児前期の子どもは「**自律性　対　恥・疑惑**」の心理社会的危機をもってい
る時期です。この時期，立つ，歩く，持つ，放す，など，自分の行動を自分の
意思と選択で行うようになってきます。またこの時期には，トイレットトレー
ニングに代表されるさまざまなしつけがなされます。そのことが，自分で自
分の行動・行為をコントロールする「自律性」を獲得することにつながりま
す。一方，そのようなコントロールがうまくいかなかったり（例：トイレの失
敗），過剰に外部からコントロールされている感覚があったり（例：厳しすぎる
しつけ）すると，「恥・疑惑」の感情につながっていきます。先ほどみたように，
この時期は鏡映的自己の認知，つまり自己意識が芽生え，恥の感情が生じる時
期です。この時期，子ども一人ではうまくいかないこともたくさんあるでしょ
うし，その意味で恥の感情が生じることも多くなるでしょう。そのような恥も
感じつつ，自律性を獲得していけるようなまわりの配慮や環境づくりが大事に
なってきます。

　幼児後期の子どもは「**自主性　対　罪悪感**」の心理社会的危機をもつ時期と
されます。この時期，子どもの身体能力や認知能力が向上し，さまざまな場所
や活動に興味・関心を広げていきます。それは実際にできることを越えて，で
きるかもしれない想像や空想の世界にも拡大していきます。このような，自ら
率先して目的意識的な活動（ごっこ遊び，手伝い）に働きかけていくことを「自

---

**プラスα**

**発達障害の感情に関わる二次障害**

菊池（2014）は，ADHD児は感情制御が苦手なために失敗することが多く，「自分には能力がない」といった自己効力感の低下につながることを指摘している。また，木谷（2018）は，青年期ASDの就労において，自分の苦手なことを理解して人に的確に援助要請したり，自発的な働き方の工夫ができないと，抑うつなどの二次障害を引き起こして退職する場合もあると述べている。

**参照**

**エリクソンの発達段階**
→1章

**参照**

**ごっこ遊び**
→8章

89

第Ⅱ部　出生前後～児童期までの発達

主性」と呼びます。自らが活動の主導権をとるという点に先の「自律性」との違いがあります。一方，そのようなさまざまな活動を実際に行ったり，あるいは想像したりすると，何か間違ったことをしてしまうことも多くなります。そのとき，「見つかって恥ずかしい」という感情だけでなく，「見つかったらどうしよう」「怒られるかもしれない」という不安が芽生えてきます。このような「罰せられるかもしれない」という「罪悪感」もまたこの時期に芽生えます。「感情の発達」の節で紹介したルイスの感情の発達モデル（図7-1）でも，（多少のズレはあれ）罪悪感がこの時期に生じることが示されています。

### 2　まとめ

　この章の最後にポイントを二つ，まとめておきたいと思います。第一に，感情の両面性についてです。感情は，たとえば「怒りをコントロールできない」など，さまざまな現場で「問題」として扱われがちです。しかし，一見「問題」だとみえる感情にも，必ず何らかの理由（機能）があります。逆に問題がないと思える事例にも，実は重要な感情の問題が潜んでいる可能性もあります。目の前の現象にだけ着目するのではなく，その背後にある構造をとらえることが重要です。

　第二に，感情の発達であれ自己の発達であれ，今現在の（そして歴史をもった）社会との関わりの中でみていく必要性です。一見子ども個人に問題の責任があるとみられがちな感情の問題ですが，どのような問題であれ，社会や文化の視点がなくては適切に把握・支援することはできません。それは「どのように問題に対処するのか」だけでなく「なぜ問題が生じるのか」あるいは「なぜそれが問題なのか」といった根本的な問いを提供します。

### 考えてみよう

1. 「怒り」や「悲しみ」といった，一見ネガティブな感情の適応的機能の具体例をあげてみてください。
2. 「感情知性」を育てるにはどのような活動・教育が考えられるでしょうか。

# 本章のキーワードのまとめ

| 感情 | 私たちが主観的に感じる心の働きで，通常は何らかの身体感覚を伴う。関連語に，より生理的・一過性の意味合いをもつ「情動」や，長期的で日常の行動に背景として影響するという意味合いをもつ「気分」があるが，区別は厳密ではない。 |
|---|---|
| 基本感情（理論） | 生まれつき（進化的に）ある程度分化し，ある特異的な反応と組み合わさった感情。喜び，悲しみ，恐れ，怒り，驚き，嫌悪の6つが想定されている。このように考える立場を基本感情理論と呼ぶ。代表的な論者にエクマンやイザードがいる。 |
| 感情の構成主義理論 | 感情は生まれたときは未分化であり，成長とともにやがてまとまりのある感情が組織されていくと考える立場。代表的な論者にルイスがいる。 |
| 一次的（原初的）感情 | 生後2年目頃までの，自己意識が関連せずに生起する感情。喜び，怒り，悲しみ，驚きなどもここに含まれる。 |
| 感情知性 | 自分や他者の感情について知覚・認知したり，調整・表現したり，利用したりする能力。サロヴェイとメイヤーが提唱。 |
| 感情制御 | さまざまな感情を適度に調整すること。発達プロセスとして，まわりの大人による制御から自分自身による制御へと移行していく。 |
| 表示規則 | 文化によって決められた感情表出に関する規則，ルール。同じ感情を経験したとしても，文化によって感情の示し方が異なる。 |
| 鏡映的自己 | 鏡に映った自分の認識。発達研究ではルージュテストに通過できるかどうかで測定される。およそ2歳頃に成立するとされる。 |
| 第一次反抗期 | およそ2歳頃からみられる，大人の言葉かけや指示に何でも反抗する行動・態度。背後には，自分の意図や思いを主張できる主体性の育ちが考えられる。 |
| 自己制御 | 自分の行動をモニタリングし，環境と自己の調整を図るよう行動を調整すること。抑制するだけでなく，自己を主張する側面も含められることがある。 |
| 自己意識的感情 | 2歳頃からみられる，他者から見られた自己の意識と関連した感情。てれ，共感，羨望，誇り，恥，罪悪感などがある。 |
| 自尊感情（自尊心） | 自分自身を価値あるものとしてとらえる感情。発達的には小学校中学年から低下する現象もみられる。 |
| 自己効力感 | 自分の行為が自分で制御できるという感覚，感情。バンデューラによって提唱された。遂行行動の達成，代理的経験，言語的説得，情動的喚起といった要因によって形成，影響される。 |
| 自律性 対 恥・疑惑 | エリクソンの発達段階における「幼児前期（1〜3歳頃）」の心理社会的危機。この時期は，自分で自分の行動・行為をコントロールする「自律性」と，コントロールがうまくいかないときの「恥・疑惑」の感情との間で揺れ動く時期とされる。 |
| 自主性 対 罪悪感 | エリクソンの発達段階における「幼児後期（3〜6歳頃）」の心理社会的危機。この時期は，自ら率先して目的意識的な活動に働きかけていく「自主性」と，間違ったことをしてしまうときの「罪悪感」との間で揺れ動く時期とされる。 |

# 第8章 遊びと対人関係の発達

近年，子どもの遊びが変わってきたといわれています。社会のさまざまな変化に伴って，子どもの遊びを支える3つの間，すなわち，「時間」「空間」「仲間」が減少してしまったことが一因とされています。しかし，これはただの変化としてとらえるだけでよいでしょうか。子どもの発達に何か大きな問題が生じる可能性はないのでしょうか。こうした問題意識を背景として，本章では，子どもの遊びと対人関係の発達について学びます。

## 1 遊びと対人関係の意義

**語句説明**

**『子どもの権利条約』第31条**
1. 締約国は，休息及び余暇についての児童の権利並びに児童がその年齢に適した遊び及びレクリエーションの活動を行い並びに文化的な生活及び芸術に自由に参加する権利を認める。
2. 締約国は，児童が文化的及び芸術的な生活に十分に参加する権利を尊重しかつ促進するものとし，文化的及び芸術的な活動並びにレクリエーション及び余暇の活動のための適当かつ平等な機会の提供を奨励する。

**境界性人格障害**
不安定で激しい対人関係，曖昧な自己像，感情不安定，怒りをコントロールできない，衝動的な自傷行為を特徴とする人格障害の一つ。

オランダの歴史学者ホイジンガは『ホモ・ルーデンス』(遊ぶ人) のなかで，「遊びは人間活動の本質である」と述べています (Huizinga, 1938)。また，国連の『子どもの権利条約』第31条[*]においても子どもの遊ぶ権利が明示されており，子どもの心身の健やかな成長発達にとって遊びがいかに大切かが世界的に認知されていることがわかります。

子どもにとって遊びはなぜ大切なのでしょうか。児童精神科医の佐々木正美は，著書『子どもへのまなざし』のなかで，次のように重要な指摘をしています (佐々木, 1998)。

「保育園，幼稚園を卒園するまでに，やっておかなければならないことというか，卒園の資格というものがあるとすれば，それは仲間といっしょに楽しく遊べること，ひとりで遊ぶよりは仲間と遊んだほうが何倍も楽しいという習慣，いわば，そういう能力を子どもが身につけることだと思います。そういう感情，感性，機能，能力を身につけること，それが卒園の基本的な資格だと思います」。

これに続けて佐々木は，「保育園や幼稚園のときに，仲間と一緒に十分遊べなかった子どもは，乳幼児期にやり残したことを，大きくなってから，思春期，青年期になってからでも取り戻そう」とするのであり，その変形した現れの例として，非行，境界性人格障害[*]，摂食障害，依存症[*]，ひきこもりや援助交際などといった問題をあげています。

この指摘から，人間の心身の健全な発達には，とりわけ，幼少期における「集団遊び」が欠かせないことがうかがえます。のちにみていくように，子どもの遊びが「群れから孤立へ」(深谷, 1990) と変化してきたことを考えると，佐々

92

木の指摘は決して一部の子どもだけに関わる問題ではないことが示唆されます。

こうした問題意識を背景に、以下では、遊びと対人関係の発達について心理学の観点から詳しくみていくことにします。

# 2 遊びの発達

## 1 遊びの定義と効用

子どもの遊びは紀元前から、哲学者や教育者などさまざまな立場の人々の関心を集めてきました。そもそも、遊びは複雑多岐にわたる活動なので、「遊びとは何か」を定義づけることは容易ではありません。そうしたなか、高橋は、従来の研究者らの見解を考慮しながら、遊びの特徴を、①自由で自発的な活動、②おもしろさ・楽しさを追求する活動、③その活動自体が目的である活動、④遊び手の積極的な関わりの活動（熱中し、没頭する活動）、⑤ほかの日常性から分離され、隔絶された活動、⑥ほかの非遊び的な活動に対して、一定の系統的な関係を有する活動の6項目にまとめています（高橋, 1984）。

この高橋の定義にもあるように、一見すると、子どもはただ純粋に楽しいから遊んでいるようにみえます。しかし実際には、遊びのもつ効用は多様です。たとえば、深谷は、遊びが子どもの心身の発達に寄与する要素として、①**自発性**\*を育てる（自発性こそすべての遊びに共通する要素である）、②**社会性**\*を育てる（遊びのなかの共同や競争、対立をとおして、社会的適応のスキルや健全な仲間意識、他者への共感性が育つ）、③健康と運動能力を育てる（旺盛な活動欲求を満たし各種の身体的スキルを身につける）、④ストレス解消の機会（遊びをとおして日常のさまざまなストレスを発散し内的なバランスを保つ）、⑤知的能力の開発（知識や問題解決能力、想像力、創造性、数的判断力、言語能力などのほか、一種の実践力、応用力も身につく）、⑥体験学習の場（学校教育と、体験を中心とした遊びがバランスをとることで、総合的な発達がもたらされる）の6点をあげています（深谷, 1990）。

## 2 遊びの分類

では、遊びにはどのような種類があるでしょうか。ここでは、発達心理学の分野でよく知られているビューラー（Bühler, C.）、ピアジェ（Piaget, J.）、およびパーテン（Parten, C.）による遊びの分類をみていきましょう。

### ①心理的機能面からみた遊び

表8-1にまとめたように、ビューラー（1928）は遊びを4つに分類してい

---

**語句説明**

**依存症**
アルコール, 薬物, ギャンブル, インターネットなどの物質や行為に対して,「やめたくてもやめられない」状態に陥ること。

**プラスα**

**遊びの古典的理論の提唱者**
古くはプラトン（Plato）やルソー（Rousseau, J. J.）によって, 教育における遊びの重要性が指摘されたが, 遊びの古典的理論の提唱者として今日まで知られるのは, シラー（Schiller, F.）, スペンサー（Spencer, H.）, グロース（Groos, K.）, ホール（Hall, G. S.）などである（高橋, 1996）。

**語句説明**

**自発性**
ほかからの強制や義務ではなく, 自分から進んで活動すること。

**社会性**
社会の一員として, 他者と共通の習慣や価値, 態度, 知識・技能, 行動様式などの体系を身につけていること。

ます（山下，1971参照）。**ビューラー**の分類は，遊びを心理的機能面から分類していることが特徴的です。たとえば，橋本・枡によると，発達に遅れのある子どもの場合，「機能遊び」の一種である感覚遊びにばかり没頭してしまったり，多動な子どもやエネルギッシュな子どもは運動遊びを好んだりする傾向があるといわれています（橋下・枡，2016）。また，発達に偏りのある子どもは興味関心の幅が狭かったり限局的であったりするため，好みの玩具や絵本を楽しむ「受容遊び」に終始してしまったり，著しく現実離れした「想像（模倣）遊び」をして，1日中，その役になりきってしまい，現実との区別がつかないでいることもあるといいます。さらに近年は，ミニカーや電車のプラモデルなど，リアルな玩具が主流になっており，発達に遅れのある子どもにとっては「構成遊び」に参加しやすい状況になっているものの，イメージする力はなかなか育たないという課題があることが指摘されています。

### ②認知発達からみた遊び

子どもの認知能力の発達に伴って遊びがどのように変化していくかを論じたのは**ピアジェ**（Piaget，1945）です。ピアジェは子どもの認知発達理論で有名ですが，自らの理論の枠組みに沿って，遊びの発達を大きく3段階に分類しました（表8-2）。このなかで，「機能（感覚運動）遊び」と「象徴遊び」は，それぞれ，先のビューラーの「機能遊び」と「想像（模倣）遊び」に相当します。ピアジェは，表象が獲得されることで，物を見立てたり（積み木を「クルマ」とみなすなど），誰かのふりをして遊ぶ（ままごとでお母さん役をするなど）といった「象徴遊び」が可能になること，また，抽象的な思考が可能になることで，遊びのルールを理解し，それにしたがって遊んだり，メンバー全員が楽しめるようにルールを変更しながら遊びを展開するといった「ルール遊び」が可能になることを示しました。このように，遊びの形態の発達的変化を「認知発達の指標」として意味づけたところ

**表8-1　ビューラーによる遊びの分類**

| 機能遊び | 最も初歩的な遊びで，聴覚・触覚・視覚などの感覚（ガラガラの音を聞く，水を触るなど）や，身体の運動機能（走る，跳ぶなど）を働かせること自体を喜びとする遊び |
|---|---|
| 想像（模倣）遊び | 典型的には「ごっこ遊び」を指し，日頃，子どもが見聞きしている人物やキャラクターになりきって遊ぶもの |
| 受容遊び | 絵本，童話，紙芝居，テレビ，映画といった幼児文化を鑑賞し，内容を楽しむ遊び |
| 構成遊び | お絵描き，折り紙，積み木，粘土，砂場遊びなど，何かを創造して，楽しむ遊び |

**表8-2　ピアジェによる遊びの分類**

| 機能（感覚運動）遊び | 1歳半頃までの感覚運動期に対応。自らの感覚や身体運動自体を楽しむ遊びを指す |
|---|---|
| 象徴遊び | 5，6歳頃の前操作期に対応。表象が獲得されることで，お店ごっこ，ままごと，乗り物ごっこといった遊びが可能になる |
| ルール遊び | 7歳頃からの具体的操作期以降に対応。抽象的な思考が可能になることで，ルールに従って遊ぶゲーム活動が可能になる。サッカーや野球などのスポーツ，オセロ・将棋などのボードゲーム，カルタ・トランプといったカードゲームなど |

に，ピアジェの理論の意義があるといえます（中野，1996）。

### ③仲間関係の発達からみた遊び

遊びにおいて仲間関係がどのように発達するのかを観察したのは**パーテン**（Parten, 1932）です。パーテンは，2歳〜4歳半の幼児を対象に自由遊びの様子を観察し，社会的参加（social participation）の観点から，遊びの形態を6つに分類しました（表8-3）。

また，パーテンは，それぞれの遊びが発達にしたがってどのような変化を示すかを明らかにしています。図8-1に示したように，「何もしていない行動」は2歳前半でほとんどみられなくなり，「傍観」も3歳を過ぎるとあまりみられなくなります。また，2歳の段階では「平行遊び」や「一人遊び」が多いですが，その後減少していき，それらに代わって，ほかの子どもと一緒に遊ぶ「連合遊び」や「**協同遊び**」が増加していくことがわかります。このように，幼児期の子どもの遊びは，仲間への関心を示さない「一人遊び」「平行遊び」といった単独での遊びから，仲間とのやりとりを楽しむ「連合遊び」「協同遊び」へと発達していくと考えられます。

> 参照
> 表象
> →5章

> 参照
> ピアジェの発達理論
> →5章

**表8-3　パーテンによる遊び（社会的参加）の分類**

| | |
|---|---|
| 何もしていない行動 | 特に何かで遊ぶわけでもなく，物や自分の身体をいじったりボーっとしていたり，何もしないで歩き回ったり，部屋の中を見回したりする状態 |
| 一人遊び | 一人で自分だけの遊びに熱中している状態 |
| 傍観 | ほかの子どもが遊んでいるのを眺めているだけで，加わろうとはしない状態 |
| 平行遊び | 一人で遊んでいるが，そばで同じような遊びをしている子どもがいる状態 |
| 連合遊び | ほかの子どもと一緒に1つの遊びをしており，遊び道具の貸し借りや会話といった交流はある状態。ただし，それぞれの子どもが自分のイメージに沿って遊んでいるため，役割分担や共通のルールはなく，組織化されていない |
| 協同遊び | 集団で一緒に遊んでおり，共通の目的を達成するために，役割分担（リーダーが出現するなど）や共通のルールなどがみられ，組織化されている |

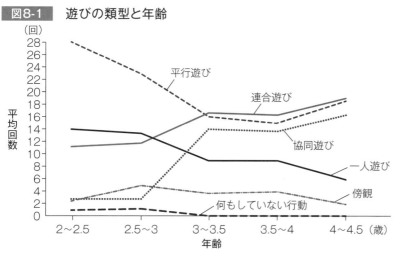

**図8-1　遊びの類型と年齢**

注：年齢段階別（各6名）に，それぞれの活動が観察された平均回数を示している（1名につき計60回の観察を分析対象とした）
出所：Parten, 1932をもとに作成

第Ⅱ部　出生前後〜児童期までの発達

> **考えてみよう**
>
> みなさんは，子どもの頃，どのような遊びが好きでしたか。ビューラー，ピアジェ，パーテンによる遊びの理論を用いて，それぞれの遊びを説明してみましょう。

**語句説明**

**社会的スキル**
対人関係を円滑に形成・維持するために必要な諸行動。学習をとおして獲得される。

**社会的認知能力**
対人的な状況や問題場面を適切に解釈したり，処理したりする認知能力。対人行動の基礎となる。

**特性論**
「類型論」と並び，性格傾向を把握する代表的な方法の一つ。いくつかの「ものさし（特性）」を用意し，ある人物が各「ものさし」にどの程度当てはまるかを測定するもの。他方，「類型論」はいくつかの「タイプ（類型）」を用意し，ある人物がどの「タイプ」に分類されるかで特徴づけようとするもの。

**ビッグ・ファイブモデル**
性格傾向を，外向性，協調性，勤勉性，情緒安定性（神経症傾向の逆），知性の5因子によって把握しようとするもの。

# 3 ｜ 対人関係の発達

　前節のパーテンの研究からも示唆されるように，子どもの発達における遊びの重要性を考えるにあたって，仲間関係の果たす役割を無視することはできません。子どもは遊びのなかで仲間関係をつくり上げていきます。別の言い方をすると，子どもは遊ぶために仲間を必要としているのです。したがって，遊びを継続・発展させるために，子どもは仲間関係を形成・維持するのに必要な社会的スキル*や社会的認知能力*を獲得し，他者の感情理解や共感性といった他者理解，道徳性や協調性などを促進させるということもできるでしょう。なお，**協調性**は，特性論*の一つであるビッグ・ファイブモデル*（主要5因子性格検査）の一因子（agreeableness）でもあり，調和性とも訳されています。

　以下では，対人関係の意義を確認したのち，主に仲間関係の発達についてみていきたいと思います。

## 1 対人関係の意義

　人間の発達の道筋には，「**個性化**」と「**社会化**」の2つの方向があります。ここでは，堂野（1989）の説明にしたがって，この2つの違いをみていきましょう。まず「個性化」とは，「周囲の環境と自発的に関わり合いながら，さまざまな『心身の諸機能を発達させていく過程』，そしてこれによりその個人に『独自なパーソナリティ』を形成し，一人の『自律的な人間』に成長していく過程」を指します。「個性化」の用語を最初に用いたユング（Jung, C. G.）によると，カウンセリングは単に心理的な問題を解決するだけでなく，この個性化，すなわち「個人の独自性がきわだってくるとともに，しかも全体として自己実現

に近づく過程」が追究されるべきとされていることから，個性化は，「自己実現」を目指そうとする発達の過程であるということができます。一方，「社会化」とは，「その属する集団・社会・文化の社会的規範となっている行動や態度，価値観などを学習し，社会的環境に対する十分な適応を図っていくこと」を指します。したがって，子どもは唯一無二の存在としての自己実現を目指すと同時に，社会を構成するメンバーとして社会の規範を身につけつつ，自分のもち味を生かすあり方を探究していくと考えられます。

　子どもを取り巻く対人関係には，親や教師との関係，きょうだいとの関係，および仲間との関係が含まれますが，子どもの「個性化」と「社会化」においてとりわけ重要な役割を果たすのが「**仲間関係**」(peer relation)です。ここでは，仲間関係の発達を中心に，子どもの対人関係の発達をみていきます。なお，心理学研究において，仲間関係とは，年齢が近く興味・関心を共有する者との関係を指しますが，そのなかでも，特に好感をもち，お互いを心理的に支え合うような特定の人物との親密な関係を「**友人関係**」(friendship)と呼んで区別します（中澤，2000）。

## 2　乳幼児期の仲間関係

　1歳の終わりから2歳にかけて，子どもは大人とのやりとりを中心とした遊びから，「一人遊び」ができるようになります。神田によると，自我の芽生える1歳中頃になると，子どもは自分と同じような行動主体として友だちを理解しはじめます（神田，1997）。このことはケンカのしかたに端的に現れます。たとえば玩具の取り合いのとき，1歳前半までは，子どもたちの意識はあくまでも玩具に向けられており，力の強いほうが玩具を奪って終わりでした。しかし1歳中頃になると，子どもは玩具を奪おうとするだけでなく，相手にかみついたり髪の毛を引っ張ったりなど，行動の矛先が相手に向けられるようになります。

　また，1歳後半頃から，子どもは友だちのそばで同じ活動をする「平行遊び」をするようになり，それがきっかけとなって，友だちとの「連合遊び」を発展させていきます。たとえば，この頃になると，同調的な行動が多くみられます。窓の外を見ていた子どもが「ゴミ収集車！」と叫ぶと，ほかの子どもたちも我先にと窓辺に集まっては外を眺めるといった姿がよくみられます。この時期に物の取り合いが頻発するのも，友だちが遊んでいる玩具がとてもすばらしい物のように感じられるから欲しくなるのです。神田(2008)は「1歳後半ごろから，子どもたちは同調と共感の時代を迎え，『友達のいる世界』の扉を」開くと述べ，「友達を通して，自分一人では気づかなかったさまざまな事物や感動の意味を発見し，楽しさや主体性の幅を広げていくのが友達との関わりの基本」（神田，1997）であると指摘しています。

第Ⅱ部　出生前後〜児童期までの発達

　神田によると，3歳頃になって，友だちと通じ合う喜びを知った子どもたち
は，仲間との関係自体を意識するようになり，「仲よしの友だち」を求める姿
をみせるようになります（神田，2004）。4歳頃になると，友だちづくりの努
力は本格化します。そのなかで，仲間入りを拒否して自分たちの絆を確認した
り，友だちになりたくて「子分」のように振る舞ったりなど，上下関係が生ま
れることもあるといいます。一方，4歳後半頃から，自分の経験に照らし合わ
せて人の気持ちを理解するという他者理解も育っていきます。そして，5歳頃
になると，再び関係は変化しはじめ，それぞれの子どもが判断力や言語力を
もちはじめることから，「いつも○○ちゃんばっかりでずるい」という異議申し
立てが起こるなど，譲ったり譲られたりする新しい仲間関係が再構築されてい
きます。こうしたなかで，遊びはよりいっそう複雑なものになっていき，児童
期にかけて，役割分担やルールのある「協同遊び」が発展していくのです。
　ところで，幼児期には，特定の子どもとの間で友人関係が生まれます。た
だし，友人の選択条件には発達差があり，初期には物理的な近接性（家が近所，
クラスが一緒など）が重視されますが，しだいに類似性（気が合う，一緒にいて
楽しいというように考え方や好み，目標，価値観が似ていること）が重視されるよ
うになっていきます（Hart et al., 1993）。

## 3 児童期以降の仲間関係

　児童期に入ると子どもたちの親離れが進み，仲間関係はますます重要なもの
になっていきます。保坂・岡村によると，児童期から青年期にかけての仲間関
係の発達段階は，同質性を重視するギャング・グループ，類似性を確認しよう
とするチャム・グループ，そして異質性を認め合うピア・グループへと移行し
ていきます（保坂・岡村，1986）。
　表8-4のとおり，児童期中期以降になると4〜5名程度の同性・同年齢の
友だちからなる結束の固い仲間集団が形成されます。この集団を**ギャング・グ
ループ**，この年代をギャング・エイジと呼びます。このギャング（gang）と
いう概念については，もともと，この頃の子どもたちの遊ぶ様子がギャングに
似ているとして，1920年代にアメリカの社会学者スラッシャー（Thrasher, F.
M.）が提唱したものです（深谷，1986参照）。ギャング・グループは，時として，
大人からすると逸脱した行為へ走りやすい特徴をもつのですが，同時に，子
どもたちは仲間内でのリーダーシップ，規範，責任と義務，協力，約束といった
社会的知識やスキルを学んでおり，社会性の発達に大きな意味をもつことが指
摘されています。
　次に，中学生頃になると，子どもたちは同性の親友である**チャム**（chum）
をもつようになります。このチャムという概念は，アメリカの精神分析家サリ
バンが提唱したものであり，このチャムを得ることが，のちに，異性の友人と

参照
**社会性の発達**
→6章

の関係を形成するという青年前期の課題を達成するために重要であるといわれています（保坂・岡村, 1986参照）。また, チャム・グループは, どちらかというと女子に特徴的であることが指摘されており, その親密性・排他性が極端に高じると, 「仲間外れ」「無視」など, 仲間関係を操作することによって相手を傷つける**関係性攻撃**をはじめとした友人関係のトラブルにつながりかねないといえます。

| 表8-4 | 友人関係の発達段階 |

| 形態 | 発達段階 | 特徴 |
|---|---|---|
| ギャング・グループ | 小学校高学年 | ・同性・同年齢の仲間で構成<br>・遊びによる一体感を重視<br>・排他性, 閉鎖性, 結束力が強い<br>・権威に対する反抗性, ほかの集団に対する対抗性, 異性に対する拒否性が強い<br>・力関係による役割分化（リーダー役割など）がみられる<br>・親から自立しようとする際に子どもに生じる不安を和らげる<br>・男子に特徴的 |
| チャム・グループ | 中学生頃 | ・親密で排他的な同性の仲間関係<br>・興味や関心における一体感を重視<br>・秘密を共有したり「私たち同じね」と言い合うなど, 共通点・類似性を言葉で確かめ合うような行為がみられる<br>・女子に特徴的 |
| ピア・グループ | 高校生以降 | ・自他の違いを認め合う関係<br>・アイデンティティを形成していく場<br>・互いの価値観や理想, 将来の生き方などを語り合う<br>・男女混合のグループである |

　高校生以降の仲間関係の特徴である**ピア・グループ**のピア（peer）とは「対等な仲間」という意味であり, ここへきて子どもたちは価値観や理想, 将来の生き方などを語り合うなど, 互いの相違点を理解し, 尊重する関係をもつようになります。こうした仲間に支えられて, 子どもは青年期の発達課題であるアイデンティティを確立していきます。

> **プラスα**
> **関係性攻撃**
> 従来, 女子は男子に比べて攻撃的ではないと考えられてきたが, 現在では, 攻撃形態にはジェンダーによる差があり, 関係性攻撃の観点からは, 女子も男子と同等かそれ以上に攻撃的であることが指摘されている。

# 4 | 現代の子どもの遊びと対人関係における課題

　冒頭でも触れたように, 「子どもの遊びが変わった」「ギャング・グループが消失した」といわれるようになってから, すでにかなりの年月がたちました。ギャング・グループといえば, アニメ『ドラえもん』の登場人物と空き地の例がわかりやすいかもしれません。彼らの空き地には, 決まって, 土管が３本, ピラミッド状に積んでありました。あの空き地は, おそらく, 高度経済成長の頃の資材置き場だったのでしょう。土地開発が進むにつれて, 子どもたちが大人の目を気にすることなく遊べる「空間」は減少し, 放課後の塾通いや稽古事のために思う存分遊べる「時間」も短縮し, 一緒に遊べる「仲間」も見つけにくくなりました。

　深谷は, 子どもの遊びのメタモルフォーゼ（変化）を, ①集団遊び（群れ遊び）から一人遊びへ, ②戸外遊びから室内遊びへ, ③身近にあるものを利用す

第Ⅱ部　出生前後〜児童期までの発達

**図8-2　遊びの分類**

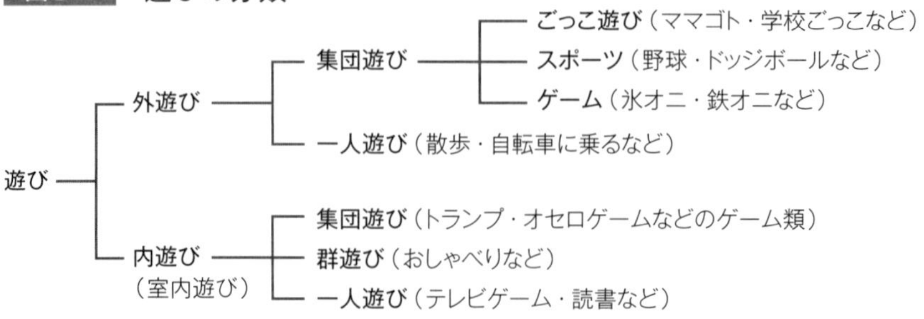

```
遊び ─┬─ 外遊び ─┬─ 集団遊び ─┬─ ごっこ遊び（ママゴト・学校ごっこなど）
      │          │            ├─ スポーツ（野球・ドッジボールなど）
      │          │            └─ ゲーム（氷オニ・鉄オニなど）
      │          └─ 一人遊び（散歩・自転車に乗るなど）
      │
      └─ 内遊び ─┬─ 集団遊び（トランプ・オセロゲームなどのゲーム類）
        （室内遊び）├─ 群遊び（おしゃべりなど）
                    └─ 一人遊び（テレビゲーム・読書など）
```

出所：深谷，1990をもとに作成

る遊びから商品に依存する遊びへ，④集中と持続を特徴とする遊びから軽い細切れな遊びへとまとめています（深谷，1990）。そして，図8-2のように，子どもの遊びを「外遊び」と「内遊び（室内遊び）」の2つにタイプ分けしています。先にあげたメタモルフォーゼに基づけば，近年の子どもの遊びは「内遊び」のほうに重心が偏っていることがわかります。事実，最近の調査（日本小児保健協会，2011）によると，5〜6歳児でさえ，その6割がゲーム機で遊んでいるのです。

　小倉は，「現在，子どもの発達を決めるのは消費社会の『進化』である」と述べています（小倉，2017）。これには，プラスとマイナスの両面があるものと思われます。たとえば，プラス面では，子どもたちは遊びやコミュニケーションのツールとして日常的に最先端のコンピュータ技術に触れる機会をもつようになったことから，ITの基本的な技術や考え方を楽しみながら習得するとともに，そこから新たな文化や芸術を創造する主体となっていくことが期待されます。情報社会が到来し，プログラミング教育も必修化されるような昨今，子どもたちの遊びの変化は，現状への適応という側面も大いにあるといえるでしょう。

　しかし，マイナス面として，たとえば，次のような気になるデータがあります。文部科学省が毎年実施している「児童生徒の問題行動・不登校等生徒指導上の諸問題に関する調査」（文部科学省，2018）によると，ここ数年間で，対教師暴力や生徒間暴力などの暴力行為が小学校の低・中学年において急増しているのです（図8-3）。以前は暴力行為とまでは判断されなかった乱暴な行動が，現在では暴力行為として「認知」されるようになったことも，発生件数増加の一因として考えられるのですが，それでも小学校のみ連続で暴力行為が増えていることから，現在の小学校は大きな問題を抱えていると言わざるを得ないでしょう。

　この調査結果について，都道府県教育委員会は，「感情をうまくコントロールできない児童が増え，ささいなことで暴力に至ってしまう事案が大幅に増加している」と指摘しています。その背景に，遊びと対人関係の変化があること

100

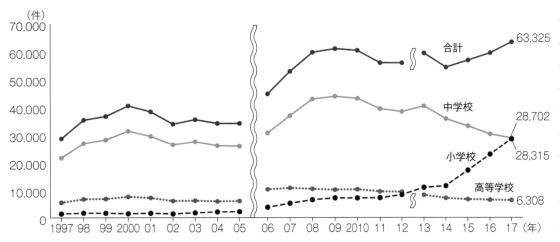

図8-3 学校の管理下・管理下以外における暴力行為発生件数の推移

注：(1) 1997年度からは公立小・中・高等学校を対象として，学校外の暴力行為についても調査
　　(2) 2006年度からは国私立学校も調査
　　(3) 2013年度からは高等学校に通信制課程を含める
　　(4) 小学校には義務教育学校前期課程，中学校には義務教育学校後期課程および中等教育学校前期課程，高等学校には中等教育学校後期課程を含める
出所：文部科学省，2018をもとに作成

は想像にかたくありません。すなわち，幼少期に十分な集団遊びを経験していないために，社会性やコミュニケーション能力の育ちが不十分な子どもが増えてきている可能性があるのです。

実際，ベネッセ教育総合研究所 (2016) の『幼児の生活アンケート』をみると，過去20年間を通じて，平日，母親と一緒に遊ぶ比率が増え，友だち，きょうだいと一緒に遊ぶ比率が減少していることがわかります（図8-4）。このデータには，幼稚園・保育所に通う幼児が含まれているので，園では同年齢の友だちどうしで遊んでいる子どももいると思われます。しかし，少子化により，きょうだいや地域で一緒に遊べる子どもが減少していたり，安心して遊べる場所が少ないために家で母親と2人きりで遊んでいたりする子も多いのです。こうしたデータからも，現代の子どもの遊びや対人関係の幅が非常に狭くなっていることは明らかであり，このことが，子どもたちの社会性の発達に好ましくない影響を与えていることが問題視されています。

また，アイデンティティの問題を懸念する声もあります。**エリクソン** (Erikson, E. H.) によると，青年期にアイデンティティを確立するには，その前段階である児童期に「**勤勉性**」を確立することが必要条件であるとされます。児童期の子どもは，学校への参加を通じて，社会が要求するさまざまな技能や価値観を学び，その努力に成功すれば勤勉的な態度を獲得しますが，失敗すれば「**劣等感**」を増大させます。

実は，エリクソンは，あるインタビューにおいて，子どもの勤勉性を育むうえで重要な要件として，「友だちから何かを学ぶこと，友だちに何かを教える

参照
アイデンティティ
→10章

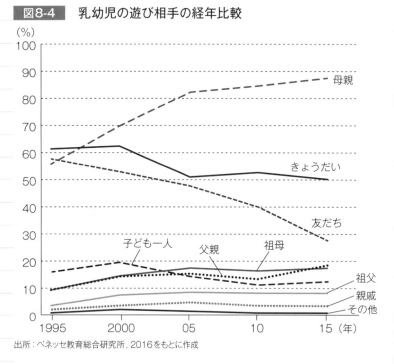

図8-4 乳幼児の遊び相手の経年比較

出所：ベネッセ教育総合研究所，2016をもとに作成

こと」をあげているのだそうです。こうしたエリクソンの指摘について，佐々木は，「人間がそれぞれ与えられた社会の中で，勤勉に生きていくということは，それぞれの社会が，長い年月をかけてつくりあげてきた文化を，社会の構成員同士で，互いに分かち合うことに誇りを抱きあうということだ，そしてその感情の基盤は，小学校時代に育てられなければならない」というふうに解説しています（佐々木，1998）。つまり，子どもは，仲間との遊びや活動のなかで，お互いの知識やスキルを教え合い，勤勉な社会的人格を成熟させていくのです。そして，こうした経験ができないでいると，子どもは他者と安心して交わることができず，青年期になって社会からひきこもってしまったり，アイデンティティを拡散させてしまったりする可能性があるのです。

こうしてみていくと，現代の若者の抱える問題は少なからず，子どもの頃の遊びや対人関係の変化に起因しているように思えてなりません。子どもが健やかに成長・発達するためには，仲間としっかり遊ぶことが何よりも大切であることを，大人は今一度，認識しなければいけないのではないでしょうか。

> **考えてみよう**
>
> 子どもの遊びを支える「時間」「空間」「仲間」を保障するために，どのような工夫が可能か，考えてみましょう。

第8章 遊びと対人関係の発達

## 本章のキーワードのまとめ

| | |
|---|---|
| 個性化と社会化 | 「個性化」とは個々人がもって生まれた素質を基盤として，その特徴を生かしつつ，唯一無二の存在としての自己実現を目指す発達の過程を指す。一方，「社会化」とは自分の属する社会において必要とされる知識や技能，価値観，動機，態度，行動などを発達段階を追って獲得していき，その社会集団のメンバーとなる発達の過程を指す。子どもは「社会化」と「個性化」のバランスを取りながら，社会的存在としての発達を遂げていく。 |
| 仲間関係 | 対人関係のうち，年齢が近く興味・関心を共有する者との関係を指す。親や教師，きょうだいとの「タテ」の関係とは異なり，心身ともに対等な「ヨコ」の関係であり，子どもたちは欲求の衝突や葛藤，調整の体験を通じて社会性を身につけていく。 |
| 友人関係 | 仲間関係のうち，特に好感をもち，お互いを心理的に支え合うような特定の人物との親密な関係を友人関係という。友人の選択条件には発達差があり，初期には近接性が，しだいに類似性（特に，児童期以降）が重視されるようになる。 |
| 協調性 | 共通の目標を達成するために，他者と一緒に活動する集団指向性を指す。特性論の一つであるビッグ・ファイブモデルの一因子でもあり，信頼，実直さ，利他性，応諾，慎み深さ，優しさといった特性をもつことをいう。 |
| ギャング・グループ | 同性・同年齢の友だちからなる結束の固い仲間集団のことで，児童期中期以降の男子に特徴的ともいわれる。強い「われわれ意識」をもち，権威に対して反抗的な態度を示すが，リーダー役割や社会的スキルなどを学ぶ場となっている。 |
| 関係性攻撃 | 仲間外れ，無視，悪い噂を流すなど，仲間関係を操作することによって相手を傷つけるタイプの攻撃行動で，女子に多いのが特徴。「〇〇してくれないなら遊んであげない」といった直接的な形態であれば幼児期から観察される。 |
| 勤勉性 | エリクソンの心理社会的発達論で仮定されている学童期の発達課題で，自分の能力を進んで磨き上げ，意味ある仕事をやり遂げようという熱意を含んだ態度をいう。Industry の訳であり，「生産性」とも訳される。 |
| 劣等感 | 学校での失敗などをとおして内在化される「自分は何の役にも立たない」という感情のこと。エリクソンは学童期の発達課題として，勤勉性を確立し，劣等感を克服することが重要であるとしている。 |

# 第9章 言葉と思考をめぐる発達

この章では言語と思考の発達およびそれらにも関連する身体発育や運動能力について学びます。それぞれ乳幼児期から児童期にかけて飛躍的に発達します。身体は大きくなるだけではなく、動きは複雑かつ力強くなっていきます。言葉は話し言葉が書き言葉へ変化していきますし、言葉という記号だけでなく数などの記号も扱えるようになっていきます。そして、知能の発達に伴って思考はさまざまな状況に対応するためにより柔軟になっていきます。

## 1 身体発育と運動能力の発達

### 1 身体発育

ここではまず、言語と思考の発達にも関わる、身体運動面での発達について考えてみましょう。身体発育は、一般的には頭部から足部へ、体幹から末端部である四肢へと発達しますが、その発達の度合いは身体の各部や器官によって変わってきます。スキャモンは、身体の諸器官を、一般型、神経型、リンパ系型、生殖型の4つの系統に分け、それぞれの変化を**発達曲線**で示しました（Scammon, 1930）。図9-1の数値は、20歳における増加量を100として、出生から20歳までの増加量をパーセンテージで示したものです。

一般型とは、頭部、頸部を除いた身体全体の大きさ、呼吸器、消化器、腎臓、筋肉、骨格などの身体組織の発育状況を指します。4、5歳頃まで急激に成長し、それから12歳頃まではゆるやかな変化になりますが、思春期を迎える頃にまた急激に発達するようになります。神経型は脳、脊髄、中枢神経系、末梢神経系などの発育を指します。頭部は出生後、ほかの身体器官とは異なり急激な発育を示し、5、6歳で成人の80％程度の大きさになり、同じ速度で脳の重量も増加していきます。リンパ系型は、胸腺、扁桃腺、リンパ節などが属しています。リンパ系も幼少期に急速に増加し、12歳頃には成人の2倍程度の増加量に達し

> **プラスα**
> **頭尾法則と中枢末端法則**
> 発育・発達が頭部から足部へ進むことを頭尾法則といい、体幹から末端部である四肢へ進むことを中枢末端法則という。

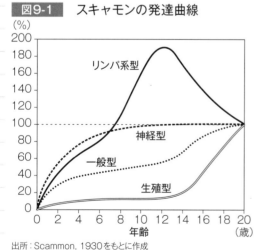

図9-1 スキャモンの発達曲線

出所：Scammon, 1930をもとに作成

第9章　言葉と思考をめぐる発達

ますが，その後，思春期の間に成人のレベルに戻っていきます。生殖型は睾丸，
卵巣，子宮，前立腺などであり，思春期まではゆるやかに発達し，第二次性徴
がはじまると性差がはっきりと現れるようになります。

　以上のように，身体の発育は時期によって変化するものが変わります。特に，
乳幼児期から児童期にかけては，神経型の変化が大きく，これらを意識した関
わりが求められるでしょう。

## 2　運動能力の発達

### ①粗大運動

　**粗大運動**とは，身体全体を使うような大きな運動であり，代表的なものとし
て，歩く，走る，跳ぶといった運動が該当します。1歳頃になると，子どもは
一人で歩きはじめ，2歳になると，その場でジャンプしたり，1秒程度ですが，
片足立ちができるようになります。3歳になると，立つ，走るなどの基本的な
動作はほぼ完成し，4歳頃には片足ケンケンなど，難易度の高い運動もこなせ
るようになります（臼井・岡田，2011）。

　また，神経系の成熟によって，幼児期には全身の調整力も向上していきます。
調整力とは身体を調整する力を意味しますが，これが自分の身体の姿勢維持に
発揮されれば「平衡性」と呼ばれます。ほかには，素早く動作を行うことに重
点をおけば「敏捷性」と，正確な動作を求められれば，「巧緻性」と呼ばれます。

　調整力の課題の一つとして，跳び越しくぐりがあります。跳び越しくぐりと
は，30～35cmの高さに張られたひもを跳び越し，今跳び越したひもの下を
今度はくぐって元の場所に戻り，再びひもを跳び越す運動です。この動作を5
回繰り返した際の時間を計測します。この跳び越しくぐりを用いて幼児期の調
整力を調べると，3歳から6歳にかけて成績は急速に伸び，調整力が発達し
ていることが示されました（小林ほか，1990）。調整力は，幼児期から児童期
にかけて発達していくことが知られており，この時期は運動コントロール能力
発達の敏感期\*であると考えられています（Gallahue, 1996/1999）。

### ②微細運動

　**微細運動**とは手指を使った細かな調整を必要とする運動です。最初，自分の
意思で手をコントロールし，手のひら全体で物をつかもうとする把握運動が
生後3か月から4か月で顕著にみられるようになり，7か月頃からは指と指
で物をつまむ精密把握動作が出現します。生後10か月を過ぎた頃には小さい
物体に対して二指でつまむことができるようになります。その精度は5歳ま
でに急速に発達し，2つのボタン留めを20秒以内にできる割合は，2歳児で
1%，3歳児で25%，4歳児で65%，5歳児で76%と変化することが示され
ています（Case-Smith & Pehoski, 1992/1997）。また，鉛筆などの操作につ
いても，はじめは手のひら全体でつかみ，前腕全体を動かしていたものが，5

**語句説明**

**敏感期**
敏感期とは，臨界期と
も呼ばれ，生物がある
能力や特性を獲得しや
すい時期のこと。

105

歳になる頃には，指先の微細で巧みな動きで鉛筆を扱うことができるようになり，鉛筆を持つ位置も，最初は上のほうを握っていたのが，しだいに先端のほうに移り，下のほうを持つようになります（野中，2003）。こうした手指の微細運動の発達は，手指を器用に動かすことにとどまらず，計算といった記号の操作を必要とする思考の発達にも関連してきます。

5歳以降はそれまでのような急速な発達はみられなくなりますが，指先の操作能力は8歳頃まで徐々に発達し続け，9歳以降になると成人とほとんど差がなくなると報告されています（Denckla, 1974）。

したがって，乳幼児期を通して，身体全体を使う粗大運動は運動パターンのレパートリーが豊富になり，指先を使う微細運動は自由に自分の指を扱うことができるようになることで，さまざまな細かな作業が可能となってきます。

# 2 ｜ 言葉の発達

## 1 音声と語彙の発達

乳児は生まれてから約1年程度で意味の伴う言葉を発するようになります。表9-1に出生後の音声の発達から，語彙の獲得までを整理しました。最初の約1年間は，発声するための準備をしていると考えられています。

出生直後は発声器官の未成熟によって発声できないため，泣き（叫喚音）やゲップ，咳などに伴う音を発するのみですが，2～4か月頃になると，機嫌のよいときやリラックスしているときなどに，「くー，くー」といった音を表出する**クーイング**が現れます。

4～6か月頃には，「あーあーあーあー」といった切れ目のない**喃語**とよばれる発声が出現します。そして，6か月以降には，「ば，ば，ば」といった複数の音節からなり，子音と母音が区別された**規準喃語**が出現します（たとえばba や ma など）。規準喃語の出現は，音を区切れるようになってきたことを示しています。規準喃語が現れるのに先行して，発声に伴い手を上下に動かすバンキングが同期することが報告されています（江尻，1998）。バンキングは規準喃語が出現すると消失することから，喉だけで音を区切るのではなく，手の運動を道具的に用いて音を区切っていると考えられています。

クーイングや喃語の時期を経て，1歳頃に特定の意味を伴った初めての言葉（**初語**）を発します。初語がみられてから徐々に新しい言葉を獲得していきますが，この時期のほとんどの発話は単語のみが発話される**一語文**です。この時期に発話できるようになる語のカテゴリーは，「まんま」などの幼児語や「ば

いばい」といった日課やあいさつに関わる語，モノの名前などの名詞が多く，動詞や形容詞は少ないことが報告されています（小椋，2015）。

1歳半を超えて，発話できる言葉が50語を超えてきたあたりから，急速に獲得する語彙の数が増える語彙爆発期を迎えます。この**語彙爆発**に伴って，**二語文**（例：ぼーる　とって）が出現します。二語文は語と語が一定のルールにしたがって結合し構造化された発話であり，文法の基礎となります。最初は，「お母さんの」といった自立語＋格助詞の形式の二語文から始まり，自立語＋自立語の二語文の発話へ移行していきます（綿巻，2002）。2歳を過ぎる頃には，三語以上の言葉をつないで話す**三語文・多語文**（例：おかあさん　ぼーる　とって）も話せるようになります。

こうした語彙獲得が可能になる背景として，子どもたちが，大人との社会的な関係のなかで，大人の発話の社会的意図を視線や表情から読み取ったり（Tomasello, 1999/2006），言葉とその言葉がつけられた対象との関係を限定する生得的な制約（事物全体制約＊，分類学的制約＊，相互排他性制約＊など；Markman, 1989）をもっているためと考えられています。

## 2  話し言葉の発達

語彙の獲得とともに，乳幼児期には他者または自身との言語を用いたコミュニケーションが盛んに行われていきます。他者とやりとりを行う会話には，会話中に話し手と聞き手の交替がなされることや，相手の発言の内容を適切に理解してフィードバックを行うこと，場面や状況に合わせて言語表現を使用することといったルールがあります。このようなルールの存在を踏まえれば，会話が他者との共同作業であることがわかります。グライスは，人間が会話において使用しているルールを「**会話の協調原理**」として示しました（Grice, 1975）。「会話の協調原理」は，話し手が正しいと信じていることを述べる「質の原則」，必要十分である適切な量の情報を提示する「量の原則」，会話について関連のある情報を述べる「関連性の原則」，あいまいではない適切な様式で情報を述べる「様式の原則」から成っています。たとえば，おもちゃが欲しい場合に幼児期早期では，語彙が少ないために「欲しい」「貸して」など情報量が少ない発言をしてしまい，スムーズな会話が続かないことがありますが，大人がそこに必要な情報をつけ加えることや，仲間どうしの相互交渉のなかでだんだんと

表9-1　音声と語彙の発達

| 年齢 | 内容 |
| --- | --- |
| 出生後 | 泣き（叫喚音），ゲップ，咳などの音のみ |
| 2〜4か月 | 「くー，くー」といったクーイングの出現 |
| 4〜6か月 | 「あーあーあーあー」といった喃語の出現 |
| 6か月以降 | 「ば，ば，ば」といった規準喃語の出現 |
| 1歳前後 | 「まんま」などの初語・一語文の出現 |
| 1歳半 | 語彙の爆発的増加。「ぼーる　とって」などの二語文の出現 |
| 2歳以降 | 三語以上の語をつなぎ発話する三語文・多語文の出現 |

**プラスα**

**語彙爆発**
語彙爆発には個人差が大きく，本当に語彙爆発が起こるのか起こらないのか，については議論がある。

**語句説明**

**事物全体制約**
ある事物に命名された言葉は事物の部分や属性を指すものではなく，その事物全体を指すと仮定させる制約。

**分類学的制約**
ある事物に命名された言葉はその事物が属するカテゴリーの名称であると仮定させる制約。

**相互排他性制約**
1つの事物には1つの名称しか存在しないと仮定させる制約。

第Ⅱ部　出生前後～児童期までの発達

話すべき内容や表現方法を理解していきます。

　このような会話の発達の基盤には，乳児期からの他者理解が深く関連しています。生後9～12か月頃には，事物や事象に関する注意を他者と共有する「**共同注意**」が成立します。この時期から，子どもは柔軟かつ確実に大人の見ているところを見たり，物体に媒介された大人との相互作用を見続けたり，大人を社会的な参照点として利用したりするようになります（やまだ，2017）。事物に対する他者の注意や行動に注意を向けることが可能となることによって，注意を共有して，共通の話題に気づいていくことができていきます。さらに，4歳以降になると自分自身とは異なる他者の心的状態（知識や信念等）を理解できることから，話し手の発話の背後にあるものを想定したより複雑な会話を行うようになっていきます。

　自身との対話に位置づけられる語り（**ナラティブ**）は，「事実でも空想でも，時間的に連続した出来事を順序づけて言う行為」（高橋，2002）を指します。このとき，語りには，語り手による何らかの判断や解釈が含まれていることから，語りは自身の経験や感情などを「意味づける行為」（Bruner, 1986/1998）と考えられます。一方で，幼児期の語りには大人とのやりとりが多く含まれることから，やりとりをとおしてその社会の価値観の影響を受けています。

　初期の語りは，2歳頃から自身の体験に関して話しはじめる姿にみられます。この時期の語りにおいては，子ども自身の生活で一般的に生じているスクリプト的な出来事が多く語られます。また，目の前にある事物を手がかりに連想的に関連することを語ったり，実際にはなかった事実を含むエピソードを語ることも示されています（上原，1998）。3歳後半から一連の出来事の流れを言葉で表現できるようになり，幼児期の終わりにはファンタジーも生成できるようになります（内田，2008）。このように語られる内容にも広がりがみられますが，語りの構造にも発達的な変化がみられます。幼児期初期は関連性の低い少数の出来事の記述から構成されていますが，やがて語られる出来事数が増加し，出来事間の時間的・因果的関連性が含まれるようになり，さらに語り手や登場人物の心的世界を示す表現が増えることが報告されています（仲野・長崎，2009）。

## 3　読み書きの発達

　日本の子どもの多くは，学校で国語の授業を受ける前から，文字に親しんでいます。約1,200人の幼児を対象にひらがな（清音，撥音，濁音，半濁音等を含む）の読み書き能力を調べた研究をみてみましょう（島村・三神，1994：図9-2）。

　ひらがなの読みに関しては，3歳から5歳にかけて読めるひらがなの数が増えていき，5歳児になると，70％近い子どもたちがすべての文字を読めるようになります。一方，ひらがなの書字に関しては，年齢に伴って書ける文字

---

**参照**

共同注意，他者の心的状態の理解
→6章

---

**語句説明**

**スクリプト**

日常生活で繰り返される出来事の一連の行動に関する知識のことを指す。たとえば，レストランで食事をするときには，すでに私たちはその後どのような順序で物事が進むのか，過去の経験から知っている。

### 図9-2 幼児期の読み（左図）と書き（右図）の成績の分布

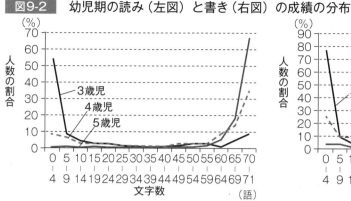
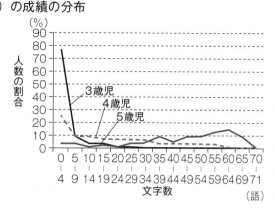

出所：島村・三神，1994をもとに作成

は増えていくものの，5歳児になっても半数以上の子どもがすべてのひらがなを書けるわけではありません。これらの結果から文字の読みのほうが書字よりも早く発達することがわかります。

このような文字を読み書きする力の発達はどのような能力に支えられているのでしょうか。3歳から5歳の子どもを対象に，かな文字の読みの習得とそれに関わる認知能力の関係を検討した垣花らは，清濁音の読み成績に音韻意識*の成績が影響を与えていることを報告しています（垣花ほか，2009）。また，カード上に文字や数字を配列し，それを読み上げる速度と読みの流暢さの間にも関係があることが示唆されています（Kobayashi et al., 2005）。一方で，書字に関しては，聴覚能力に加えて，視覚と運動の協応やワーキングメモリも関係することが報告されています（猪俣ほか，2013；猪俣ほか，2016；加藤ほか，2010）。書字は文字を認識するだけでは十分とはいえず，文字を書く際の鉛筆を操作するような行為を支える能力も必要になってきます。

児童期に目を向けてみると，文字を読む・書くに加えて文章を読み解く，作文のように文章を書いて相手にこちらの意図を伝えるということが必要となってきます。**読解力**の発達に関しては，語彙の獲得が低学年から高学年までの読解力の成績を規定することが見出されています（高橋，2001）。さらに，学童期の語彙は，その前の時期の読解力によっても説明されており，読書を通じて語彙を増やし，それがまた読解力を高めるという相互的な関係が形成されていることが示唆されています。

書き言葉に関して，岡本は，作文など他者が目の前におらず直接的なフィードバックが得られない状況下で使用される言葉を，具体的な他者が目の前にいる現実場面においてコミュニケーションで使用される言葉（**一次的ことば**）と区別し，**二次的ことば**と呼んでいます（岡本，1985）。就学後には，この二次的ことばの発達が進んでいきます。作文については，小学校2年生から5年生を対象に作文する際に子どもの手が止まったときに何を考えていたか報告す

### 語句説明

**音韻意識**
語と音の対応関係の理解のことを指す。しりとりは語を音に分解し，つなげていく遊びのため，音韻意識を活用している。

第Ⅱ部　出生前後〜児童期までの発達

ることを求めた研究があります（安西・内田，1981）。報告の内容を整理すると，子どもたちは，何をどのように書くのか構想を立てていたり，当初自分が描いていたプランを思い返したり，もっといい表現がないか推敲したりしている姿がうかがえました。また，学年が上がると，最初に立てたプランどおりに書くだけではなく，テーマや書き出しだけ決めるとあとは文脈に依存して柔軟に書き進められるようになることが報告されています。

# 3 ｜ 思考の発達

## 1 計算能力の発達

　人は生まれながらにして3以下の対象物の数を区別する能力をもっていることがわかっています（Starkey et al., 1990）。また，その弁別能力を生かして1＋1や2－1のような簡単な計算の結果を正しく判別できることも示されています（Wynn, 1992）。

　しかしながら，これらの生得的な能力は4以上の数には適応できません。そこで，子どもたちはカウンティングという行為を通じて，数の理解を拡張していきます。正確なカウンティングができるようになるためには「安定した順序」「一対一対応」「基数性」「順序無関連」「抽象性」の5つの原理を理解する必要があります（Gelman & Gallistel, 1978）。

　安定した順序は，用いられる数詞が常に同じ順序で配列される原理，一対一対応は，物と数とを一つずつ対応させる原理です。基数性は，あるものの集合を数え終わったときに，最後に言った数がその集合の大きさを表すという原理，順序無関連は，ものを右から数えても真ん中から数えても全体の集合の数は同じという原理です。そして，抽象性は，数えるものが赤でも青でも，丸くても三角でも，数は変わらないという原理です。

　カウンティングは計算の基礎となり，計算を学習する初期段階では，手指を使って数えることで計算します。フューソンとクォンは手指を使用した計算方略が心的な計算に移行する過程を図9-3のようにまとめています（Fuson & Kwon, 1992）。たとえば，4＋3では，子どもは手指を1本ずつ「いち，に，さん，し」と数え，続いて「いち，に，さん」と数えます。二つの集合を目に見えるようにしてから（一方の手指で4，他方の指で3），すべての対象を再び「いち」から数えて答えを出します。これをcount-all方略といいます。

　数と手指のイメージが結びつき内面化してくると，被加数*を数えずにはじめから4を表し，加数だけ手指で「ご，ろく，しち」と一つずつ数え足すよ

プラスα

**思考**

思考に含まれる内容は多岐にわたることから，ここでは，抽象的な記号操作としての計算能力の発達，児童期においてみられる自身の思考過程の意識化，そして知的能力に焦点を当ててみていく。

語句説明

**被加数**

加えられる側の数のこと。

うになります。これを **count-on方略** といいます。さらに，4＋3と3＋4が同じであることを理解すると，計算する際には大きな数に小さな数を数え足すようになります。このように少しずつ手指などで数えることがなくなり，最終的に頭のなかで数字を操作したり，記憶した計算結果を引き出したりすることで計算を行うようになります。また，計算能力（の発達）やカウンティングの正確性に手指の器用さも関係していることが近年の研究から明らかにされており，計算だけが単独で発達するわけではありません。

　就学前の時点ですでに子どもたちは計算をしており，無理にドリルなどを行わなくても，自分の手指で数をかぞえたり，遊びのなかで物を分配することなどを通じて，数に触れ，その世界を広げています。近年，小学校1年生が授業に集中できない，先生の話を聞かない，集団行動がとれないなどの状態が常態化する「**小1プロブレム**」の問題が取りざたされていますが，就学前の発達の状態を見極め，それに基づいたカリキュラムの整備が必要となるでしょう。

**図9-3**　計算過程の変化

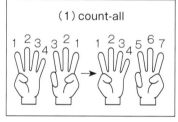
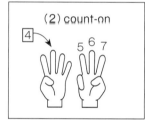

出所：Fuson & Kwon, 1992をもとに作成

## 2　9歳の壁（あるいは10歳の壁）

　児童期の中頃（9～10歳頃）に思考の質的な変化が起こることが知られています。思考の質的な変化は，同時に通過するわけではなく，個人差があり，飛躍のタイミングだからこそつまずいてしまう子どもも出てきます。同時に，小学校3年生から4年生にかけて，算数では小数や分数など学習内容もより抽象化してくるため，学習についていけない子どもが目立ちはじめます。そのため，**9歳の壁**（あるいは**10歳の壁**）といった言葉がこの年代で使われています。

　では，実際にどのような思考の質的な変化がみられるのでしょうか。一つに適切なプランニングができるようになることがあげられます。たとえば，知能検査の一つである「球さがし」課題に対する子どもの反応に変化がみられます（図9-4）。「球さがし」課題は，円形の図を用い，これを草の生えた運動場に見立て，そのなかに落ちている一つのボールを見つけるためには，どのように歩けばいいのかを問う課題です。図に示されているとおり，計画性をもった探し方は9歳頃に可能になることが示唆されています。計画性をもって探せる

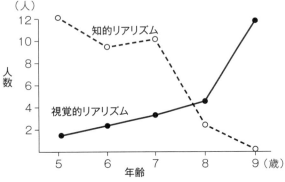

図9-4 「球さがし」課題に対する反応例 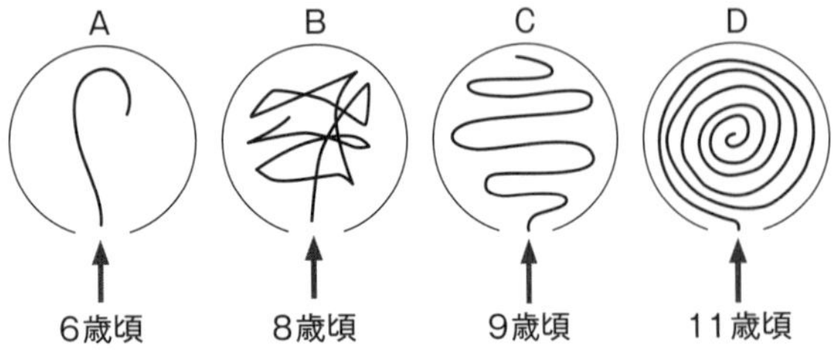
A 6歳頃　B 8歳頃　C 9歳頃　D 11歳頃
出所：加藤，1987をもとに作成

図9-5 知的リアリズムと視覚的リアリズムに該当する子どもの人数の変化
出所：Freeman & Janikoun, 1972をもとに作成

子どもはいきなり課題に取りかかるのではなく，書く前に頭のなかで考え，シミュレーションをし，計画を立ててから書きはじめるといわれています。

また，描画の発達をみても，9歳頃に，自分が知っていることを描く**知的リアリズム**による表現から，視覚でとらえたように正確に描く**視覚的リアリズム**に変化することが知られています（Freeman & Janikoun, 1972）。たとえば，把手のついたコップを子どもから把手が見えないように置いた状態で，子どもに見えているとおりにコップを描いてと頼みます。知的リアリズムの段階の子どもは，把手が見えていないにもかかわらず，把手を描いてしまいますが，9歳頃になり，視覚的リアリズムの段階になると，把手が見えていなければ，把手を描かなくなります（図9-5）。つまり，自分が今描かなければならない情報を明確に意識化し，不要な情報は抑制できるようになるということです。

思考の意識化の背景には，内言の成立が関係していると考えられています。ヴィゴツキー（Vygotsky, L. S.）は，言葉を機能の観点から外言と内言に分けています。**外言**は他者との言語的やりとりのために用いられる言葉です。**内言**は自己内に内面化された言葉（心的に展開される言葉）であり，自分自身との対話と考えられています。この内言によって，自身の視点を俯瞰的にとらえ相対化することで，行動を起こす前にその行動が適切かどうか調整できるようになり，思考の意識化や適切なプランニングが可能となります。また，内言はいきなり成立するのではなく，前段階として独り言などの**自己中心的言語**が位置づけられています。ピアジェ（Piaget, J.）は独り言を子どもの自己中心的なものの見方の現れとみなしましたが，ヴィゴツキーは独り言を内言が発声を伴って言語化された状態ととらえ直し，完全な内言に至るプロセスの一つとして位置づけました。

## 3 知能

### ①知能の構造（多重知能）

みなさんは「知能」と聞いて，何を思い浮かべるでしょうか。「頭の回転の速さ」や「環境への適応力」などを思い浮かべるかもしれません。心理学では

これまで知能がどのような構造をもっているのか研究されてきました。知能の構造に関する検討は、統計的手法の因子分析の進歩に伴い発展し、さまざまな知能の因子論が提唱されてきました。以下では、主な因子論として、スピアマンの2因子説、サーストンの多因子説、キャッテル、ホーン、キャロルの理論を統合したCHC理論、ガードナーの多重知能理論を紹介します。

　スピアマンは、自身が開発した因子分析*を用いて、知能が一般知能因子（g因子）と多数の特殊因子（s因子）から構成されていると考えました（2因子説）。一般知能因子は、認知的な活動のあらゆる場面（文章を理解する場面、計算をする場面、推論する場面など）で影響を及ぼす包括的な能力です。特殊因子は、各認知的な活動の場面で個別に働く因子です。文章を理解するには、一般知能因子だけでは不十分であり、計算をするときとは異なった能力が必要となることから、文章理解に固有の影響を及ぼす能力や特性が想定できます。一般知能因子以外に、文章理解のためには文章理解に特化した特殊因子が、計算のためには計算に特化した特殊因子が必要になるということです。

　スピアマンに対して、サーストンは一般知能因子を否定しています。彼は57種類の検査を実施し、それらの得点を因子分析し、7つの因子を抽出しました。7つの因子は言語理解、語の流暢さ、数、空間、記憶、知覚速度、推論にまとめられ、これらが知能の基本単位であると考えました（多因子説）。

　一般知能因子が存在するか否か議論があったなか、キャッテルは一般因子と多数の知能因子の間に結晶性知能と流動性知能を設定することによって、両者を統合しようと試みました。結晶性知能は過去の学習経験により蓄積された知識やスキルのことを指します。教育や文化の影響を受けながら発達し、一度確立すると簡単には衰退しません。流動性知能は、新規な情報の記憶や処理をする場面で発揮されますが、脳などの生物学的な影響が大きく、老化とともに衰退していきます。その後、ホーンはキャッテルの理論を拡張し、結晶性知能と流動性知能に処理速度や読み書き能力を含む8つの因子を加えています。さらに、キャロルは460以上の知能構造に関する研究を再分析して、3つの階層構造をなすことを示しました（Carroll, 1993）。第1層には69項目の特殊因子、第2層には、ホーンの能力因子とおおよそ一致した8つの広範な知能因子がおかれ、第3層には一般知能因子がおかれました。現在では、キャッテル・ホーン・キャロルの理論は統合され、それぞれの頭文字をとってCHC理論と呼ばれています。構造はキャロルの3層構造に基づいていますが、特に第2層についてはその中身は現在も改訂されており、18個の広範な知能因子が設定されています（Schneider & McGrew, 2018）。

　一方、ガードナーは知能を「属する文化において価値があると考えられている問題を解決したり成果を想像したりする能力」と定義し、多重知能理論を提唱しています（Gardner, 1999/2001）。多重知能のなかには、言語的知能、論

---

**語句説明**

**因子分析**
ある調査された変数（たとえば質問項目への回答や課題の成績）が、どのような潜在的な要因から影響を受けているかを探る統計的手法である。複数の調査された変数に影響を与えている潜在的な要因を共通因子といい、一般知能因子は共通因子にあたる。

**参照**

**結晶性知能，流動性知能**
→12章

**プラスα**

**CHC理論の第2層**
現在、第2層は、流動性知能、ワーキングメモリ、学習効率、視空間処理、聴覚処理、知識理解、領域固有知識、読み書き能力、数量的知識、検索の柔軟性、処理速度、反応・決断速度、精神運動速度、精神運動能力、嗅覚能力、触覚能力、運動感覚能力、情動知能の18個が想定されている。

113

第Ⅱ部　出生前後～児童期までの発達

**表9-2**　多重知能理論

| 知能の種類 | 内容 |
|---|---|
| 言語的知能 | 話し言葉と書き言葉への感受性，言語を学ぶ能力，言語を用いる能力 |
| 論理数学的知能 | 問題を論理的に分析したり，数学的な操作を実行したり，問題を科学的に究明する能力 |
| 音楽的知能 | 音楽の演奏や作曲，鑑賞のスキル |
| 空間的知能 | 広い空間の認識や，限定された範囲の空間パターンの操作についての能力 |
| 身体運動的知能 | 身体全体や身体部位を使って問題を解決したり，何かをつくり出す能力 |
| 内省的知能 | 自分自身を理解する能力 |
| 対人的知能 | 他人の意図や欲求を理解して，人間関係を調整する能力 |
| 博物的知能 | 自然や人工物の種類を識別する能力 |

理数学的知能，音楽的知能，空間的知能，身体運動的知能，内省的知能，対人的知能，博物的知能の8つが含まれていました（表9-2）。ガードナーの多重知能理論の特徴は，既存のIQには含まれていない，音楽的知能などの芸術的な側面や対人関係といった部分を含んでいる点になりますが，この点については現在でも知能に含めるべきか議論があります。

　これまでさまざまな知能の構造が提唱されてきましたが，知能には非常に広範な能力が含まれており，現代においては，一つの能力や特性をもって知能が高いや低いとは論じられなくなっています。

②**知能指数**

　知能の構造に関する検討とともに，実際にどのように知能を測定するかということも議論され，これまでさまざまな検査が開発されてきました。その過程で知能の程度を数値で示す**知能指数**（Intelligence Quotient；IQ）という概念がターマンによって提案されるようになります。ターマンは，知能検査によって測定された精神年齢を生活年齢（実年齢のことを指す）で割り，それを100倍したものを知能指数としました。つまり，生活年齢に比べて精神年齢が高ければ知能指数も大きくなり，生活年齢に比べて精神年齢が低ければ知能指数も小さくなります。しかしながら，この計算方式では，精神年齢と生活年齢の差が小さくても幼少期であれば知能指数が大きく見積もられてしまうことから，現在では用いられていません。

　この問題を解決するために，現在では偏差[*]知能指数（以下，偏差IQ）が用いられています。偏差IQは，知能検査を受けた人がそのときの同一年齢集団のなかで相対的にどこに位置づけられるのかを計算することによって知能指数を算出しています。たとえば，知能を測定する際によく使用される**ウェクスラー式知能検査**[*]では，以下の計算式を用いて偏差IQが算出されています。

**語句説明**

**偏差**
個々の数値と集団の平均値との差。個々のデータがどの程度平均から離れているかを示している。

**ウェクスラー式知能検査**
デイヴィッド・ウェクスラーによって作成された知能検査。診断等で用いられることが多く，就学前児用（WPPSI），児童用（WISC），成人用（WAIS）がある。最新の検査では，言語理解，知覚推理，ワーキングメモリ，処理速度の指標から知能を検査するようになった。

114

$$偏差IQ = \frac{15(参加者の得点 - 参加者が属する年齢集団の平均得点)}{参加者が属する年齢集団の標準偏差} + 100$$

図9-6 に示したように，偏差IQが100というのは，同一年齢集団内で真ん中に位置することを意味しており，100よりも大きいか小さいかでその年齢の集団内の自分の位置がわかります。また，偏差IQは正規分布*と合致するため，100±15の範囲（平均±1標準偏差*）に約70%が分布することになります。なお，計算式内の15の部分については，ウェクスラー式知能検査では15ですが，別の検査では値が変わることがあるため，注意が必要です（**スタンフォード・ビネーIQ**\*の場合は16で計算）。

知能指数は，その子どもの知能の状態を示す一つの指標になりますが，この指標だけで子どものことを理解できるわけではありません。あることがすごく得意だけど他のことが苦手といった子どもの知能指数は低くなりがちだからです。注目しやすい数値だけを取り上げるのではなく，一つひとつの課題に取り組む子どもの姿や知能検査に含まれないふだんの生活の姿も含めてその子の理解に努めてほしいと思います。

### 語句説明

**正規分布**
平均値を中心に，左右対称の釣り鐘型の分布。正規分布±1標準偏差に約68.3%が分布する。

**標準偏差**
「データのばらつきの大きさ」を表す指標で，偏差の2乗の合計をデータの総数で割った値の正の平方根として求められる。

**スタンフォード・ビネーIQ**
フランスでビネーによって作成された知能検査を，ターマンがアメリカで標準化した知能検査。

**図9-6** 知能指数と正規分布の対応

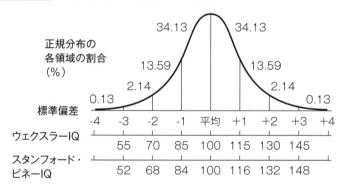

出所：大川，1995をもとに作成

### 考えてみよう

1．なぜ人間はしゃべることのできる状態で生まれてこなかったのでしょうか？
2．「頭がいい」とは，どういうことでしょうか？

第Ⅱ部　出生前後～児童期までの発達

## 本章のキーワードのまとめ

| スキャモンの発達曲線 | スキャモンは，身体の諸器官を，一般型，神経型，リンパ系型，生殖型の4つの系統に分け，それぞれの発達的変化を曲線として示した。乳幼児期は4つのなかで特に，神経型の発育が著しいことが知られている。 |
|---|---|
| クーイング | 生後2～4か月頃になり，機嫌のよいときやリラックスしているときなどに自然に発せられる「くー，くー」といった声。口で音を鳴らしているというよりは，のどを使って音を鳴らしている状態である。 |
| 喃語 | 4～6か月頃に，「あーあーあーあー」といった切れ目のない喃語と呼ばれる発声が出現する。そして，6か月以降には，「ば，ば，ば」といった複数の音節からなり，子音と母音が区別された規準喃語が出現する。 |
| 初語 | クーイングや喃語といった意味の不明瞭な音声を発する時期を経て，1歳頃に発せられる初めての言葉であり，特定の意味を伴っている点が特徴。初語がみられてから徐々に新しい言葉の発声がみられるようになる。 |
| 一語文 | 単語のみの発話。この時期に発話できるようになる語のカテゴリーは，「まんま」などの幼児語や「ばいばい」といった日課やあいさつに関わる語，モノの名前などの名詞が多く，動詞や形容詞は少ない。 |
| 二語文 | 「ぼーる　とって」などの語と語を一定のルールにしたがって結合し，構造化された発話。最初は，「お母さん　の」といった自立語＋格助詞の形式からはじまり，自立語＋自立語の二語文の発話へ移行していく。 |
| 三語文・多語文 | 「おかあさん　ぼーる　とって」といった三語以上の言葉をつないだ発話が，2歳を過ぎる頃にみられるようになる。三語文・多語文が話せるようになることで会話のやりとりがよりスムーズになる。 |
| 語彙爆発 | 1歳半を超えて，発話できる言葉が50語を超えてきたあたりから，獲得する語彙の数が急速に増えることを指す。語彙爆発に伴って，二語文の発話が増加するようになる。 |

| 外言・内言 | 外言は他者とのコミュニケーションのために用いられる言葉であるのに対して，内言は自己内に内面化された言葉，心的に展開される言葉であり，自分自身との対話である。 |
|---|---|
| 自己中心的言語 | 独り言のような言葉。ピアジェは子どもの自己中心的なものの見方の現れと考えたが，ヴィゴツキーは内言が発声を伴って言語化された状態であり，外言から内言への発達途中の段階であると指摘し，ピアジェの考えを批判した。 |
| ナラティブ | 自身との対話に位置づけられ，「事実でも空想でも，時間的に連続した出来事を順序づけて言う行為」を指す。語りは，語り手による判断や解釈が含まれていることから，自身の経験や感情などを「意味づける行為」と考えられる。 |
| 小1プロブレム | 小学校1年生が，小学校入学後，クラスのなかで授業に集中できない，先生の話を聞かない，集団行動がとれないなどの問題を示し，学級運営がままならない状態のことをいう。 |
| 9歳の壁（10歳の壁） | 9～10歳頃に，メタ認知の発達，思考過程の意識化など，思考が質的に変化することで個人差が目立ちやすくなることに加え，学習内容が抽象化することによって学習についていけない子どもが目立ちはじめる現象。 |
| 知能の構造（多重知能） | スピアマンの2因子説から始まり，サーストンの多因子説，現在では3層構造をもつCHC理論が提案されている。加えて，ガードナーによって，芸術や対人関係を含んだ多重知能理論も提唱されている。 |
| 知能指数（Intelligence Quotient；IQ） | ターマンは，精神年齢を生活年齢で割り，それを100倍したものを知能指数としたが，現在では，知能検査を受けた人がそのときの同一年齢集団のなかで相対的にどこに位置づけられるのかを表す偏差知能指数（偏差IQ）が用いられている。平均のIQは100となる。 |

# 第III部

## 青年期以降の発達と非定型発達

### 臨床の視点

　青年期以降，とりわけ老年期になると今までできていたことができなくなることがあります。しかし，高齢者は，青年に比べて幸福感が必ずしも低いわけではありません。それは，自分で関わる活動を選択し，与えられた機会をうまく利用し，時として人の助けを借りながら遂行するからです。また，非定型発達の状態を示す人のなかには，特定の能力の遅れや偏りがある人もいます。しかし，遅れている能力を促進すること，欠けている能力を補うことだけが支援ではありません。支援によって，その人やその人を取り巻く人々の生活がどのように豊かになるのかといった視点が重要となるといえます。そのような点から，第III部では発達の特徴の理解と求められる支援との関係を学んでいきます。

第10章　青年期

第11章　成人期

第12章　老年期

第13章　定型発達と非定型発達

第10章

# 青年期

この章では，発達心理学を学ぶ人に向けて，青年期の心理的特徴を紹介し，アイデンティティ，性・ジェンダーについて述べていきます。青年期の心理的特徴について学ぶことは，青年期の身体，思考する力，アイデンティティ，性認識について理解を深めることになり，その支援の方策や教育的配慮を改めて考える機会を提供します。その意味では，臨床心理学，教育心理学との関わりが深く，相互の知識が必要となります。

## 1 青年期の心身の発達

**青年期**とは，どのような時期で，何歳ぐらいを指すのでしょうか。久世（2000）によると，青年期とは大雑把にいって12歳頃から20歳代半ば頃まで，つまり思春期的変化の始まりから25, 6歳までの子どもから大人への成長と移行の時期とされています（図10-1）。この時期に青年は，心身ともに成熟し，自己への興味が高まります。青年の身体，思考は成人に近づいていきますが，いまだに自己中心的なところや，自己が確立していないところがあり，十分な大人とはいえません。青年期とは，子どもと大人の境目の時期とされてきたのです。第1節では，そんな青年の身体・心理的特徴について学んでいきましょう。

### 1 思春期の身体，思考の発達

**思春期**とは，青年期のなかでも身体的な成熟が特に進む12～16歳頃の時期を表す言葉です。この時期に，青年は，男女ともに，身長，体重だけでなく内臓，生殖器，骨格が加速度的に成長します。この身体の成長を思春期の**発育スパート**とよびます。発育スパートは，平均的に，男子は13歳頃，女子は12歳頃に始まります。

発育スパートには，性ホルモンの分泌が関連しています。思春期になると，脳下垂体の性腺刺激ホルモンの分泌が亢進します。そして，そのホルモンが男子には精巣に作用して男性ホルモンが，女子には卵巣に作用して女性ホルモンが分泌されるようになります。その結果，男子には変声，精通が，女子には，乳房の発育，初潮が起こり，男女ともに恥毛が発育し，成人の体へと変化していきます。出生時にわかる男女の性器の特徴（男子の精巣，陰茎や女子の子宮，

120

卵巣）が第一次性徴と呼ばれることに対して，こういった思春期にみられる性器以外の身体的特徴のことを**第二次性徴**と呼びます。

図10-1　青年期の位置づけ

出所：池田，2017より改変

思春期の身体的変化は，世代を越えて同じというわけではありません。なぜなら，身体の成長は，食べ物や精神的ストレスなど環境的な影響を受けるからです。たとえば，第二次世界大戦の戦時下においては，戦争での不安や緊張感による精神的ストレスが影響し，初潮年齢が戦前の水準より上昇しました。それに対して現代の青年は，栄養状態がよい環境で育つことが多いため，以前の世代よりも低年齢で性的成熟が始まることが確認されています。このように，以前に比べて性的成熟に入る年齢が早期化していることを**発達加速現象**と呼びます。日本では，1999年から2013年にかけての，精通，初潮に関する平均年齢は，12歳前後であり（図10-2），日本の性的成熟の加速化はこの年齢で停止している傾向にあるといえます（森，2012）。

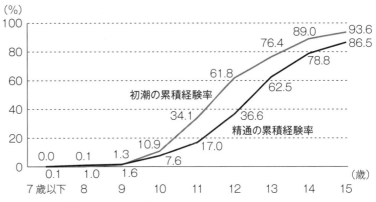

図10-2　わが国における精通，初潮の累積経験率（2011年）

出所：日本性教育協会，2013をもとに作成

また，思春期には，思考力も発達します。ピアジェ（Piaget, J.）は，12歳頃になると，目の前にある，あるいは現実的な話といった具体的な内容だけでなく，目の前にない想像・仮定上の話といった抽象的な内容も考えることができるようになると考えました。そして，この時期の思考形式を**形式的操作**と呼びました。ピアジェによると，形式的操作の特徴としては，仮説演繹的思考（現実には起こらないことであっても，仮説に基づき，結論を導き出す思考），組み合わせ思考（要因の組み合わせを系統的に考える思考），命題的思考（現実の対象を扱わずに，真偽の判定ができる言語や式を使って推論する思考）の3つがあります。しかしながら，すべての青年がこういった抽象的思考を自然に獲得するわけではありません。国や文化の違いによって，これらの思考力を獲得する青年もいれば獲得することが困難な青年もいます（Shayer & Wylam, 1978）。形式的操作は，国や文化の影響を受けて発達していきます。

参照
ピアジェの発達段階
→5章

## 2 自己意識・自己概念の変化

思春期になると，自己の見方が変化し，自分の性格や，友だちからどう見られているかを気にするようになります。これは，身体が成熟し，大人に近づくにつれ，また，抽象的思考が発達し，他者の考えを想定することができるようになるにつれて，青年が自己に意識を向けるようになるとともに，それまで以上に自己を対象化し，イメージとして保持するようになるからです。このように，自己に意識を向けることを**自己意識**，自己のイメージを**自己概念**と呼びます。

こういった自己意識や自己概念は青年期にどのように変化していくのでしょうか。フェニグスタインらは，自己意識を，自己の感情や気分など他者からは直接観察されない自己の内面に注意を向ける「私的自己意識」，自己の服装や髪形，あるいは他者に対する言動など，他者が観察し得る自己の外見に注意を向ける程度を表す「公的自己意識」に分けました（Fenigstein et al., 1975）。さらに，ランキンらは，青年期の私的自己意識，公的自己意識の変化を調べるために，13歳から18歳の欧米の青年を対象に調査したところ，私的自己意識，公的自己意識ともに，青年期前期を中心に上昇することを明らかにしました（Rankin et al., 2004）。日本の調査においても同様の傾向が確認されており（中間，2012），青年期は私的・公的ともに自己意識が上昇し，自分の内面性に向き合うと同時に，友だち，大人といった他者から見た自分に対する意識が高まる時期といえます（図10-3）。

一方，抽象的な思考の発達に伴い，青年は，さまざまな自己概念をもつようになります。デーモンとハートは，4歳から18歳にかけて，自己概念が発達していく様相を表10-1のようにまとめました（Damon & Hart, 1988）。身体的自己とは身体に関する自己概念，行為的自己とは行動に関する自己概念，社会的自己とは他者との関係性に関する自己概念，そして心理的自己とは自分の内面性に関する自己概念です。児童期には，身長が高い自分，髪が長い自分など表面的で具体的な自己概念しかもつことができません。しかし，青年期になると，穏やかな自分，友だちにいわれることを気にする自分など内面的な自己概念や，中学生としての自分，社会的な関係性に基づく自分など抽象的な自己概念をもつようになります。

ローゼンバーグは，その変化を以下

> **プラスα**
> **自己の二重性**
> ウィリアム・ジェームズ（James, W.）は，自己を「対象としての自己（me）」と「主体としての自己（I）」に分類した。自己意識，自己概念の自己はどちらも対象としての自己（me）に相当する。

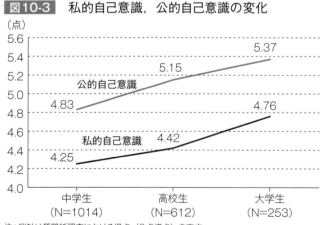

図10-3 私的自己意識，公的自己意識の変化

注：縦軸は質問紙調査における得点（6点満点）を表す
出所：中間，2012をもとに作成

の5点にまとめました（Rosenberg, 1986）。①社会的外面による概念化が減少し、心理的内面による概念化が増加する、②対面することで生じる概念化が減少し、対人感情や関係性による概念化が増加する、③具体的な言葉による概念化が減少し、抽象的な言葉による概念化が増加する、④単純で未分化な対象として自己を概念化する傾向が低下し、複雑で分化した対象として自己を概念化する傾向が高まる、⑤不安定な外的な基盤に自己概念が頼る傾向が低下し、論理的で根拠があり、自主的な基盤に頼る傾向が高まる。

このように青年期は、具体から抽象へと自己概念が拡張していきます。その過程において、現在だけでなく、将来や社会的な自己について考え、自分の進路や生き方について考えることができるようになります。

## 3 大人ではない青年期

身体的に成熟し、形式的操作を行う青年期は、身体、思考力に関しては大人に近づいていきますが、心理的に未熟なところもあります。ここでは、特に思春期にみられる未熟な特徴として、**自己中心性**と**第二次反抗期**を述べます。

まず、青年期の自己中心性とは、他人の視点を考えることができるにもかかわらず、自分の視点でしか物事を考えることができないことを意味します。エルカインドは、この青年期の自己中心的考えを、「想像上の観客」と「個人的寓話」という2つの概念を用いて説明しました（Elkind, 1967）。たとえば、10代の青年は、自分が他人にどのように見られるのかを非常に気にしますが、

**参照**

**自己中心性**
→ 5章

表10-1 自己の発達の様相

|  | 身体的自己 | 行為的自己 | 社会的自己 | 心理的自己 |
|---|---|---|---|---|
| 1 幼児期と児童期前期 | 身体的特性あるいは持ち物 | 特徴的な行動 | 特定の社会的関係か集団のどちらかの成員であるという事実 | 一時的気分、感情、好みや嫌悪 |
| 2 児童期中期および後期 | 能力に関する身体的特性 | 他者か自己か規範的基準のいずれかに関連する能力 | 他者の反応という視点から見た能力や行為 | 知識、認知能力あるいは能力に関係する情動 |
| 3 青年期前期 | 社会的魅力や交わりに影響を与える身体的特性 | 社会的魅力や交わりに影響を与える行動的特性 | 社会的・人格的特性 | 社会的感受性、コミュニケーション能力、その他心理的に関連する社会的スキル |
| 4 青年期後期 | 意志による選択、あるいは個人的・道徳的基準のいずれかを反映する身体的特性 | 選択か個人的基準か道徳的基準のいずれかを反映する行動的特性 | 社会的関係あるいは社会的・人格的特性のいずれかに関する道徳的選択か個人的選択 | 信念体系、個人的な哲学、自分なりの思想の過程 |

出所：Damon & Hart, 1988；白井、2012をもとに作成

それは，自分だけでなく，他人もそうであると考えています。つまり，自分が「そうだ」と思うと他人も同じように「そうだ」と思っていると考えてしまうのです。この考えは，青年が絶えず自分の想像上の観客を想定し，それに向けて反応していると同時に，その観客が自分の考えで想定されていることを意味しています。

また青年期は，自分が考えていることが特殊で優れていると感じる傾向にあります。これは，自分が多くの人にとって重要な存在であると考えるあまり，自分の考えが独自で特殊なものと思い込んでいることを表しています。しかし，これはあくまで青年自らの物語であり，万能感に伴ってつくり上げられる寓話（個人的寓話）なのです。このように，青年期は他者の思考を考えることができますが，自己の考えと他者の考えが違うことには気づかず，また自分が特別な考えをもっていると思い込むなど，自己中心的な考えをもつ傾向にあるのです。

次に青年期の非行，反抗について考えてみましょう。青年期は身体的発育や抽象的思考の獲得に伴い，これまで理想と考えていた親や養育者が絶対ではないことに気づきます。そして，大人の考え以外にも多様な考え方があることに気づき，彼らの考えを客観的にとらえるようになります。身体的変化，心理的変化，社会的変化に伴い，青年と親の関係は再構築が図られるのです（図10-4）。

その際に，大人の考えと自分の考えの違いに葛藤し，その結果，それを拒絶することもあるでしょう。このように，青年が，養育者，教師といった大人，さらには社会に対して反抗的な態度をとることを第二次反抗期と呼びます。一方，ホリングワースは，このような大人や社会に対する青年の心理的な自立への欲求を，**心理的離乳**と表現しました（Hollingworth, 1928）。心理的離乳とは，健康な青年の心に生じる家族の監督から離れ，一人の独立した人間になろうとする衝動です。青年期の反抗的態度は，大人からするとやっかいで扱いにくいものかもしれませんが，それは，青年が大人の脱理想化を図り，心理的に自立に向かっているプロセスの一つと考えることもできるでしょう。

### 図10-4 青年期における親子関係の変化

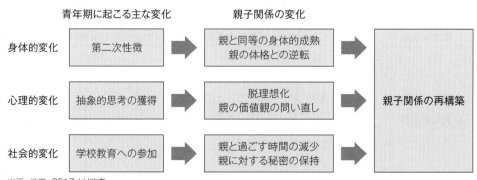

出所：池田，2017より改変

第10章　青年期

## 2 アイデンティティ発達の時期としての青年期

　エリクソン（Erikson, E. H.）によると，青年期は**アイデンティティ**（あるいは**自我同一性**）が特に発達する時期とされています。アイデンティティとはどのような概念で，どのように発達するのでしょうか。また，なぜアイデンティティが青年期（特に後期）に発達するのでしょうか。第2節では，アイデンティティの定義と青年期における発達について学んでいきましょう。

### 1 アイデンティティ

　アイデンティティという言葉を聞くと，「わたしがわたしであること・感覚」，という意味で理解している人が多いでしょう。もちろん，この意味で間違っているわけではありませんが，ここではもう少し学術的にアイデンティティを理解していきます。エリクソンは，アイデンティティを，「個人が自分の内部に斉一性と連続性を感じられることと，他者がそれを認めてくれることの，両方の事実の自覚」（Erikson, 1959/2011）と定義しました。斉一性，連続性，他者がそれを認めてくれること（他者からの承認）について考えてみましょう。

　斉一性とは，自己がまとまっていることを意味します。たとえば，私たちは，相手によって態度や振る舞いを変えますが，同じわたしであると感じています。なぜなら，他者によって態度は異なっていたとしても，その違いも含めてわたしであると感じているからです。アイデンティティは，このようなわたしとしての全体的なまとまりから生じる感覚なのです。

　また，連続性とは，過去，現在，未来という時間的な連続性を意味しますが，これは私たちが，これまでわたしとして生きてきた記憶があり，明日もわたしであると確信しているからです。つまり，アイデンティティとは，記憶をもとに，過去，現在，未来のわたしがつながっていること（時間的連続性）から生じる感覚といえます。

　最後に他者からの承認です。わたしがわたしであるという感覚は，わたしの記憶だけで成立するのではなく，他者が承認することによって確かなものとなります。たとえば，わたしが突然，別の誰かになることは，主観的には可能であったとしても，客観的には不可能でしょう。わたしは，別の誰かになるための，戸籍，名前，社会的な身分等をもち合わせていないからです。すなわち，わたしがわたしであるためには，親，友だち，そして社会といった他者からの承認が必要になるのです。

　このようにエリクソンは，アイデンティティという，わたしがわたしである，という感覚が確かなものとなるためには，自分の斉一性，連続性という主観的

125

第 Ⅲ 部　青年期以降の発達と非定型発達

な感覚に加えて，社会で認められている「何か」と，わたしが「同じ」，という証明，承認が必要になると考えたのです。

### 2　アイデンティティの統合と混乱，心理社会的危機

それでは，アイデンティティが発達するとはどういうことでしょうか。一般的に，人は常にアイデンティティが完全に明確なわけではありません。多くの人は，友だちにいわれた何気ない一言から「わたしってそんなふうに思われていたのか」と感じ，自分の新たな一面に気づいた経験があるでしょう。自分の考える自己と他人から見られる自己は，完全には一致しておらず，人は，アイデンティティの明確な側面と不明瞭な側面を合わせてもっています。エリクソンは，アイデンティティが明確な部分を**アイデンティティの統合**（synthesis）と呼び，逆に不明瞭な部分を**アイデンティティの混乱**（confusion）と呼びました。そして，私たちは，自己のある部分が混乱していても，全体として統合していれば，アイデンティティの問題を感じません。しかし，混乱の感覚が強くなると，アイデンティティの問題を感じることになります。つまり，アイデンティティとは，統合と混乱のバランスによって生じる全体としての感覚なのです。アイデンティティの感覚を測定する尺度は，さまざまな研究によって開発されています（たとえば畑野ほか，2014；谷，2001など）（表10-2）。

アイデンティティの発達とは，混乱の感覚が強い状態から統合の感覚が強い状態へと変わっていくことを意味します。青年期は，大人になるにつれて，アイデンティティの発達が特に進む時期と考えられています。なぜなら，青年期は，学校から社会への移行期にあたるからです。青年は，中学校，高校，大学など学校教育を受けたあと，職業を選択・決定していくことになります。そのとき，青年は，何も考えずに職業を決定するわけではありません。自分がこれまで関わってきた親，友だち，部活の先輩，アルバイト先の雇用主など，さまざまな他者との関わりのなかでつくり上げてきた価値観をもとに，職業を決めます。その際，たとえば親が医者なので自分も医者になる，というように親の価値観をそのまま引き継いで職業を決めることもありますが，自分で新しい価値観を模索し，職業を選択することもあるでしょう。この過程において，価値観を探求している状態は，わたしが将来どのようにあるべきかを模索している状態（混乱）といえます。その一方，自分の価値を見つけ，それを得るために積極的に関わっている状態は，こうありたい，と思ってい

| 表10-2 | エリクソンの心理社会的段階目録（第 5 段階）の質問項目例 |
| --- | --- |
| 統合 | 私は，自分が何になりたいかをはっきりと考えている<br>私には人生で重要なことがはっきりとわかっている<br>私は，自分にまとまりを感じている<br>私は，自分がどんな人間であるのかを知っている |
| 混乱 | 私は，よく自分の意見を変える<br>私は，人生をどのように生きたいのかを自分で決められない<br>私は，自分のしていることを本当はわかっていない<br>私には充実感がない |

出所：畑野ほか，2014より抜粋

るわたしが明確な状態（統合）といえます。こういった，青年がアイデンティティを確立するために，さまざまな役割を試み，自分の可能性を模索することは，社会的に容認されています。この猶予期間のことを**心理社会的モラトリアム**と呼びます。このプロセスにおいて，アイデンティティが混乱しているときに，青年は，孤独や絶望感を感じたり，抑うつや将来に対する不安が高まったりするなど，さまざまな臨床的症状を呈する危険性があります。そのため，青年期の**心理社会的危機**は「**アイデンティティ　対　アイデンティティの混乱**」とされています。

> **参照**
> エリクソンの発達段階論と心理社会的危機
> →1章

## 3　アイデンティティ地位，アイデンティティの達成と拡散

アイデンティティはその発達過程において，どのような段階を経るのでしょうか。もし，その段階がわかれば，アイデンティティが混乱している青年を支援することができるかもしれません。**マーシャ**（Marcia, J. E.）は，アイデンティティが混乱から統合へと変化していくプロセスを「青年が価値を探求（exploration）してきたかどうか」「責任をもって関わる価値に積極的に関わっているかどうか（コミットメント：commitment）」に着目し，4つの段階（**アイデンティティ地位**）に分けました（Marcia, 1966）。その4つの地位とは，探求を経てコミットメントしている「達成」，探求の過程にある「モラトリアム」，探求はしていないが自分ではなく親や他人の価値観や信念にコミットメントしている「早期完了（フォークロージャー）」，そして探求もコミットメントもしていない「拡散」です（表10-3）。拡散に関しては，過去に探求を経験した青年と経験していない青年に分類されます。そしてマーシャは，青年が，人生の価値を考えていない状態（拡散）から，他者から取り入れた自分の価値に傾倒する状態（早期完了），それから脱し，新たな自分の価値を探求している状態（モ

**表10-3**　アイデンティティ地位の特徴

| 地位 | 探求 | コミットメント | 地位の特徴 |
|---|---|---|---|
| 達成 | 経験あり | 積極的 | 探求をすでに経験し，ある一定の職業や信念を自分の意志で選択し，それに積極的に関与している |
| モラトリアム | 経験中 | あいまい | まさに探求の渦中にあり，主体的に選択を模索している。積極的関与の程度は，模索中であるがゆえあいまいな状態にある |
| 早期完了 | 経験なし | 積極的 | 探求を経験していないにもかかわらず，特定の信念や価値に積極的に関与している。親から譲り受けてきた価値や信念のうえに成り立っており，ある種の融通のきかなさが特徴である |
| 拡散 | 経験あり | なし | これまでに探求を経験し，その結果，積極的に関与しないことに積極的に関与している状態にある |
| | 経験なし | なし | これまでに探求を経験しておらず，特定の職業や信念に積極的に関与していない |

出所：三好，2017より改変

第Ⅲ部　青年期以降の発達と非定型発達

ラトリアム）へと移行し，探求した結果，最終的に自らの価値基準を構築する状態（達成）へと移行していくプロセスを考えました。そして，青年がアイデンティティの発達の過程において，どの地位に留まっているのか，達成しているのかを面接によって判断し，青年のアイデンティティ発達の支援を行いました。

> **プラスα**
> **アイデンティティ地位の発展**
> 近年では，探求，コミットメントは複数の種類に分類されることがわかっており，新たなアイデンティティ地位も見出されるようになっている（くわしくは畑野，2018）。

# 3 | 青年期の性と異性関係

　青年期は心身ともに成熟し，自己理解，他者理解が進むなかで，自らの性がそれまでよりも強く意識されるようになります。また，アイデンティティが発達する時期であるため，自分自身の性別とも向き合っていくことになります。こういった変化に伴い，**異性関係**についても変化が起こります。この節では，青年期の性と異性関係について学んでいきます。

## 1 セックス，ジェンダー，セクシャリティ

　私たちは，誰しも2つの性をもっています。一つは，生物学的な性（sex：セックス）であり，もう一つは心理・社会的な性（gender：**ジェンダー**）です。セックス，ジェンダーともにその認識は，身体的特徴のみで決まっているわけではありません。自分が自分の性をどのように認識しているかという心理状態，自分がどのように振る舞うかという行動が，それぞれの性の認識を決めます。また，セックス，ジェンダーが相まって**セクシャリティ**が生じます。セクシャリティとは**性的指向性**（sex orientation）であり，性愛の対象として異性，同性，両性のいずれを求めるかという指向性です（宇井，2012）。

　一般的に，身体性，**性自認**，性的指向性が首尾一貫しているものを，私たちの社会はノーマルな人と呼びます（小倉，2001）。しかし，すべての人がそうであるわけではありません。セックス，ジェンダー，セクシャリティが不一致であるがゆえに，心理的に苦しんだり，社会的に不遇な扱いを受けたりすることがあります。特に青年期は自己意識が高まるにつれ，セックスとジェンダーの差に苦しむことがあります。たとえば，食べ物の過剰摂取，あるいは極度の拒絶を呈する摂食障害は，思春期の女子に多くみられますが，その原因の一つとして，女性らしさを体現しなければならない，あるいはそれを拒絶したいといったセックスとジェンダーの葛藤があることが指摘されています（浅野，1996）。人間の性が単純に外性器などの身体的特徴で決まるというものではなく，また，誕生時に医師が決めるものでもなく，受精から生涯にわたってつくられていくという考えを社会が許容していくことが大事といえます（宇井，2012）。

> **プラスα**
> **LGBT**
> レズビアン（Lesbian；女性同性愛者），ゲイ（Gay；男性同性愛者），バイセクシャル（Bisexual；両性愛者），トランスジェンダー（Transgender；性別越境者）の頭文字をとった単語で，性的少数者を表す言葉の一つ。

## 2 異性関係

　児童期から青年期にかけて、同性の友人との関係が深まると同時に、異性への関心も高まっていきます。東京都の調査によると、「異性に興味や関心をもったことがある」と回答する者は、中学3年生で7割になります（東京都幼稚園・小・中・高・心障性教育研究会, 2005）。それに伴い、同性の友人との関係を基盤とし、異性間での付き合いを進めるようになります。

　しかしながら、近年、異性との性的な関係についての興味・関心は、以前と比べて低下しているとの調査結果があります。東京都の調査によると、「あなたは、今まで性的接触（性交）をしたいと思ったことがありますか」という質問に対して、「ある」と答えた中学3年生男子生徒の割合が、1987年の86％をピークに減少し、2014年には25.7％になっています。女子に関しても、1993年の37％から徐々に減少し、2014年には、10.9％となっています（東京都幼・小・中・高・心性教育研究会, 2014；図10-5）。

　加えて、日本性教育協会が行った性交経験に関する調査（日本性教育協会, 2013）では、男子大学生に関しては、性交経験率は1974年から1993年にかけては23％から57％と増加傾向になったものの、1999年以降は63％程度で停滞し、2011年には低下していることが確認できます。女子大学生に関しても、1987年から2005年にかけて26％から60％と性交経験率が増加したあとに、2011年には低下していることが確認できます。性的な質問に対して本心で回答する青年が減少している可能性があるため、これらの結果が、本当に青年の特徴を表しているのかはさらなる調査が必要ですが、調査結果からは、以前に比べて異性との性的関係に積極的でない青年が増加しているように思われます。

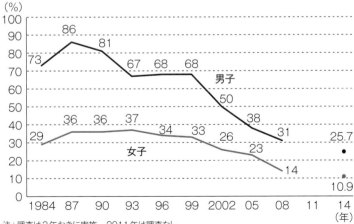

図10-5　性交願望の推移

注：調査は3年おきに実施。2011年は調査なし
出所：東京都幼・小・中・高・心性教育研究会, 2014をもとに作成

# 4 青年期の遷延化

　本章では青年期をとおしての，身体・心理的特徴について学んできました。青年期の始まりについては，第二次性徴が現れる12歳頃とおおむね研究者間で一致していますが，終わりの年齢については明確な基準はありません。なぜなら青年期の終わりは，教育課程の終わり，結婚，経済的な自立に基づく親との別居とされており（Furlong & Cartmel, 2009），これらの指標は，社会や文化によって異なるからです。特に先進国においては，大学進学率が上昇し，初婚年齢が遅くなっていることから，青年期が延長していると指摘されるようになっています（Arnett, 2004）。日本も例外ではありません。日本の大学進学率は，1990年代ではおおむね30%でしたが，2016年には54.8%となっています（文部科学省，2016）。また日本の初婚平均年齢に関して，1990年には男性27.8歳，女性24.8歳でしたが，2017年には，男性31.1歳，女性29.4歳となっています（厚生労働省，2017）。このような変化をかんがみると，日本の青年期は以前と比べて延長しているといえるでしょう。青年期の延長に伴い，すべての青年が一様にアイデンティティを確立していくわけではないことも明らかになっています（Hatano & Sugimura, 2017）。

　また，青年期が延長しているということは，アイデンティティを探求する期間が長引いていることを意味します。すなわち，青年が心理社会的危機に陥る期間が長引いているのです。特に，青年期後期においては，職業選択，親密な異性関係の構築，職業に関するジェンダーについての葛藤が心理社会的危機を引き起こすかもしれません。青年期の延長に伴い，これまで以上に，青年期の心理社会的危機に注意を払い，その支援の方策を考えていく必要があるでしょう。

## 考えてみよう

自分がこれまで学んできたこと（例：大学の授業），職業（例：公務員）を思いつく限り紙に書き，関連するものに線を引いてみましょう。学んできたことは，どんな仕事に生かせるでしょうか。友だちと話し合いながら考えてみましょう。

# 本章のキーワードのまとめ

| | |
|---|---|
| 青年期 | 児童期と成人期の間に位置する，子どもから大人への移行期のこと。心身の発達が加速し，自我，性への目覚めによって自己の内面への関心が増し，自立への欲求が高まる。 |
| 自己意識 | 自己に意識を向けること，つまり，意識の対象・焦点が自分自身にあること。 |
| 自己概念 | 自分で，自己を対象化して把握したイメージ・概念のこと。身体的特徴，性格，人との関係性をもとに構築される自己についての比較的永続した自分の考え。自己観，自己イメージ，自己像とも呼ばれれる。 |
| アイデンティティ（自我同一性） | エリクソンの人格発達理論における青年期の中心的概念。個人が自分の内部に斉一性と連続性を感じられることと，他者がそれを認めてくれることの，両方の事実の自覚。 |
| ジェンダー | 遺伝的，生物学的性（sex）に基づいて心理・社会的に男女に振り分けられた役割のこと。 |
| 異性関係 | 異性の関係性を表す言葉。青年期には，同性の友人との関係を基盤としながら，異性への関心が高まり，親密な関係を築く時期である。しかし，近年では，異性関係に積極的でない青年の様相が報告されており，以前の世代とは異なった実態が浮かび上がってきている。 |
| 思春期 | 青年期のなかでも身体的な成熟が特に進む12～16歳頃の時期を表す言葉。性ホルモンの分泌によって，性的，身体的に成熟に向けて大きな変化が起きる時期。 |
| 第二次性徴 | 第一次性徴に対して，思春期にみられる性器以外の身体的特徴のこと。たとえば，男子の変声，精通や女子の乳房の発育，初潮，男女ともにみられる恥毛の発育などを指す。 |
| セクシャリティ（性的指向性，性自認） | 性愛の対象として異性，同性，両性のいずれを求めるかという指向性。 |
| アイデンティティの統合と混乱 | アイデンティティの感覚が明瞭な状態（統合）と不明瞭な状態（混乱）を表す言葉。両者は対の関係にあるため，青年のアイデンティティの感覚は，統合と混乱のバランスからなる。 |
| 心理社会的危機 | エリクソンの発達段階において，発達課題が達成されなかった場合に生じるさまざまな心理的問題を表す言葉。青年期は「アイデンティティ　対　アイデンティティの混乱」が心理社会的危機であり，この対立時に生じる心理的問題を指す。 |
| モラトリアム（心理社会的モラトリアム） | 青年がアイデンティティを確立するために，さまざまな役割を試み，模索することを社会が容認する猶予期間のこと。青年期の延長に伴い，青年のモラトリアムの過ごし方はエリクソンの時代とは変わっているとの指摘もある。 |
| アイデンティティ地位 | マーシャによって提唱されたアイデンティティ確立の段階。アイデンティティを探求した経験の有無とそれに積極的に関与しているかどうかによって，青年を4つの地位（達成，モラトリアム，早期完了，拡散）に分類した。 |

# 第11章 成人期

成人期は，青年期と老年期の間にあって，人生の40年余りを占めます。この時期は，多くの人にとって，仕事や家庭など，社会や地域のなかでさまざまな役割を担うようになります。また，人生の折り返し地点を迎えるなかで，自らの人生をふり返り，人生後半をどのように自分らしく生きるかを考える時期でもあります。この章では，成人期の心の諸相について学びます。

## 1 ┃ 成人期の心身の発達

### 1 成人期とは

**成人期**は，20歳代半ばから始まり，老年期に入る65歳までの40年余りの期間を指しています。たとえばレヴィンソンら（Levinson et al., 1978/1992）は，成人期の発達を，安定期と過渡期が交互におとずれる個人の「生活構造（生活の基本的パターン）」の変化からとらえています（図11-1）。なかでも，過渡期にあたる20歳代前半の成人期への入口，40〜45歳頃の中年期への入口，60〜65歳頃の老年期（成人後期）への入口の時期が大きな節目と考えられています。

成人期の発達的課題としては，職業や家庭などでの新たな役割を獲得すること（成人前期），そして，人生の折り返し地点を迎えるなかで自分中心の生き方から次世代を育てる役割へと転換し適応していくこと（成人中期）があります。成人期は，エリクソン（Erikson, E.H.）の発達段階では，「**親密性　対　孤独（孤立）**」および「**世代性　対　停滞**」の段階にあたります。

また，成人期には，さまざまな社会的役割への適応という課題のみならず，予期せぬライフイベントに対処せざるを得ないことも生じます。そのため，成人期の個人の生き方には，青年期と比べ多様なスタイルが生じ得るといえます。その一方で，アイデンティティの模索のなかでは諦めきれなかった理想に折り合いをつけ，現実の自己を肯定する態度が獲得されるなど，青年期に比べ自尊感情（self esteem）が高まるという側面もあります（中間, 2011）。

---

**参照**
エリクソン
→1章

**プラスα**
**生涯発達（ライフサイクル）**
従来の発達心理学では，青年期までを対象範囲としていたが，成人期以降にも発達する側面があるとみなす発達観である。たとえば，レヴィンソンは人生を四季にたとえ，「児童期と青年期」「成人前期」「成人中期」「成人後期」の4つの発達段階を想定している（図11-1）。

図11-1 レヴィンソンらによる成人期の発達段階

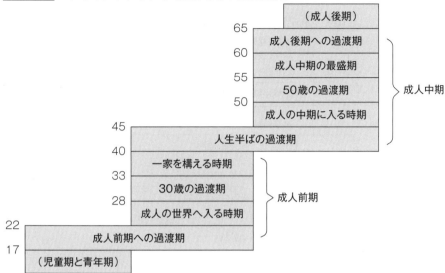

出所：Levinson et al., 1978をもとに作成

## 2 中年期の危機：生き方の問い直し

**中年期**を人生の再構成の時期とみなすことはユングに始まります（e.g. Jung, 1933）。ユングは、おおむね40〜50歳頃の中年期を人生の正午にたとえています。それまで前から燦々と輝いていた太陽の方向が変わり、目の前にできる伸びゆく自身の影と向き合い、自らの人生の歩みや残された人生の有限さ（時間的展望*の変化）を認識する時期が中年期であるとしています。

この時期、身体的にも、さまざまな変化や不調を体験します。たとえば、体力の衰えや白髪の増加、老眼、生活習慣病罹患率の上昇、女性の場合は閉経に伴うホルモンバランスの崩れや更年期症状など、若さの喪失と老いを自覚するようになります。親族や子どもの頃の憧れの有名人の死に接することも、人生という時間の有限性を意識させることとなります。また、仕事や家庭での役割にも変化がみられます。たとえば、仕事では責任が増える一方で、出世などの限界もみえてきます。家庭では、青年期に入る子どもの自立に伴い、親子の関係性も変化していきます。子どもが独立すると、母親役割の喪失による「**空の巣症候群***（empty nest syndrome）」を経験することもあります。

このような、中年期に直面する心理的危機の状況を「**中年期の危機**（midlife crisis）」と呼んでいます（岡本, 1985, 2002）。また、岡本は、レヴィンソンが指摘した中年期の入り口では、個人差はあるものの体力の衰えや体調の変化などの身体感覚の変化を契機として、アイデンティティの揺らぎと再構築を経験することを示しています（岡本, 1985, 2002；表11-1）。

### 語句説明

**時間的展望**
ある一定の時点における個人の心理学的過去および未来についての見解の総体と定義される（Lewin, 1951）。自分のおかれている状況と関連づけて、過去や将来に対してもつ認識や見通しを意味している。

### プラスα

**生活習慣病**
糖尿病、高血圧症、肥満など、食事や運動、ストレス、喫煙や飲酒などの生活習慣がその発症・進行に深く関与する病気の総称。がんや脳血管疾患、心臓病とも関連が指摘されている。

**更年期症状**
閉経の前後5年ずつを更年期とよび、特に異常がみつからないにもかかわらず、のぼせ・ほてり・めまい・頭痛・全身倦怠感・不眠といった身体的症状、やる気のなさ・不安・憂鬱といった精神的症状を呈する。

### 語句説明

**空の巣症候群**
子どもの自立に伴う母親役割の喪失感が原因となって、中年期の女性に空虚感、無力感、抑うつ感などの症状が好発する現象を指す。

### 参照

**アイデンティティ**
→1章, 10章

第Ⅲ部 青年期以降の発達と非定型発達

**表11-1** 中年期のアイデンティティの再体制化の過程

| 段階 | 内容 |
|:---:|:---|
| Ⅰ | **身体感覚の変化に伴う危機期**<br>・体力の衰え，体調の変化への気づき<br>・バイタリティの衰えの認識 |
| Ⅱ | **自分の再吟味と再方向づけへの模索期**<br>・自分の半生への問い直し<br>・将来への再方向づけの試み |
| Ⅲ | **軌道修正・軌道転換期**<br>・将来へ向けての生活，価値観などの修正<br>・自分と対象との関係の変化 |
| Ⅳ | **アイデンティティ再確立期**<br>・自己安定感・肯定感の増大 |

出所：岡本，1985，2002をもとに作成

　同時にこの時期は，一方で子どもや若者世代と接するなかで自分の過去を見つめ直し，また他方で，親をはじめとする高齢者世代と接するなかで自分の未来を見据えるなど，自身の立ち位置をふり返ることも多くなります。中年期にはそのような体験を経るなかで，これまでのような自分のことを優先する生き方から，若い世代の成長を見守り，育てる役割へと転換していくとともに，そのなかで成人自身も学んでいくという「**世代性／生成継承性（generativity）\***」の獲得が重要な発達課題になっていきます。世代性は，「育児は育自」と称される子育てのみならず，職場や学校での上司と部下，教師と生徒などの関係でもみられます。世代間の相互作用を通じて，若い世代の発達を促しつつ，また年長者も育てられていくといえます（都筑，2015）。

---

**語句説明**

**世代性／生成継承性（generativity）**
generation（世代）とcreativity（創造性）を組み合わせたエリクソンの造語で，若い世代を世話（ケア）することで自らも成長することを指している。生殖性，次世代育成性ともいう。

---

# 2 ｜ 生き方の選択とキャリアの発達

## 1 ライフコース選択の多様化

　個人が一生の間にたどる道筋を**ライフコース**といいます。今日では，就職や結婚，出産などのライフイベントでどのような選択をするかによって，多様なライフコースがみられています。2010年に実施された「第14回出生動向基本調査（独身者調査）」（国立社会保障・人口問題研究所，2012）では，女性のライフコースを以下の5つのパターンに分類しています。

・**専業主婦コース**…結婚し子どもをもち，結婚あるいは出産の機会に退職し，

その後は仕事をもたない
- 再就職コース…結婚し子どもをもつが，結婚あるいは出産の機会にいったん退職し，子育て後に再び仕事をもつ
- 両立コース…結婚し子どもをもつが，仕事も一生続ける
- DINKS*コース…結婚するが子どもはもたず，仕事を一生続ける
- 非婚就業コース…結婚せず，仕事を一生続ける

成人期の生き方が画一化していた時代とは異なり，今日では自身でライフコースや生き方を選択していかなくてはならない点で困難さもあります。

### 2 キャリアとは何か

**キャリア**（career）という語の起源は，荷馬車が通った「わだち」にあるとされています。人生の足跡，あるいはこれから歩んでいこうとする道のりを意味しています。キャリアという言葉は，古くは，昇進などの地位の上昇，特定の専門的職業，役割や地位などの経歴などの意味で使われてきました（Hall, 1976）。しかし今日では，職業に限定せず，人生全体を広義に包括する概念としてとらえられています。このうち，前者の自身の職業経験の積み重ねとその意味づけに限定した狭義のキャリアを「**ワーク・キャリア**」といい，後者の人生全体を見通す広義のキャリアを「**ライフ・キャリア**」といいます。

私たちは，人生の各段階で，さまざまな役割を担い，役割を遂行するなかで自己を形成していきます。その役割は，職業人に限定されず，子ども，学生，自由人，市民，家庭人などさまざまな側面をもっています。スーパーは，各役割にかける時間やエネルギーの重みづけが年齢やライフステージとともに変わる様子を虹にたとえ，**ライフ・キャリア・レインボー**に表しています（Super, 1980；図11-2）。

また，シャイン（Schein, 1990）は，ワーク・キャリアを中心としつつ，キャリア全般を考えるうえで，**キャリア・アンカー**の重要性を提起しています。「アンカー」とは船の「錨」のことであり，専門性や社会的貢献，安定性など，その人が，どうしても譲れない，犠牲にしたくないキャリアの拠り所を指しています。自身のキャリア・アンカーを確認することは，あとから不満を感じるような就職や転職にならないためにも，また，日常業務の忙しさに流され，目標を見失わないためにも必要です。しかし，キャリア・アンカーは常に意識している必要はなく，目の前の課題に一心に打ち込む時期も必要です。このように，個人にとって何らかの選択が迫られるような人生の節目においては，自身の人生をふり返り，将来を主体的に設計していくこと，すなわち，**キャリア・デザイン**が重要になっているといえます（金井，2002）。

その一方で，先の見えない不確実な時代といわれる今日，5年先，いや3

**語句説明**

**DINKS（ディンクス）**
Double Income No Kidsの頭文字をとった表現。

# 第Ⅲ部 青年期以降の発達と非定型発達

> **プラスα**
>
> **人生における3大支出**
> 「住宅資金」「老後資金」「(子どもの)教育資金」を指す。どのようなライフコースを選択するかによっても異なるが，キャリア・デザインにおいては，将来必要となるお金についての知識，すなわち「金融リテラシー」の観点も重要となる。
>
> **キャリア教育**
> 今日，幼児教育から高等教育における各教育課程において，一人ひとりの社会的・職業的自立に向け，必要な基盤となる能力や態度を育てることを通して，キャリア発達を促す教育的取り組み（キャリア教育）も行われている。（「今後の学校のキャリア教育・職業教育の在り方について」中央教育審議会答申, 2011参照）。

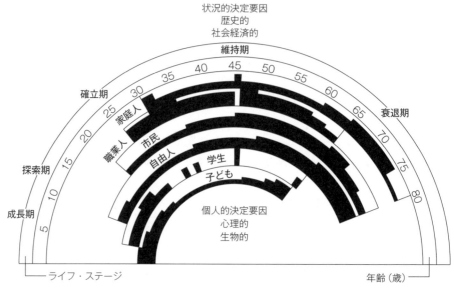

**図11-2** ライフ・キャリア・レインボー

出所：Super, 1980をもとに作成

年先を見据えることも難しいかもしれません。用意周到に計画・準備していても，予想し得ない転機が訪れ，予定が狂ってしまうかもしれません。また，私たちのキャリアは，予期していなかった偶然の出来事がきっかけとなって，思いもかけない新たな展望が開けることもあります。クランボルツは，これを「計画された偶発性」といいました(Krumboltz & Levin, 2004)。人生の節目でキャリアをデザインすることはもちろん大事です。しかし，計画に縛られすぎず，自身の視野を広げ，偶然と思われるチャンスを迎え入れる準備を怠らないことも大切だといえます。

## 3 働くということ：職業意識と生き甲斐

　生活全体のなかで職業活動にどれだけの比重をかけるのか，職業に何を求め，どのような意義を見出すのかといった職業に対する意識には個人差があるものの，働くことは成人期のキャリア形成において大きな位置を占めます。

### 1 職務満足・ワークモチベーションとコミットメント

　**職業意識**のうち，職務ないし職務経験に対する評価から生ずる肯定的な情動状態を**職務満足**といいます (Locke, 1976)。人はどのような要因が満たされたときに満足を感じ，生き生きと働くのかについて明らかにした代表的理論に，

ハーズバーグの二要因論があります（Herzberg, 1966）。

**二要因論**では，仕事場面のさまざまな要因を2つに分けています。一つは，不十分であってもそれほど不満を生じさせないが，満たされることで強い満足をもたらす効果のある「動機づけ要因」です。達成，承認，責任，昇進など，仕事そのものの性質に関わる要因が該当します。もう一つは，満たされていてもそれほど満足を生じさせないが，満たされないと強い不満をもたらしてしまう「衛生要因」です。経営方針，上司や同僚との人間関係，賃金など，仕事を取り巻く環境要因が該当します。

二要因論では，衛生要因に示される不満要素を低減しさえすれば，労働者の働く意欲（ワークモチベーション）が高まるとは考えていません。短期的には離職防止などの効果があるかもしれませんが，動機づけ要因を高めるような働きかけがなければ，人は意欲的に働き続けることが難しいと考えられています。

ところで，人が企業などの組織のなかで生き生きと働き続けるためには，職務内容や職場の環境への満足だけではなく，所属する組織に対して，どのように自我関与しているかということも重要となります。このような，個人が所属する組織に対して有する意識や態度を**組織コミットメント**といいます（Meyer et al., 1993）。

メイヤーらは，組織コミットメントを情緒的要素，存続的要素，規範的要素の3つからとらえています。一般企業に勤めるAさんを例に考えてみましょう。AさんがX株式会社で働き続けられるのは，愛社精神が強く，X社の一員であることを誇りに感じているから（情緒的要素）とは限りません。本当は転職したいが，ほかによい条件の所がなく，今ここで，これまで積み上げてきたものを捨てるのも惜しいから（存続的要素）かもしれません。もしくは，就職した会社のために働き，定年まで勤め上げるのが義務だと考えているから（規範的要素）かもしれません。メイヤーらは，これらコミットメントの3つの要素の相対的な強さが，職務満足と同様に，職務の遂行水準や役割外行動*の実行度，離退職などの職務態度や行動，幸福感や生き甲斐などの個人の**ウェルビーイング**\*（well-being）に影響すると考えています（Meyer et al., 1993）。なお，医師や弁護士などの専門職者では，所属組織に対するコミットメントよりも，自身の職種や専門性に対するコミットメントのほうが重視されるという傾向があります。

## 2　現代の働くことをめぐる諸問題：厳しい労働実態とジェンダー問題

働くことは，生活の基盤を確保することだけではなく，キャリアの発達やウェルビーイングとも関連する点で重要です。しかし，失業によって職を失うこと以外にも，これらを脅かす可能性のある雇用上の問題があります。

その一つに**長時間労働**の問題があります。近年，日本の総労働時間は減少す

---

**プラスα**

**離職と「七・五・三」**
中学校卒業者の約7割，高校卒業者の約5割，大学卒業者の約3割が，就職後3年以内に離職している現象をとらえた表現。早期離職の原因としては，長時間労働などの労働環境の悪さや理想と現実とのずれ（リアリティ・ショック）などがある。

**語句説明**

**役割外行動**
組織のなかで自分の役割・義務として定められている仕事以外に目を向け，自発的に援助したり協力しあったりする行動を指す。

**ウェルビーイング**
幸福感や生き甲斐感など，個人の心理的健康のポジティブな側面を示す（Diener, 2000; Ryff, 1989.）。心理的安寧とも訳す。
→12章参照

る傾向にある一方で、正規雇用者と非正規雇用者との間や、若手や中堅層において、就労時間が二極分化していることが指摘されています。厚生労働白書 (2004) によると、長時間労働は疲労の蓄積をもたらす大きな要因と考えられており、さらには脳血管疾患や心臓疾患との関連も強いとされています。たとえば、時間外労働時間が1か月に45時間を超えると健康障害のリスクが高まり、1か月に100時間、または、2～6か月の平均で月当たり80時間を超えると、過労死等の原因となる脳・心臓疾患の発症のリスクがきわめて高くなると考えられています。

また、**非正規雇用**の問題もあります。2017年における非正規雇用労働者の割合は、男性で21.9％、女性では55.5％を占めています（内閣府、2018）。非正規雇用者は、企業等において補助的、限定的な職務に従事することが多く、将来の展望を描くことや専門性、必要な技能を身につける機会を得ることが難しいなど、個人のキャリア形成にとって阻害要因となっていることが指摘されています（金井、2012）。

加えて、働くことにおけるジェンダーの問題もあります。女性の年齢階級別労働力率は、以前に比べてカーブが浅くなってはいるものの、現在も「**M字カーブ**」を描いています（図11-3）。このことは、職業をもち、働く女性は増加しているものの、依然として結婚や出産を機に離職する人が多いことを示しています。また、男女の所定内給与額にも依然として格差のあることが指摘されています。一般労働者のうち、正社員・正職員の所定内給与額に限った場合でも、2017年度において男性の給与水準を100としたときの女性の給与

> **プラスα**
>
> **過労死等**
> 過労死等防止対策推進法 (2014) の第2条では、「業務における過重な負荷による脳血管疾患・心臓疾患を原因とする死亡」「業務における強い心理的負荷による精神障害を原因とする自殺による死亡」「死亡には至らないが、これらの脳血管疾患・心臓疾患、精神障害」と定義されている。
>
> **M字カーブ**
> 女性の労働力率（15歳以上人口に占める労働力人口（就業者と完全失業者を併せたもの）の割合）は、結婚・出産期にあたる年代にいったん低下し、育児が落ち着いた時期に再び上昇するという、いわゆるM字カーブを描くことが知られている。結婚や出産を機に離職し、就労率が低下することだけではなく、キャリアが分断されることや再就職後では非正規雇用率が高いことも問題とされている。

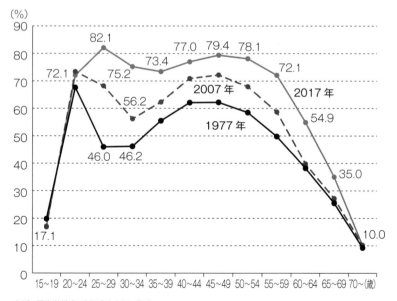

図11-3 女性の年齢階級別労働力率の推移

出所：厚生労働省、2018をもとに作成

水準は75.7にすぎませんでした（内閣府，2018）。さらに，パイロットや警察官，保育士・幼稚園教諭や看護師など，職種によって男女の割合に偏りがみられる**水平的ジェンダーギャップ**の問題や，いわゆる「ガラスの天井」*と称され，女性管理職の少なさに代表される**垂直的ジェンダーギャップ**という問題も残されています（柴山，2005）。

# 4 | 家族形成：夫婦関係と子育て

　成人期における人生の選択の一つに**結婚・出産**があります。今日，男女のライフコースも多様化し，結婚しない，結婚しても子どもをもたないという生き方も増えています。その一方で，子育て中の女性からは，「子どもはかわいいし，かけがえのない存在だと思う一方，子育てはつらい」という声が聞かれます。本節では，結婚，家族に関わる問題について考えてみましょう。

## 1　恋愛・結婚・夫婦関係

　エリクソンによる成人期の課題に「親密性　対　孤独（孤立）」があります。親密性とは，自律した男女が相互に尊重し合い，公平で対等な真に親密な関係を形成することを指しています。成人期の恋愛では，このような親密性に基づくパートナーシップの形成が期待されています。

　しかし，厚生労働省の2017年度「人口動態統計」によると，2017年の平均初婚年齢は，男性が31.1歳，女性が29.4歳となっており，1985年に比べ，男性で2.9歳，女性で3.9歳上昇しています。また，内閣府「平成30年版少子化社会対策白書」（2018）によると，2015年における35～39歳の未婚率は，男性で35.0％，女性では23.9％となっており，同年の生涯未婚率*においても男性で23.4％，女性で14.1％となっています。これらの数値をみると，今日，**晩婚化**や**非婚化**が進んでいることがうかがえます。

　その理由の一つに，女性の社会進出による経済的自立や家事のアウトソーシングが進み，男女にとって結婚することのメリットが減少していることが指摘されています（伊藤，2012）。たとえば，結婚に対して，かつてのような生活の基盤を確保することよりも，安らぎや家族がもてるなどの精神的満足が求められているため，結婚相手に求める要求水準が高くなっているともいわれています。特に，女性では，何度か交際を経験したうえで未婚になっている人が男性に比べ多いことから，その傾向が強いといえます（福島，2017）。一方，男性の場合，非正規雇用の増加などによる経済的要因が，結婚へのハードルを高くしていることが指摘されています（大野，2010）。

　では，結婚した夫婦の関係満足度はどのように推移するのでしょうか。伊藤

---

**語句説明**

**ガラスの天井**

能力のある女性やマイノリティが，男性やマジョリティに比べ，組織のなかで昇進が阻まれる目に見えない制限を指す。

---

**語句説明**

**生涯未婚率**

50歳の時点で一度も結婚したことがない人の割合を示す。45～49歳および50～54歳の未婚率の平均値から算出する。

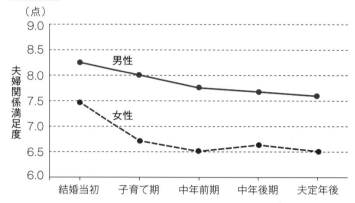

図11-4 各ライフステージにおける夫婦関係満足度

出所：伊藤，2015をもとに作成

(2015) は結婚年数とともに低下することを示しています（図11-4）。

結婚当初の夫婦中心の生活から，子どもが生まれ，成長するにつれ，親としての役割負担が増加していきます。その過程で，夫婦間での葛藤も生じやすくなることが夫婦関係の満足度低下の原因になっていると考えられています（伊藤，2012）。また，総じて男性よりも女性のほうが，満足度が低い傾向にあります。平山（1999）は，夫婦間での家事や育児の分担の不均衡，世話（ケア）やコミュニケーションの非対称性が，その原因であると指摘しています。

## 2 親になることによる発達

さて，2017年度の合計特殊出生率*は1.43で，日本では**少子化**\*傾向が続いています。この背景として，先述した非婚化や晩婚化の影響のみならず，若い世代の女性ほど，仕事や子育てのさまざまな条件を考慮し，子どもを産むか産まないかを選択していることが指摘されています（柏木，2001）。

では，親となった男女は，子育てを通じてどのような心理的変化を感じているのでしょうか。柏木・若松（1994）は，子育てを通じた男女の**親としての人格発達**の内容を，6次元からとらえました（図11-5）。そして，これら6次元すべてで，父親よりも母親，特に専業主婦の母親で強く感じていることを明らかにしています。しかし，育児に積極的に関与している男性では，女性と同様の傾向を示すことも示されており，子育てを通じた意識の変化には，男女差よりも育児への関与の程度が影響していることが明らかにされています（柏木，2003, 2012）。

その一方で，子どもをもつことには，さまざまなコストや制約も伴います。子育てには養育費や教育費がかかりますし，心配や気苦労も生じます。また，子どもにかかる負担により，親の経済的・時間的な自由が制約されることも生じます。時として，それらは育児ストレスともなりえます。**親としての発達**は，

### 語句説明

**合計特殊出生率**
15〜49歳までの女性の年齢別出生率を合計したもので，一人の女性が一生の間に産むと見込まれる子どもの数に相当する。

**少子化**
合計特殊出生率が，現在の人口を維持する水準（人口置換水準）を下回る状態が続くことで，総人口に占める子どもの割合が低くなる状況を指す。国立社会保障・人口問題研究所「2018年版人口統計資料集」による2016年度の人口置換水準は2.07となっている。

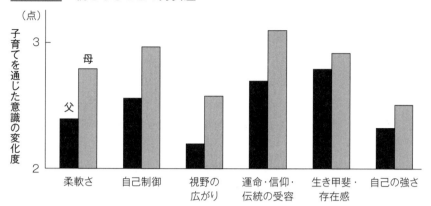

図11-5 親となることの男女差

出所：柏木・若松，1994をもとに作成

肯定的な感情経験ばかりではなく，否定的な感情経験も含まれ，アンビバレント（両価的）な感情を伴いながら発達するといえます（柏木，2001）。

## 3 子育ての不安と育児ストレス

育児をしている人（多くの場合は母親）が，子育てに際して感じるイライラや不安を**育児ストレス**，**育児不安**といいます。有職の母親よりも専業主婦の母親に多いという特徴があります（石井，2013；柏木，2003）。

母親が子育てにイライラを感じる理由には，大きく二つあります。一つは，育児や子どもの成長発達についての不安や悩みです。たとえば，乳児期の「夜泣き」や，子どもの自我が芽生える2〜3歳頃の「イヤイヤ期」*などは，養育者にとって，わからないこと，思いどおりにならないことが多く，不安やストレスがたまりやすい要因といえます。もう一つは，社会生活や活動から孤立していると感じることで生じる不安や焦燥です。たとえば，仕事をもち働いていた女性が，妊娠・出産を契機に専業主婦になることで，社会との接点を感じにくくなる，あるいは子ども中心の生活のなかで，個人としてのアイデンティティが揺らぐことで不安や焦燥感が高まることがあげられます。

いずれの場合においても，相談できる相手がいないなど，一人で子育てを担わなければならないというプレッシャーが加わると，母親の不安やストレスも大きくなります。夫婦の協力はもちろんですが，子育てサークルや保育所の一時保育などの社会的サポート資源も上手に活用して，自分の時間を確保することが，ストレスの低減につながります（木脇，2008）。

## 4 家族内で起こる暴力とその影響

恋愛中の恋人どうし，もしくは家族内において，自身の抱えるイライラを，暴力などにより恋人や配偶者，子どもに向けて発散した場合，それらはドメス

### プラスα
**夜泣き**
夜泣きは，生後6か月以降にみられ，7〜9か月頃が始まりのピークといわれる。多くの場合，2歳ぐらいまでには収まる。深夜に，突然火がついたように泣く場合や，夜中に何回も覚醒して泣く場合もある。

### 語句説明
**イヤイヤ期**
子どもの自我が芽生える第一次反抗期を指した表現。

### プラスα
**子育て支援の社会的資源**
本文で紹介した以外にも，医療機関による授乳相談や乳幼児健診の際の発達相談，地域の活動として，児童館やファミリー・サポート・センターなどがある。また，医療機関（小児科）によっては病気や病後の子どもを一時的に預かる病児保育の取り組みもある。さらに小学生の場合，放課後児童クラブなどの制度もある。

ティックバイオレンスや児童虐待と呼ばれます。

### ①ドメスティックバイオレンス（domestic violence: DV）

　配偶者や恋人など親密な関係にある，またはあった者から振るわれる暴力を**ドメスティックバイオレンス（DV）**といいます。暴力には，殴る，蹴るなどの身体的なもの，人格を否定するような暴言や生活費を渡さないなどの精神的・経済的なもの，嫌がっているのに性的行為を強要する，避妊に協力しないなどの性的なものがあります。このような配偶者からの暴力を防止し，被害者の保護等を図ることを目的として，2001年には「配偶者からの暴力の防止及び被害者の保護等に関する法律」（**DV防止法**）が制定されています。

　配偶者間で生じる暴力の場合，被害者は女性であることが多く，2017年度に全国の配偶者暴力相談支援センターに寄せられた相談件数は10万件を超え，4年連続で高い水準となっています（内閣府，2018）。DVを受けた被害者は，暴力によりけがなどの身体的な影響を受けるだけではなく，**心的外傷後ストレス障害**（post-traumatic stress disorder: PTSD）に陥るなどの精神的な影響を受けることもあります。また，夫婦間での暴力を目撃したことによって，子どもに心身の症状が現れることもあります。

### ②児童虐待

　**児童虐待**とは，保護者が監護すべき18歳未満の児童に対して行う「身体的虐待」「性的虐待」「育児放棄（ネグレクト）」「心理的虐待」の4つの行為を指しています（児童虐待の防止等に関する法律，2000）。2016年度中に，全国210か所の児童相談所が児童虐待相談として対応した件数は12万件を超え，これまでで最多の件数となっています（厚生労働省，2018）。内訳では，心理的虐待が51.5%で最も多く，身体的虐待が26.0%，ネグレクトが21.1%，性的虐待が1.3%でした。2004年の法改正により，子どもの目前でのDV（面前DV）も心理的虐待にあたることが明確化されたことで，心理的虐待の件数，割合ともに増加していると考えられています。

　虐待を受けた子どもは，DV被害者の場合と同様に，身体的，精神的影響を受けることはいうまでもありません。たとえば，身体的成長の遅れや自尊感情の低下，衝動性の高まり，対人関係の障害などの影響も指摘されています。また，虐待を受けた子どもへの直接的影響のみならず，同居する周囲のきょうだいの心身に及ぼす間接的影響も懸念されています。

---

**プラスα**

**児童虐待相談対応件数**

2018年8月30日　公表の「平成29年度児童相談所での児童虐待対応件数等」による2017年度の速報値ではさらに増加しており，児童虐待相談として対応した件数は13万件を超えている（前年度比109.1%）。

第 11 章　成人期

> **考えてみよう**
>
> 中年期（おおむね40〜50歳頃）に直面する身体的・心理的変化や課題について，男性・女性それぞれの立場から考えてみましょう。

---

# 5 | 多重役割と ワーク・ライフ・バランス

　これまで述べてきたように，成人期には仕事や家庭でのさまざまな役割の選択と遂行を通じて自身の生き方を選択し，自己を形成していきます。しかし，複数の役割をもつことは，肯定的な影響を与えるだけではなく，ストレスの原因にもなり得ます。最後にこの点について考えてみましょう。

## 1 　仕事と家庭との多重役割

　家族の役割に加え，職業役割をもつなど，複数の役割を有している状態を多重役割といいます。子育てをしながら働く女性が，その典型といえますが，近年では，男性にとっても家事や育児への参加など，仕事役割と家庭役割を調和的に両立すること（**ワーク・ライフ・バランス**）が求められています。

　仕事役割と家庭役割との相互関連性やその影響については，主に**スピルオーバー（流出）仮説**に基づいて検討されてきたといえます（Grzywacz & Marks, 2000）。スピルオーバー（流出）とは，一方の役割での状況が他方の役割への状況に肯定的あるいは否定的に影響することを指しており，個人の心理的健康や夫婦関係満足度にも影響することが仮定されています。

　たとえば，肯定的な影響では，仕事（あるいは家庭）役割から得た資源や報酬が家庭（あるいは仕事）役割にも応用がきいたりと，複数の役割を担うことは一つの役割に専従するよりも相乗効果をもたらし，個人のウェルビーイングを高めると考えられています。一方，否定的な影響では，仕事（あるいは家庭）役割での負担が家庭（あるいは仕事）役割の遂行を阻害すると仮定されていて，各役割からの要求や義務が増えると，ストレスの増加につながると考えられて

---

**プラスα**

**多重役割の影響**
スピルオーバー（流出）仮説以外にも，両方の役割の影響は独立していると考える分離説，一方の役割の不満を他方の役割での満足が補い合うと考える補償説という考え方もある。

**役割間葛藤の男女差**
男性では，仕事役割と家庭役割のいずれを優先するかという「選択葛藤」を示すのに対し，女性では，第一養育者の役割を放棄できないため，いかに時間を効率よく活用し，両役割を両立させるかという「時間葛藤」を示すという（加藤・金井, 2006）。

143

第Ⅲ部　青年期以降の発達と非定型発達

います。両者は一見相反するようにみえますが，両方の側面がみられることが明らかになっています。たとえば，有職の女性，特にフルタイムで働く女性は，専業主婦の女性よりもストレスも高いけれど，ウェルビーイングも高いことが示されています（土肥ほか，1990）。

## 2　親の介護とダブルケア

さらに近年では，子育て世代が同時に親の介護の責任を背負う「**ダブルケア**」の問題が指摘されています（相馬・山下，2013）。団塊世代*を親にもつ団塊ジュニア世代*の女性たちが直面しているといいます。この世代の女性は，自身も職業を有する夫婦共働きであることも多く，仕事と家庭（育児）の両立だけでなく，仕事と家庭と介護の両立に直面する可能性を有しているといえます。

加えて，今日では，女性だけではなく，男性による介護も増えつつあります。未婚男女が親の介護を担う「シングル介護」のケースも増加しています。また，遠距離介護や介護離職など，仕事と親の介護との葛藤の問題も生じています。なかには，家族介護でのストレスから高齢者への虐待の問題なども顕在化しています（柏木，2012）。このように，今日では，少子高齢化時代における親の介護のあり方も問われる時代となっています。

---

**語句説明**

**団塊世代**
1947年から1949年生まれの世代を指す。

**団塊ジュニア世代**
1971年から1974年生まれの世代を指す。

---

**プラスα**

**高齢者虐待**
DVや児童虐待の防止に加え，2005年には，介護場面での高齢者への虐待防止を目的とした「高齢者虐待の防止，高齢者の養護者に対する支援等に関する法律（高齢者虐待防止法）」も制定されている。

---

### 考えてみよう

仕事と家庭との間の調和（ワーク・ライフ・バランス）の重要性が指摘されていますが，どのような課題があるのか，将来を想像して考えてみましょう。

# 本章のキーワードのまとめ

| 成人期，中年期 | 20歳代半ば〜65歳の老年期の入り口までの40年余りを指す。特に40〜50歳頃を中年期という。エリクソンの発達段階では「親密性」や「世代性／生成継承性」の獲得が課題となる。 |
|---|---|
| 中年期の危機 | 中年期に直面する心理的危機の状況を指しており，体力の衰えや身体的変化についての気づきを契機として，アイデンティティの揺らぎと再構築を経験する。 |
| 世代性／<br>生成継承性<br>（generativity） | エリクソンの発達段階で，生殖性，次世代育成性ともいう。それまでの自分中心の価値観から次世代を育成するサポートやケア役割を果たすことを通じて，自らも成長するという特徴を有する。 |
| 職業意識 | 職務に対する満足度，所属組織や従事する職種・専門性に対する自我関与を示すコミットメントなどからなり，職業行動や幸福感などのウェルビーイングに影響する。 |
| ライフコース選択 | 就職や結婚，出産などでどのような選択をするかによって，専業主婦コース，再就職コース，両立コース，DINKSコース，非婚就業コースなどの生き方の選択がある。 |
| キャリア | 人が生涯をとおして担う役割の組み合わせや連続を指しており，職業に限定したワーク・キャリアと人生全体を見通すライフ・キャリアがある。ワーク・ライフ・バランスの観点からも両者の重要性が指摘されている。 |
| 恋愛，結婚 | 成人期では，親密性に基づくパートナーシップの形成が課題となる。しかし，今日では非婚化・晩婚化の傾向がみられる。この背景には，男女の結婚に対する条件や社会経済的状況の変化が影響していると考えられる。 |
| 家族形成と<br>親としての発達 | 子どもをもつことで得るものもあれば，コストや制約もある。親としての発達は，育児への関与度の影響を受け，肯定的な感情経験だけではなく，否定的な感情経験も含め，折り合いをつけながら発達する。 |
| 育児ストレス | 専業主婦の女性に多く，子どもの成長についての不安のみならず，社会からの疎外感による個人としてのアイデンティティをめぐる不安や焦燥感が原因となっている。夫の育児関与や社会的資源の活用が一助となる。 |
| 家族内で<br>起こる暴力 | 児童虐待，ドメスティックバイオレンス（DV），介護をめぐる高齢者への虐待などがあり，それぞれ防止と支援に関する法令も施行されている。 |

# 第12章 老年期

これまでに，人は大人になってからも変化し続ける，つまり，生涯にわたり発達し続けるという考え方を学びました。私たちは高齢になっても発達し続けます。この章では，人生の最後の段階である老年期（高齢期ともいいます）において，身体や心に生じる変化と，特に心理面において経験する課題をみていきましょう。このことは，高齢者の行動や心を理解し，支援するための重要な手がかりになります。

## 1 老年期の心身の発達

老年期（高齢期）になってくると，身体にさまざまな変化が生じます。細かい文字が見えづらくなったり，高い音が聞こえにくくなったりします。また，ペットボトルのふたをあけることや，青信号の間に横断歩道を渡りきることなど，これまでの何気ない行動が難しくなってくることもあります。一方，心の側面，特に知的な能力に目を向けてみるとどうでしょうか。確かに記憶したり，新しい問題をすばやく処理したりする能力は衰えていく傾向があるようです。しかしながら，最近の研究は，これまでのさまざまな人生経験をとおして蓄積されてきた知的な能力は，高齢になっても十分に維持できる，あるいは，なお成熟することを明らかにしています。

以下では，まず，日本の高齢化の現状を確認します。そして，加齢に伴う心身機能の変化，特に身体機能と認知機能のエイジング*について，みていくことにします。

### 1 高齢化の現状

多くの人が現在のように長生きするようになったのは，比較的，最近であることをご存じでしょうか。図12-1に，1950（昭和25）年から現在までの日本人の**平均寿命**の推移と，今後の将来的な推計を示します。第二次世界大戦後間もなくの1950年，日本人の平均寿命は男性58.0歳，女性61.5歳でした。その後，平均寿命は大きく延伸し，2017（平成29）年には，過去最高の男性81.1歳，女性87.3歳を記録しています。さらに将来的な推計を追っていくと，近い将来，人生90年の時代が到来します。人生90年の時代の人生設計は，人

---

**語句説明**

**エイジング**

人生後半における衰退過程。あるいは出生から死に至るまでの生涯にわたる過程。最近では，長寿化とともに人の発達過程が長くなったこと，人は生涯にわたり発達するとの考えから，衰退する側面だけでなく，年を重ねてなお維持あるいは上昇する側面を含む変化を指すことが多い。

生60年の時代とは大きく異なります。仕事からの引退や子どもの自立後も30年という長期にわたる人生をどのように生きていくか。私たちそれぞれが，長い老年期を展望しながら，自分の人生を主体的に設計していかなければならない時代を迎えているといえそうです。

このような日本の高齢化は，今後も，諸外国のなかでもトップレベルで推移すると予想されており，日本の高齢者，あるいは，長寿社会のあり方は，世界的にも注目されています。さらに，最近では，単に長生きすることだけでなく，**健康寿命**，すなわち自立して生活できる余命をできるだけ延伸することが重視されています。

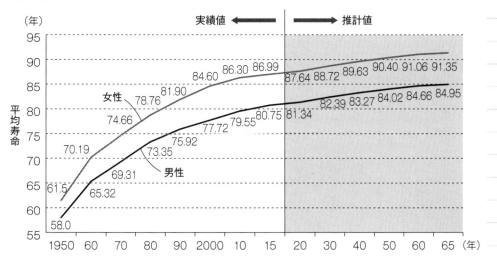

図12-1　平均寿命の推移と将来推計

資料：1950年は厚生労働省「簡易生命表」，1960年から2015年までは厚生労働省「完全生命表」，2020年以降は，国立社会保障・人口問題研究所「日本の将来推計人口」（平成24年1月推計）の出生中位・死亡中位仮定による推計結果
注：1970年以前は沖縄県を除く値である。0歳の平均余命が「平均寿命」である。
出所：内閣府，2017をもとに作成

## 2　身体機能のエイジング

　老年期には，誰しもが身体機能の低下を経験します。たとえば，筋力が衰えたり，体力がなくなってきたり，視力や聴力が低下したりすることにより，老いを実感することが多くなります。身体機能は日常生活のさまざまな活動を支えていることから，その低下は老年期の行動や心理的な側面に大きな影響を与えることがあります。

　加齢に伴って身体機能がどのように変化するか，いくつかのデータをみてみましょう。図12-2は，25～100歳の成人および高齢者の歩行速度の年齢差を示していますが，老年期には直線的に，歩行速度が遅くなっていることがわかります。高齢者では，筋力やバランス能力の低下などにより，歩幅が狭くなったりすり足になったりして，歩く速度が遅くなると考えられています。また，

図12-3は，40歳以上の人の難聴の有病率を示していますが，世界保健機関（WHO）が定義する難聴（会話領域の平均聴力レベルが25dbHLを超えた場合）の有病率は，老年期になると急激に増加しています。老年期の難聴は，地域や家族の人たちとのコミュニケーションを阻害したり，社会活動や趣味を制限したりすることもあります。

ところで，私たちはどうしてこのような加齢変化を経験するのでしょうか。**加齢のメカニズム**は複雑で，明確な説明は難しいのですが，いくつかの理論が提唱されています。たとえば，プログラム理論は，種の進化のために，あらかじめ生物のDNA*には老化の遺伝子が組み込まれていると考えます。また，消耗説は，DNAの複製時に利用されるテロメア*が細胞分裂に伴って短縮し，DNAが複製できなくなることで加齢現象が生じると説明します。このような生物学的な理論を知ることは，高齢になると誰しもが直面するエイジングを理解することにつながります。

> **語句説明**
>
> **DNA**
> デオキシリボ核酸。地球上の生物の遺伝情報と発現を担う高分子生体物質。
>
> **テロメア**
> 染色体の末端部にある構造で，染色体末端を保護する役目をもつ。

### 図12-2　年齢と歩行速度の関係

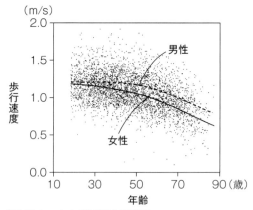

出所：Tolea et al., 2010をもとに作成

### 図12-3　難聴有病率

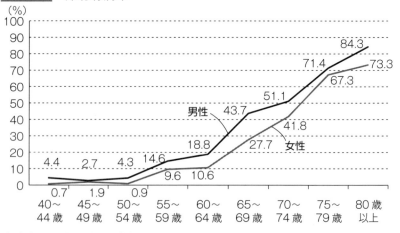

出所：内田ほか，2012をもとに作成

### 3 認知機能のエイジング

　私たちは，日々，さまざまな問題を処理しながら生活しています。たとえば，買い物をする，食事をつくる，ATMで出金する，車を運転する，病院を受診する，子どもたちの安全を守るなどです。**認知機能**は，生涯にわたり，このような日常の行動を支える重要な心の機能です。

　では，認知機能は加齢に伴ってどのように変化するのでしょうか。図12-4に，1950年代からアメリカで行われている「シアトル縦断研究」のデータを示します（Schaie, 2013）。推論，空間認知，知覚速度，言語性記憶などの得点は，60歳頃まで高く保たれていることがわかります。さらに注目すべきことに，言語理解の得点は80歳頃にさしかかるまで高く維持されています。実は，心理学では長い間，多くの知的な能力は20代半ばから30歳くらいでピークを迎え，その後は衰退していく一方であると考えられていました。しかしながら，真のエイジングの軌跡に迫るために，同一の個人を繰り返し検査したり，複数の出生年の人々を検査したりして工夫を重ねた結果，知的な能力はよりポジティブなエイジングの様子を示すことがわかってきたのです。さらに，豊かな人生経験によって培われる知恵\*や創造性\*の研究も，高齢期が衰退や低下のみの時期でなく，成熟する可能性を十分に有する人生段階であることを示唆しています。

**図12-4　知的な能力の加齢変化**

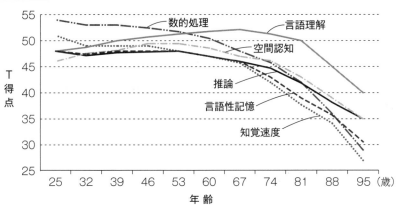

注：T得点とは平均が50，標準偏差（SD）が10となるように変換した得点
出所：Schaie, 2013をもとに作成

### プラスα

**結晶性知能と流動性知能**

加齢の影響を受けにくく，老年期まで成熟する知的な能力を結晶性知能という。結晶性知能は過去の学習や経験によって蓄積された能力である。一方，流動性知能は，いわゆる頭の回転の速さや思考の柔軟さに相当し，加齢に伴う脳の微細な損傷の蓄積に影響を受けて低下すると考えられている。

### 語句説明

**知恵**
日常生活のなかで得られる実践的な知識で，特に人生で直面する危機，葛藤などに対する熟達した考えのこと。

**創造性**
新しく何かをつくり出す能力，あるいは既存の枠にとらわれない柔軟な発想力のこと。

## 2 老年期の心理社会的課題

　ここまで，**加齢による心身機能の変化**を概観してきました。私たちは加齢に

第Ⅲ部　青年期以降の発達と非定型発達

伴って，さまざまな変化に直面します。しかしながら，歳をとることは，そのような変化に気づき，それらを少しずつ受け入れながら，変わりゆく自分自身に適応していくこと，ともとらえられます。以下では，私たちが老年期に社会や人々とどのようにつながっていくか，また，幸せに歳を重ねるためにどうしたらよいか，を考えていきます。

## 1　老年期の社会関係

　私たちの日常生活はさまざまな人間関係のなかで営まれています。これらの人間関係は，**社会的サポート**と**社会的ネットワーク（ソーシャル・コンボイ）**の2つの側面からとらえることができます。社会的サポートは，周囲の人々から与えられる物質的，心理的な支援の総称であり，経済的支援や家事，介護などの手段的サポートと，相談，思いやり，承認するなどの情緒的サポートに分けられます。これらの社会的サポートには，健康行動を維持させたり，ストレスを緩和させたりする効果があるとされています。一方，社会的ネットワークは，図12-5のようなソーシャル・コンボイ・モデルとしてとらえられます。ソーシャル・コンボイという表現は，社会的ネットワークを概観したとき，個人という中心にある舟を，家族，友人，近隣などの護衛艦が取り囲むという護送船団（コンボイ）のように見えることに由来しています（Kahn & Antonucci, 1980）。人生を航海にたとえるとするならば，嵐に直面しても荒波が襲ってきても，生涯をできるだけ穏やかに，安心に暮らしていくために，波が穏やかなときから安定したコンボイを形成していくことが重要といえましょう。

　昨今では，高齢者を取り巻く人間関係は大きく変化しています。特に顕著なのは家族構成の変化で，三世代同居の家族が大幅に減少し，夫婦二人の世帯，さらに**独居**の世帯が増加していることです。独居の高齢者の多くが孤独死に不安を感じているともいわれており，独居高齢者の**孤独**をいかに軽減するかを考える際には，上述のような社会的サポートや社会的ネットワークのあり方が大きく問われます。

　老年期の社会関係に関するもう一つの重要な議論は，**活動持続**（活動理論ともいいます）と**社会的離脱**（離脱理論ともいいます）のどちらがより，高齢者にとって幸せか，というものです。前者の活動持続の理論では，職業や子育てから引退したあとも，社会との関係を保ち，積極的に社会と関わる活動をすることが，高齢者にとって幸せであると考えます。一方，社会的離脱の理論では，私たちの老化に伴うさまざまなネガティブな変化は避けられないため，そのような状態でこれまでの社会関係を維持することはむしろ不幸であり，社会から離脱して悠々自適な生活を送ることこそが高齢者にとっての幸せであると考えます。これまでにさまざまな意見が出されていますが，どちらが正しいという結論はありません。おそらく，高齢者個人のそれまでの経験や考え方の多様さ

### プラスα

**高齢者の孤独**

老年期には，配偶者や親しい知人との死別などを経験することが多い。また，心身の衰退を伴う老いの過程は，本質的に孤独なものであるともいわれる。高齢者の孤独は，精神的健康や幸福感に影響を与える感情であり，孤独に対する心のケアは，老いの心理学的問題を考える際の重要なテーマである。

150

**図12-5** ソーシャル・コンボイ・モデルの例

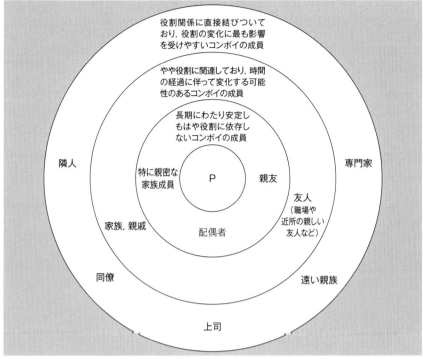

出所：Kahn & Antonucci, 1980をもとに作成

によって，また，長期に及ぶ老年期のどの時期かによって（60歳代と100歳代では，心身の健康状態だけでなく周囲にいる人々も大いに異なります），幸福につながるよりよい社会関係のあり方は異なりそうです。

## 2 老いと心理的適応

改めて，高齢者にとって最も幸せな生き方はどのようなものでしょうか。老年学の枠組みから，重要なキーワードをご紹介しましょう。

「**サクセスフルエイジング**」という言葉があります。日本では「幸福な老い」などと訳されます。たとえば，ローとカーンは，サクセスフルエイジング，すなわち幸福な老いの条件を，①病気や障害が軽い，②高い身体機能や認知機能，③高齢者就労や社会参加としました。しかしながら，寿命が延びて，病気や諸機能の低下とともに生きる時間が長くなっている現代では，学問的に幸福な老いを定義するよりもむしろ，高齢者自身が考える幸せな老いのあり方に目を向けるべきという意見もあります。また，「**ウェルビーイング**」という言葉を聞いたことがあるかもしれません。ウェルビーイングは人生や生活についての肯定的な感情や自己評価のことで，人生満足感や幸福感などを含む概念です。ウェルビーイングを維持していることは，幸せな老いの指標になると考えられています。

**プラスα**

**ウェルビーイング**
世界保健機関（WHO）によれば，ウェルビーイングは単に疾病や障害がないことではなく，身体的，精神的，社会的に良好な健康状態である（WHO, 1993）。

第Ⅲ部　青年期以降の発達と非定型発達

　さて，みなさんは，幸せな老いのためには何が大切と考えるでしょうか。一つの重要な考え方は，日々，ささやかなことであっても，目標をもって生き生きと過ごす，ということです。人生のどの時期にも当てはまることですが，目標に向かって努力したり，目標を達成したりすることは，肯定的な感情や自己評価をもたらし，ウェルビーイングの維持につながります。

　しかし，これまでにみてきたように，私たちは高齢になると，さまざまな機能の低下や喪失に直面します。それによって，若い頃と同じような目標の水準を保ったり，新しい挑戦を伴う目標を掲げたりすることが難しくなります。バルテスという心理学者は，そのような老年期にもなお，目標をもって達成するための一連の過程を，目標の選択（Selection），資源の最適化（Optimization），補償（Compensation）の3つの要素に分け，「**補償を伴う選択的最適化の理論（SOC理論）**」を展開しました（Baltes, 1997）。バルテスは，表12-1のように80歳を超えてなお，多くの観客を魅了したピアニスト，ルービンシュタインの行動から，SOC理論を説明しています。高齢になった彼は，指の動きが不自由になり若い頃のように速く演奏することが難しくなりました。そのときに，演奏する曲のレパートリーを減らし（選択），限られた曲の練習に多くの時間をかけ（最適化），若い頃のように速く弾くことを目標とせず，曲全体のスピードを抑えるとともに速く弾くパートは速く弾くことで美しい抑揚を演出する（補償）ことにより，円熟した演奏を行い，高い評価を受けました。このように，若い頃とは少し目標を変えるとともに，加齢に伴い低下していく機能を異なった方略で補償することは，それまでの豊かな人生経験があるからこそできる，幸福な老いのかたちということができそうです。

**参照**
**バルテス**
→1章

**表12-1**　80歳のピアニスト，ルービンシュタインへのインタビュー内容とSOC理論

| 質問：どうすれば，いつまでもすばらしいピアニストでいられるのか？ |
| --- |
| 回答1：演奏する曲のレパートリーを減らす（選択）<br>回答2：限られた曲の練習に多くの時間をかける（最適化）<br>回答3：指の動きのスピード低下を補うために，テンポに変化をつける（補償） |

出所：Baltes, 1997より改変

　もう一つ，朗報があります。繰り返しになりますが，老年期はさまざまな機能の低下や喪失に直面する時期であり，若い頃と比較すると，避けがたいストレスの多い時期といえます。しかしながら，高齢者が幸せを感じていないかといえば，そうでもありません。いくつかの研究は，高齢者の主観的な幸福感は若い頃とは大差がないこと，高齢になるとネガティブな感情はむしろ低下していくこと，高齢者がネガティブな情報よりもポジティブな情報を重視することを示しています。このように，老年期には多くの喪失を経験するにもかかわら

ず，幸福感が保たれるという現象のことを**エイジングパラドックス**と呼びます。

# 3 | 老年期の臨床的問題の理解と支援

　人生のどの段階においても，人は誰もが，心理的な問題を抱える可能性があります。また，誰もが，心理的な問題を抱えた人を支える立場になる可能性があります。ここでは，特に老年期に生じやすい心理的な問題とはどのようなものか，また，心理学的立場から，どのような支援が可能で有効かについてみていきましょう。

## 1 老年期の臨床的問題

　老年期に生じやすい代表的な心の問題は，抑うつ的な気分を引き起こすうつ病と，認知機能を冒す認知症です。それぞれの症状を概観してみましょう。

　**うつ病**では，気持ちがふさいでやる気が起こらないという気分の障害，さらに，頭痛，疲労，不眠などの身体的な症状が生じます。どの人生段階においてもうつ病に罹患する可能性がありますが，特に高齢者では，生きがいや興味がなくなったり，漠然とした不安に襲われたり，注意力や集中力が低下したりすることが多いことが知られています。うつ病の原因はさまざまですが，老年期のうつ病には，身体的な疾患が関わっていることが多く，また，うつの状態そのものがそれらの身体的な疾患の経過や予後に重要な影響を及ぼすことが知られています。また，何らかの喪失の経験を伴うネガティブなライフイベントがきっかけとなって起こることも多いようです。特に，親しい人との死別，身近な人の病気や社会的な役割の喪失などがうつ症状を引き起こす引き金となることがあります。

　一方，**認知症**とは，脳の器質的な疾患によって，いったん正常に発達した認知機能が低下し，日常生活にさまざまな支障が生じた状態のことを指します。厚生労働省（2012）によると，日本の65歳以上の高齢者における，認知症有病率は15％で，認知症有病者数は約462万人と推計されています。

　認知症の診断基準には，表12-2に示した「精神疾患の診断・統計マニュアル第5版（DSM-5）」が最も多く使われています。認知症を引き起こす疾患には，アルツハイマー病＊，脳血管障害，レビー小体病などがありますが，最も多いのはアルツハイマー病です。認知症になると，料理や買い物，薬の管理などの**日常生活動作**（Activity of Daily Life: ADL）が低下し，進行してくると，食事や入浴などの基本的な日常生活動作にも不都合が生じます。また，中核症状である認知機能の障害以外に，周辺症状が出現することもあります。

---

**プラスα**

**老年期のうつ病の予防**

老年期のうつ病を予防するためには，若い頃から①多様性のある生き方をする，②孤立しない人間関係とともに自分だけの時間を大切にする，③あいまいさに耐える能力を身につける，④必要な援助を他者に依頼する態度をもつ，⑤過去にこだわる態度から「今，ここで」の発想への転換をできるようにする，などが重要である（高橋，2009）。

**参照**

DSM-5
→13章

**語句説明**

**アルツハイマー病**

アミロイドたんぱくが脳のなかに通常よりも多く沈着することにより，脳の神経細胞が破壊され，脳が萎縮することによる疾患。

**プラスα**

**中核症状と周辺症状**

認知症の症状は，認知機能の障害による中核症状と，それにより二次的に現れる周辺症状に分類される。周辺症状には身体的要因や心理・社会的要因が影響すると考えられており，幻覚，妄想，抑うつ，徘徊，興奮・攻撃的行動などが含まれる。

第Ⅲ部　青年期以降の発達と非定型発達

**表12-2　認知症の診断基準**

A. 1つ以上の認知領域（複雑性注意，実行機能，学習および記憶，言語，知覚−運動，社会的認知）において，以前の行為水準から有意な認知の低下があるという証拠が以下に基づいている：
　（1）本人，本人をよく知る情報提供者，または臨床家による，有意な認知機能の低下があったという概念，および
　（2）標準化された神経心理学的検査によって，それがなければほかの定量化された臨床的評価によって記録された，実質的な認知行為の障害
B. 毎日の活動において，認知欠損が自立を阻害する（すなわち，最低限，請求書の金額を支払う，内服薬を管理するなどの，複雑な手段的日常生活動作に援助を必要とする）。
C. その認知欠損は，せん妄の状況でのみ起こるものではない。
D. その認知欠損は，ほかの精神疾患によってうまく説明されない（例:うつ病，統合失調症）。

出所：American Psychiatric Association, 2013/2014をもとに作成

　最近の認知症をめぐる動向として重要なことは，軽度認知障害という概念の導入で，DSM-5にも採用されています。軽度認知障害とは，健常高齢者と認知症患者の中間にあたり，軽度に認知機能が低下した状態のことです。この段階で適切な介入や治療を受けることが，認知症の発症を予防したり，進行を遅らせたりするために重要であると考えられています。

　もちろん，うつ病や認知症にならずとも，これまでの人生の選択が正しかったかどうかを自問自答したり，身体的な老いに直面したり，生死について考えたり，もの忘れが気になったり……，と悩んだり，落ち込んだりすることがあります。これは自然なことです。大切なことは，そうした問題に向き合いながら，これまでの人生を振り返り，人生を意味づけ，これまで未解決であった問題を処理して，人生を統合していくことです。このことは，エリクソンが人生の最終段階にあたる老年期の心理的な葛藤として提唱した**「統合 対 絶望」**に向き合い，克服することにもつながります。

## 2　高齢者に対する心理的支援

　高齢者に対する心の支援は，高齢者が抱える問題を心理学的な見地から理解し，解決するとともに，社会的サポートの充実などの周囲の環境の調整を通じて，**生活の質**（quality of life:QOL）を高めることを目指します。その際には，うつ病や認知症などの心理的問題に直面した高齢者だけではなく，日常的な悩みやストレスを抱える高齢者も対象となります。また，身体的あるいは心理的な疾患により介護を受けている人（**被介護者**）だけでなく，介護している人（**介護者**）の心のケアも含まれます。特に，介護者では，介護に対して終わりが見えない，先が見えない，あるいは協力者がいないような場合に，大きな介護ストレスを感じている場合があり，注意が必要です。

　また，老年期には，配偶者や友人など，身近な人々の死を経験することが多

くあります。そのような**喪失と悲嘆**の過程では，情緒的な反応，食欲不振や不眠などの身体症状が，持病の悪化や急激な体調の変化を招いたり，うつ病などの精神障害の誘因となったりすることがあります。一方，大切な人の死を経験することで，命，家族とのつながりの大切さを感じたり，人生の意味について真剣に考えるようになったりすることもあります。心理的支援では，その人の思いを理解し適切に支えることが求められます。

　高齢者の心理的介入には表12-3のようにいくつかの種類がありますが，認知機能に障害のある場合には行動的技法を中心とした介入，認知機能の障害の少ない高齢者には，物事の考え方や受け止め方（認知）に働きかける認知行動療法などの問題解決を目指す介入方法が有効であると考えられています。

| 表12-3 | 高齢者に適用される心理的介入 |
|---|---|

| 対象者の状況 | | 心理療法 |
|---|---|---|
| 認知機能の障害が少ない高齢者 | 精神的問題を抱える高齢者（うつ・不安・不眠など） | 認知行動療法　　リラクゼーション訓練<br>行動療法　　　　回想法<br>短期精神分析療法　読書療法<br>対人関係療法　　心理教育　等 |
| | 身体的問題を抱える高齢者 | 認知行動療法　　心理教育 |
| 認知機能の障害のある高齢者 | 認知症の行動障害 | 行動的技法による問題解決療法<br>活動療法・運動療法　等 |
| | 記憶の障害 | リアリティ・オリエンテーション<br>記憶訓練 |
| 介護者 | | 認知行動療法　　　　自助グループ<br>ストレス・マネジメント　心理教育　等 |

出所：大川ほか，2011をもとに作成

**考えてみよう**

老年期に目標をもって生き生きと過ごすための「補償を伴う選択的最適化の理論（SOC理論）」の例をあげてみましょう。

---

### プラスα

**グリーフケア**
大切な人との死別など，重要な対象の喪失による悲嘆（グリーフ）により，日常生活の不調に直面する人々に対応すること。悲しみに寄り添いながら，心理的，社会的機能の回復だけではなく，新たな出発や成長を促すことを目指す。

# 本章のキーワードのまとめ

| | |
|---|---|
| 老年期（高齢期） | 成人期（中年期）に続く人生最後の時期。「老」の字は腰の曲がった人が杖をつく様子を記す象形文字で，年をとることによる衰えを表す。すなわち，老年期の開始は老いの始まる時期，あるいは老いが明確に現れる時期とされる。 |
| 平均寿命 | 年齢別の死亡率に変化がないと仮定した場合，人が平均してあと何年間，生きられるかを計算した値。一般的には0歳の平均余命を指す。 |
| 健康寿命 | 平均寿命から，病気やけがで健康が損なわれている非自立期間を差し引いた期間で，生活機能の自立した余命のこと。高齢者の健康をとらえる際，死亡率や罹病率よりも，生存の質に着目することが重要であるという考えに基づく。 |
| 加齢のメカニズム | 加齢に伴い生理機能は衰退し，遺伝的な要因や外界からのストレスに対する適応力が低下する。このような加齢現象のメカニズムを説明する学説として消耗説，プログラム説などがある。 |
| 加齢による心身機能の変化 | 加齢に伴い，筋力や体力，視覚，聴覚などの身体機能は衰退する。一方，認知機能には，高齢になっても高く維持される能力もある。 |
| 社会的離脱 | 高齢者が生理的な老いと折り合いをつけながら心理的に安定した生活を送るためには，社会的な活動から離れ，社会的環境を縮小したほうがよいという考え方。離脱理論に基づく。 |
| 活動持続 | 高齢期の生活においても，それまでと同じ活動水準や活動様式を維持することが精神的な満足を高めるという考え方。社会的な役割を喪失しても，代わりの役割が見つかり適応につながるとする。活動理論に基づく。 |
| 補償を伴う選択的最適化 | 加齢とともに生じる心身機能の変化によって活動が制約される状況において，活動を選び（選択），その活動にエネルギーを費やし（最適化），活動が達成できるようにさまざまな工夫を試みる（補償）ことにより適応していくこと。 |
| 喪失と悲嘆 | 老年期においては，配偶者や知人などの精神的に重要なつながりをもった人の死を体験することが多くなる。悲嘆とは，そのような対象の喪失に伴って起こる一連の心理過程で経験される落胆や絶望の情緒的体験である。 |
| 独居・孤独 | 孤独とは，「自分は一人であると感じること」である。独居の高齢者は，孤独死への不安を抱えている場合が多い。一方，自立した人間として一人で生活することは当然のこととして，自ら進んで独居暮らしを送る高齢者もいる。 |
| 社会的サポート・社会的ネットワーク（ソーシャル・コンボイ） | 社会的サポートは，手段的サポート（経済的支援，家事支援，身体介護などの生活支援）と情緒的サポート（コミュニケーションを通じた励まし，思いやりなどの精神的支援）に分類される。社会的ネットワーク（ソーシャル・コンボイ）は，個人を取り巻く社会関係をとらえる枠組みの一つである。 |

| 認知症 | 脳の器質的な疾患によって，いったん正常に発達した認知機能が低下して社会生活や職業生活に支障をきたす状態まで低下している状態をいう。アルツハイマー病，脳血管障害，およびレビー小体病が3大原因疾患といわれている。 |
|---|---|
| 日常生活動作〈ADL〉 | 高齢者が自立した生活を送るために必要な活動能力。基本的日常生活動作（食事行動，衣服の着脱，歩行，入浴，排泄など）と，手段的日常生活動作（電話の使用，買い物，食事の支度，外出時の移動，服薬など）に分類される。 |
| 介護 | 日常生活を営む人で心身に障害をもち，援助を必要としている対象者に対してなされる援助全般のこと。一般的に，身体的介護と心理的介護に分けられる。介護はさまざまなストレスを伴うことも多く，周囲のサポートが不可欠である。 |
| 被介護 | 心身に障害をもち，援助を必要としている人が介護を受けること。日常生活動作の評価により，最も軽度の要支援1から最も重度の要介護5まで，7段階の介護度が設けられている。 |
| 生活の質［quality of life〈QOL〉］ | 人々の身体的，心理的，社会的，すべてを含めた生活の質を意味する。身体的・精神的機能が低下する老年期には特に，心理的な側面が生活の質の中心的な要素として重要な意味をもつと考えられている。 |
| ウェルビーイング | 人生や生活の全般についての肯定的な感情や認知評価。人生満足度，生活満足度，ハピネス，モラールなどを含む多次元の概念である。世界保健機関によれば，単に疾病や障害がないことではなく，身体的，精神的，社会的に良好な健康状態。 |
| エイジングパラドックス | 一般的に老化とともに生活満足度は低下していくと推測されるが，実際には，若年者よりも高齢者の満足度がむしろ高いという現象を指す。 |
| サクセスフルエイジング | 幸福な老後を送り人生を全うする良適応状態。高齢になっても，健康で自立し，生産的に社会に貢献するという考え方。高齢者の意欲的な就労や社会的参加が重要とされたが，高齢者自身が考える幸せな老いのあり方を重視すべきという議論がある。 |

# 第13章 定型発達と非定型発達

発達には「定型発達」と「非定型発達」という表現がありますが，おのおのには明確な定義や区分はありません。しかし，心身の発達状況に著しい（おおむね2標準偏差以上）偏りや遅れがない場合を定型発達，部分的な偏りあるいは全般的な遅れを抱える場合を非定型発達とするとらえ方があります。本章では非定型発達について神経発達障害とその他の発達上の問題に分けて臨床特性や支援の視点を学んでいきます。

---

### プラスα

**標準偏差**

統計において，データの散らばりの程度を示す値で，平均値と合わせて表記されることが多い。データが正規分布（左右対称・釣り鐘型の性質をもつ分布）すると考えられる場合，平均値±2標準偏差のなかに，全体の約95％が含まれる。

→9章参照

---

## 1 神経発達症群／神経発達障害群

**神経発達障害群**（神経発達症群，以下本章では神経発達障害と呼ぶ）とはこれまで用いられていた「発達障害」の表現に相当し，自閉スペクトラム症（ASD）（本節1項参照）や注意欠如・多動症（ADHD）（本節2項参照）などを含めた各障害群の総称であり，これ自体は診断名ではありません（図13-1）。各障害を抱える人の症状は，その程度やほかの障害の併存，個人の経験，周囲の理解などによってつまずきや適応の状態，発達経過が多様です。適切な支援を考えるうえで各障害の症状とともにこのような個人差があることについても理解することが重要となります。障害は発達に遅れや偏りなどを生じさせますが，適切な支援によって困難が軽減されたり，得意な部分で補ったりすることもできるようになります。支援のうえで重要なことは知識や経験をもとに子どもの発達状況を把握し，一人ひとりの実態に応じた指導をすることにあります。人の一生涯の心身の発達過程に関するさまざまな発達心理学の知見はこのような子どもたちの実態に則した指導を検討するうえで重要です。

　各障害は遺伝的要因や脳の器質的障害などが推定原因とされ，その症状は言葉や認知，社会性，運動などの諸側面の発達過程において遅れや偏り，歪みとして表面化するようになります。発達の早い時期から気づかれることもあれば，就学後や就労後など，所属する社会の求める要素が本人の適応能力を上回るような事態に直面してはじめて目立つようになる場合もあり，個人差があります。見方を変えれば，本人を取り巻く環境が適応可能な状態にあれば気づかれにくい，もしくは特徴を抱えつつもうまく対応できていくということになります。このようなとらえ方の参考になるのが世界保健機関（WHO）の提唱する

第13章 定型発達と非定型発達

図13-1 神経発達障害群とおもな診断分類

- 自閉スペクトラム症
- 注意欠如・多動症
- 限局性学習症
- 知的能力障害群
  - 知的発達症
- コミュニケーション症群
  - 言語症，語音症，小児期発症流暢症（吃音），社会的（語用論的）コミュニケーション症
- 運動症群
  - 発達性協調運動症，常同運動症，チック症群
- 他の神経発達症群／他の神経発達障害群
  - 神経発達症の診断分類のどの疾患基準も完全には満たさない場合

出所：日本精神神経学会，2014をもとに作成

図13-2 国際生活機能分類（ICF）のモデル

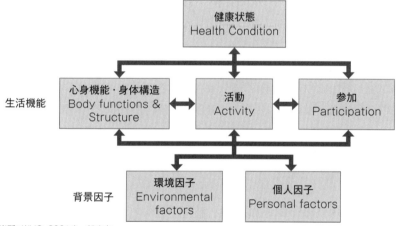

出所：WHO，2001を一部改変

**国際生活機能分類**\*（ICF）です（図13-2）。障害を抱えることによって生じるその個人が受ける社会参加や活動上の制約は，周囲の人や社会のあり方に応じて変わり得るというとらえ方です。専門家による支援のみならず，社会や身近な周囲の理解も重要といえます。

なお，図13-1に示した各障害の原因はいずれも十分には明らかにされていませんが，**中枢神経系**\*の機能的未成熟や器質的な問題により，**高次脳機能**\*の発達の遅れや偏り，歪みが生じ，行動面や学習面での問題を生じていると考えられています。

さらに，神経発達障害では個人が複数の障害を抱えている場合も少なくありません（図13-3）。自閉スペクトラム症における注意欠如・多動症の併存

---

語句説明

**国際生活機能分類**
(International Classification of Functioning, Disability and Health)
人の健康状態に関し，障害により受ける影響を「生きることの困難」としてとらえる生物・心理・社会の統合モデルを提唱。障害の影響は固定的なものではなく，物理的環境や人々の意識，制度といった社会のあり方を環境因子として，環境因子との相互作用で変動するものと強調している（上田，2005）。

**中枢神経系**
脳と脊髄から構成される神経系。

**高次脳機能**
読み，書き，計算などの学習技能や，注意のコントロール，問題解決場面に対する効率的で合理的な行動の計画と遂行といった，人がよりよく生きていくうえで不可欠な脳機能の総称。

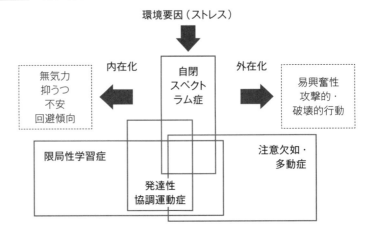

図13-3 各種神経発達障害の併存と二次障害

出所：眞田，2010よりDSM-5に対応させて改変

率に関する報告では67～76％と高率であり（Joshi et al., 2017; Yoshida & Uchiyama, 2004）、注意欠如・多動症と限局性学習症（SLD）との併存が多いことも指摘されています（日本精神神経学会，2014）。また、図13-3に示したように、神経発達障害では二次障害の抱えやすさにも配慮が必要です。神経発達障害の領域における**二次障害**とは、障害特性と周囲の人との関係性のなかで生じるストレス状況を背景として生じた情緒・行動・精神面の種々の合併症で、自尊心の低下や不登校、強迫症＊などがあげられます（一般社団法人日本LD学会，2017）。神経発達障害ではほかの神経発達障害の併存や、二次障害の有無によって症状が多様になるということを考慮し、総合的に実態をとらえていくことが必要になります。

それでは各神経発達障害について学んでいきましょう。

## 1 自閉スペクトラム症／自閉症スペクトラム障害

**自閉スペクトラム症**（ASD：Autism Spectrum Disorder）において主となる困難は社会性の発達のつまずきです。米国精神医学会による診断基準DSM＊-5（Diagnostic and Statistical Manual of Mental Disorders, Fifth Edition）では、①複数の状況での社会的コミュニケーションおよび対人的相互反応の持続的な欠陥と、②行動、興味、または活動の限定された反復的な様式の2領域の基準に基づいて診断され、有病率は約1％とされています（日本精神神経学会，2014）。

①および②に関する症状を表13-1に示しましたが、具体的には、①では他者との状況や親密さに応じた適度なやりとりの難しさや、言葉以外のコミュニケーションの手がかりとなる情報に対する理解や使用の問題、イメージを共有することの難しさがあげられ、②では身体を前後に揺らしたり、指で何かを弾

#### 参照
限局性学習症
→本節3項

#### 語句説明
**強迫症／強迫性障害**
反復的で持続的な思考やイメージ、衝動という強迫観念や、強迫観念に伴う苦痛や不安を緩和するための繰り返す行動もしくは心のなかの行為という強迫行為が1日1時間以上浪費するほどにみられ、これらによって苦痛や生活上の支障をきたしている障害。

**DSM**
（Diagnostic and Statistical Manual of Mental Disorders）米国精神医学会が刊行する精神疾患の分類と診断基準で、最新版は2013年のDSM-5となる。また、DSMとは別に、世界保健機関（WHO）が刊行するあらゆる疾病・傷害・死因の統計分類である国際疾病分類（ICD, International Classification of Diseases）があり、2018年にICD-11の公表がなされた。

第13章　定型発達と非定型発達

### 表13-1　自閉スペクトラム症の主な症状

| | |
|---|---|
| 複数の状況での社会的コミュニケーションおよび対人的相互反応の持続的な欠陥 | ・他者との関わりにおいて，適切な距離感を調整しにくい<br>・会話が一方的になりがちで，やりとりが発展しにくい<br>・自発的に他者と興味や感情の共有を求めにくい<br>・アイコンタクトや身ぶりなど，非言語的なコミュニケーションの使用や理解が難しい<br>・表情の変化が乏しい<br>・状況に応じた行動の調整が難しい<br>・友人関係を深めたり維持したりすることの難しさや他者への関心の乏しさ<br>・ごっこ遊びなどの想像遊びが乏しい |
| 行動，興味，または活動の限定された反復的な様式 | ・身体の動かし方や物の扱い方が単調かつ反復的で変化が少ない<br>・会話に独特な言い回しや反響言語（オウム返し）がみられる<br>・手順や場所，習慣，スケジュールなどに対する変化に苦痛を感じ，柔軟に対応できない（かたくななこだわり）<br>・特定の，狭い範囲の事柄に対して過度なまでの強い興味を示し，固執する<br>・感覚刺激に対する特異的反応（過敏さ，もしくは無頓着さ） |

出所：日本精神神経学会，2014をもとに作成

く，手をひらひらさせるといった同じパターンの行動の繰り返し（常同行動）や，変化への柔軟な対応の難しさやこだわりから生じるスケジュールや手順，物の配置などが常に同じ状態であることへの固執（同一性保持），興味・関心の広がりにくさがあげられます。なお，DSM-5では新たな項目として感覚特異性の問題が加えられました。**感覚特異性**の問題は視覚，聴覚など個人によって現れ方はさまざまで，過敏であるとその刺激に強い苦痛や不快感を抱き，その逆であると過度にその刺激を求めようとする行動がみられます。自閉スペクトラム症の原因は明らかにされていませんが，認知および感情の調節に関わるセロトニン（Stiedl et al., 2015）の伝達機構に関する機能的な問題や，前頭葉や小脳などの脳部位の萎縮や形成異常という器質的な問題が指摘されています。

　また，診断分類とは別に，知的に著しい遅れがないという状態に対して「高機能」という表現が用いられることがありますが，自閉スペクトラム症では知的水準と適応行動との乖離（かいり）がみられ，知的能力を効果的に適応技能に生かせていないとの指摘もあり（Kanne et al., 2011），知的水準では症状の重さの判断にはなりません。

　自閉スペクトラム症の症状は発達の早期から気づかれる場合もあればそうでない場合もあり，個人差があります。乳児期では，視線を合わせる，要求の伝達や他者に自分と同じ対象に注意を引こうと指さし行動をする，相手の興味関心の対象に気づいて注意を向ける（共同注意），人見知りする，といった発達的特徴が乏しいことがあげられます。さらに，このような発達的特徴を基礎とする心の理論を評価する誤信念課題にもつまずきを示すことが報告されています（Baron-Cohen et al., 1985）。また，想像力にも困難があり，乳児期から幼児期にかけてみられる見立て遊びやごっこ遊びが乏しかったり，興味をもちに

---

### プラスα

**広汎性発達障害**

DSM-IV-TRまでは，広汎性発達障害という枠組みのもとに，初期の言語発達の遅れの有無や診断基準項目の満たし方によって，自閉性障害，レット障害，小児期崩壊性障害，アスペルガー障害，特定不能の広汎性発達障害に分類されていた。しかし，診断基準の改訂によって，DSM-5ではこのような分類をやめ，自閉スペクトラム症の中核となる2領域の症状を満たす場合を自閉スペクトラム症として一括し，レット障害は自閉スペクトラム症から除外された。

**アスペルガー障害**

アスペルガー（Asperger）症候群ともいわれ，広汎性発達障害のうち，知的発達や言語発達に著しい遅れを認めない自閉症の診断に適用されてきた。1981年にウィング（Wing, L.）が1944年のウィーン大学の小児科医アスペルガー（Asperger, H.）の自閉的特徴を有する小児事例に関する報告を紹介したことを契機にアスペルガーの症例が注目され，後に診断分類の一つとなった。

### 参照

**共同注意**
→6章

**誤信念課題**
→6章

**ごっこ遊び**
→8章

161

第Ⅲ部　青年期以降の発達と非定型発達

## プラスα

**心の理論**

自閉スペクトラム症では言語精神年齢が9歳以上になると誤信念課題を通過することが報告されている。別府・野村（2005）はその理由として，定型発達児では「なぜそのように行動するのか？」という心の理解を「～だから〇〇と考える」と言語的に理由づけできる（命題的心理化）ようになる前から相手の雰囲気や状況に応じて直感的に推し量る（直感的心理化）ことができるのに対し，言語精神年齢が9歳以上の自閉スペクトラム症児では直感的心理化には弱さがあるが，心の理解を言語的に理由づけできるようになることで課題を通過し，心の理論の発達のプロセスや内容が質的に異なるとしている。状況に応じた適切な心の理解には直感的心理化と命題的心理化の双方が必要であるために，自閉スペクトラム症では社会生活上のつまずきが生じると推測されている（別府，2014）。
→6章参照

## 参照

**初語，二語文**
→9章

## 参照

**実行機能**
→6章

くかったりするといわれています。

　言語発達面では初語や二語文など，初期の言語発達に遅れがみられる場合と，そうでない場合とがあります。前者ではその後の発達においても著しい遅れを示す場合と，徐々に発達する場合があります。なお，言語発達によって大人びた言葉遣いや語彙力が豊富にみられても，相手の意図がくみ取れず字義どおりに解釈したり，比喩や皮肉がわかりづらい，問いかけの内容に合わない応答をするなどのコミュニケーションの質的な問題はみられます。

　そのほかの認知特性として，視覚情報に対して強みがある場合が多く，支援の際には時間の流れ，作業手順などを視覚的にとらえやすく提示することで見通しがもてたり，内容が伝わりやすくなるということがあげられます。

　自閉スペクトラム症では知的機能の水準とその偏りの有無の把握，知的機能と適応行動の発達水準とのバランス，言語理解の特徴，その他のスキルの強みと弱み，感覚特異性の有無を把握し，個人に合った関わり方を見極めて支援していくことが重要です。

## 2　注意欠如・多動症／注意欠如・多動性障害

　**注意欠如・多動症**（ADHD：Attention-Deficit / Hyperactivity Disorder）は不注意，多動性，衝動性を基本症状とし，これらの症状が発達的に不相応な程度に持続的に認められ，学業や職業生活を営むことに影響する障害です（表13-2）。症状は12歳までに確認され，家庭や学校，職場などの複数の状況において認められます。有病率は子どもの約5％，成人の約2.5％とされています（日本精神神経学会，2014）。なお，DSM-5では不注意に関する項目と多動性および衝動性に関する項目から構成され，いずれかあるいは双方の領域で一定の基準を満たすことによって不注意優勢，多動性―衝動性優勢，混合のいずれかのタイプへと細分類されます。つまり，注意欠如・多動症は単一の症状を表すものではないということです。年齢とともに基本症状は緩和していくとされていますが，不注意面の問題は多動性―衝動性に比べて残存しやすいといわれています（加賀・稲垣，2018）。

　原因は明らかにされていませんが，神経伝達物質のなかでも刺激への反応調節や記憶・学習，報酬系，運動の調整に関わるドーパミンの作用に関する機能的な問題が指摘され，その脳部位として前頭葉や大脳基底核，小脳が注目されています。特に**前頭葉**では行動や注意のコントロールに関わる実行機能や高次の情動・動機づけ機能とそれに基づく意思決定過程，報酬に基づく選択が担われており（渡邊，2016），注意欠如・多動症では前頭葉の機能的な未成熟があると考えられています。

　注意欠如・多動症の症状は，本人の努力不足やしつけの問題であると誤解されやすく，過剰な叱責や否定的な態度といった不適切な対応を受けやすくなり

第13章　定型発達と非定型発達

**表13-2** 注意欠如・多動症の主な症状

| 不注意<br>注意の持続・切り替えなどの調整が難しい | ・綿密な注意が払えず，ケアレスミスが多い<br>・注意の持続が難しい<br>・集中がしづらいために最後までやり遂げられないことが多い<br>・ぼんやりと上の空の状態が多い<br>・持ち物の整理や時間の管理が難しい<br>・失くしものや忘れものが多い<br>・優先順位を決めたり段取りをつけて処理することが難しい<br>・集中して努力しなければならないことを苦手とする<br>・注意がそれやすい<br>・用件や約束を忘れやすい |
|---|---|
| 多動性─衝動性<br>行動の抑制が不十分 | ・手足をそわそわさせたり落ち着きがないことが多い<br>・不必要に席を立ったり，持ち場を離れたりしやすい<br>・不適切な状況で走り回ったり，高いところに上ったりすることが多い<br>・不適切な状況でじっとしていることができなかったり，駆り立てられるように動き回ったりする<br>・静かに活動することが難しい<br>・思いついたら話さずにはいられず，しゃべりすぎる<br>・相手が話し終わらないうちに話しはじめてしまう<br>・相手の会話や活動をじゃましてしまう<br>・順番を待つことが難しく，割り込んだりしてしまう |

注：表中の行動は誰しも当てはまるものがあるが，注意欠如・多動症では一個人にこれらの行動の多くが見受けられ，その出現頻度が高く，日常的で一過性にみられるものではない
出所：日本精神神経学会，2014をもとに作成

ます。また，失敗の多さや学業不振から自信喪失にもつながりやすくなります。このようなストレスは自尊心の低下，不安や抑うつ，周囲への怒りや反抗性の亢進，前向きな努力の放棄やひきこもりといった間接的な形で示す受動攻撃性の亢進といった二次障害へと発展しやすいことが指摘されています（齊藤，2014）（図13-3参照）。このような二次障害の予防に向けて，集中しやすい環境調整や，不適切な行動の抑制を励まし，自身で調整していく力を身につけていくことを目指した早期からの支援が重要とされています。

## 3　限局性学習症／限局性学習障害

　**限局性学習症**（SLD：Specific Learning Disorder）は全般的な知的発達の遅れがないにもかかわらず，学習に必要な読む，書く，聞く，話す，計算する，推論する能力のうち，特定の技能の獲得や使用に著しい困難が認められる障害で，これまでは学習障害といわれていたものです。症状は学業不振として現れることから，就学後に気づかれるようになります。有病率は学齢期の子どもの5～15％とされています（日本精神神経学会，2014）。限局性学習症は読み，書き，算数の障害に分類され（表13-3），なかでも読みの障害は最も多く発達性ディスレクシア（developmental dyslexia）と呼ばれ，発達期の読みの障害は書字の習得にも影響することから発達性読み書き障害とも呼ばれます（以下，本章

**プラスα**

**限局性学習症にみられる「聞く・話す」のつまずきの例**
限局性学習症では，「聞く」ことのつまずきとして，話の聞きもらしや聞き間違いといった正確な聞き取りの問題や，聞き取った内容の要点を理解することの難しさ，忘れやすさがあり，「話す」ことのつまずきでは，質問内容にふさわしい応答や，要領よく順序立てて内容を伝えることの難しさがあげられる。

163

第Ⅲ部　青年期以降の発達と非定型発達

**表13-3**　限局性学習症の主な症状

| 読み | ・不正確もしくはゆっくりとして努力を要する読み（逐次読み，類型文字の読み誤り，助詞や特殊音節の読み誤り，勝手読み，行の読み誤り，など）<br>・文字の解読に労力が注がれ，内容を意識しながら読むことが難しい |
| --- | --- |
| 書き | ・書字（平仮名，カタカナ，漢字，アルファベット）の習得に時間がかかる<br>・不正確な書字（画数の過不足，鏡文字，特殊音節を含む単語の書き誤り，形の似た文字や存在しない文字への書き誤りなど）<br>・作文の困難（助詞や句読点など文法的な誤り，考えていることを思うように書字で適切に作文できない，板書の書き取りが間に合わない，マス目からはみだす，漢字・カタカナの使用が少なく平仮名で代用する，など） |
| 算数<br>（計算・推論） | ・数の概念（大きさ，量，割合，単位など）の理解が難しい<br>・計算（繰り上がり・下がりのある計算，桁をそろえられない，暗算，筆算，小数，分数など）の習得に時間がかかる<br>・文章題を読んで因果関係を理解したり，内容に応じて四則計算を適用し，処理することが難しい<br>・図形の認知の難しさ |

出所：日本精神神経学会，2014；稲垣・米田，2017をもとに作成

では発達性読み書き障害と呼ぶ）。読みの困難を伴わない書字障害に関する報告は少ないですが，日本では特に漢字の習得に困難が生じるとされています（関，2016）。

　症状には個人差があり，低学年で気づかれるとは限らず，発達性読み書き障害では画数の多い漢字の増加や英語学習の開始が契機となって気づかれることもあります。聴覚記憶が良好な場合，数回聞いて暗記することで音読の困難を補っている例もあり，周囲の気づきが遅れることもあります。

　限局性学習症の原因は明らかにされていませんが，発達性読み書き障害では主に話し言葉の音韻構造を理解し，音に分解したり，逆さにして言うなどの操作をする音韻認識や，文字や文字列を音に変換するデコーディング，文字の特徴をとらえる視覚認知の問題が指摘されています。音韻処理では文字を音に対応させる下頭頂小葉から上部側頭葉後方に及ぶ頭頂側頭領域，単語形態の認識には後頭側頭領域，単語の分析や構音には下前頭回（荻野，2010；図13-4）が関与し，発達性読み書き障害では大脳後方の頭頂側頭領域と後頭側頭領域の活動低下が指摘されています（Shaywitz et al., 2002）。

　書字障害では①画数の多い漢字のような複雑な視覚情報の構成をとらえて覚えやすい単位に分解する視覚認知，②構成要素の視覚記憶，③文字の記憶と再生に関与する継次的な運動の記憶，④構成要素をバランス良く配置する構成能力，の4つの機能の問題が指摘され，視空間認知や構成能力に関わる頭頂葉機能の関与が推測されています（関，2016）。

　算数障害では数処理（数字の読み書き），数の感覚／数概念（順序を表す序数性と大きさを表す基数性），数学的事実の記憶（一桁同士の足し算や引き算や九九

164

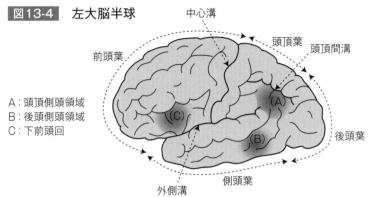

図13-4 左大脳半球

A：頭頂側頭領域
B：後頭側頭領域
C：下前頭回

出所：荻野，2010をもとに作成

といった簡単な計算が自動化され記憶として用いる），計算の正確さまたは流暢性（筆算の円滑な遂行），数学的推理の正確さ（文章題の内容理解や理解に基づく立式）の問題があげられ，ワーキングメモリや注意力といった認知能力の問題や，数の大きさの表象に関連する頭頂間溝を中心としたさまざまな脳領域の問題が指摘されています（関，2016；稲垣・米田，2017）。

限局性学習症にみられる困難は通常の教育のみでは十分な改善がみられにくいため，心理アセスメントによる実態把握に基づいて，本人のつまずきに配慮した指導や教材工夫，ICT機器の活用（3節2項参照）などの教育的支援が不可欠です。特に読みのつまずきでは，紙面に書かれた文章題の内容理解に至りにくいため，音声化した問題をもとに取り組ませる配慮も必要です。また，苦手な領域への指導のみならず，つまずきのない領域で補うスキルの指導や，興味のある領域や得意領域を伸ばすことによって長所も含めた自己理解を促し，自尊心の低下予防や本人の特性に合った進路指導を行っていくことも重要です。

## 4　発達性協調運動症／発達性協調運動障害

**発達性協調運動症**（DCD：Developmental Coordination Disorder）は手先を用いた作業や道具の使用，全身を使った運動や身体のバランスをとる協調運動において，年齢不相応な不器用さを示す障害です（表13-4）。有病率は5〜11歳の子どもでは，5〜6％とされ（日本精神神経学会，2014），ほかの神経発達障害との併存も高いとされています。発達性協調運動症によって生じる不器用さは，周囲からの否定的な反応や誤解，自信の低下，人前で自身の不器用さに注目される苦痛といったストレスによる自尊心の低下や，注目されるかもしれない作業・活動を拒むなどの回避的な傾向につながるようになります。症状は青年期・成人期以降にも存続し，症状による困難が強い場合には進路・職業選択にも影響し，困難から生じたストレスによって，うつ病や不安障害などの二次障害にもつながるとされています（中井，2018）（図13-3参照）。小脳をはじめ運動，視空間認知，感覚などをつかさどる脳機能の不全が推測されて

参照
ワーキングメモリ
→5章

第Ⅲ部　青年期以降の発達と非定型発達

| 表13-4 | 発達性協調運動症で苦手とされる主な作業・活動 |
| --- | --- |

- ・複数の動作・タイミングやリズム感を要する運動（縄跳び，ダンスなど）
- ・書字・描画
- ・はさみや定規，コンパスなどの操作
- ・楽器の演奏
- ・箸やナイフ・フォークの使用
- ・折り紙・ブロック・パズル・ビーズ通し
- ・ペットボトルのキャップなどの開閉
- ・衣類の着脱
- ・咀嚼・嚥下・構音
- ・自転車の運転

出所：中井，2018；日本小児神経学会，2017をもとに作成

いますが，原因は明らかにはされていません（日本小児神経学会，2017）。

　発達性協調運動症では，理学療法や作業療法，言語・嚥下訓練などの専門的な対応も必要ですが，不器用さと不器用さから生じる心理的負担への周囲の理解が重要です。書字に極端な不器用さがみられる場合には，書き取りの時間や受験時の時間的配慮，板書の書き取り負担を軽減したハンドアウトの配布，ICT機器などの代替手段の活用（3節2項参照）といった柔軟な対応が求められます。

## 5　知的能力障害（知的発達症／知的発達障害）

　**知的能力障害**とは，全般的な知的機能の障害（論理的な思考，問題解決，計画，抽象的思考，判断，学校や経験からの学習など）とともに，自立や社会的責任を伴う事柄への適応の困難を抱え，日常・学校・社会生活のあらゆる場面での継続的な支援を必要とする，発達期から生じる障害です。これまでは知的障害や精神遅滞という用語が用いられていました。有病率は約1％で，標準化された知能検査による知能指数（IQ）が2標準偏差以下（65〜75）であることを目安とし，さらに，実生活での適応の状態を含めて総合的に判断されます（日本精神神経学会，2014）。

　知的能力障害の原因は多様で，支援では知的水準のみならず，適応機能，原因が明らかなものではその疾患特有の症状も考慮した対応が求められます（表13-5）。なお，原因不明のものも多く，明らかな病理的要因がなく生じる場合を**生理型知的障害**とするとらえ方もあります。生理型知的障害では知能水準の決定に関わる複数の遺伝子が不利な組み合わせになったことにより低い水準となるという多因子遺伝＊が推定されています。

　知的能力障害では，その原因と重症度によって困難の様相が異なりますが，軽度では就学後の学業不振によって気づかれ，重度では運動，言語，対人関係の遅れが顕著であるため早期から気づかれます（橋本，2016）。早い段階から

**プラスα**

**適応行動の評価**

DSM-5では知的能力障害の適応行動の状態の評価も重視されるようになった。日本における適応行動の客観的な評価法として，2014年に0〜92歳の幅広い年齢に対応できる適応行動の発達水準を評価する尺度（Vineland-Ⅱ適応行動尺度）が刊行された。

**参照**

**知能指数（IQ）**
→9章

**語句説明**

**多因子遺伝**

単独では効果の弱い複数の関連遺伝子の組み合わせによる遺伝。環境因子との複雑な相互作用により，身長や血圧などの形質の発現や，生活習慣病や先天奇形等の疾患の"発症のしやすさ"にも関与するメカニズム。

166

第13章　定型発達と非定型発達

**表13-5　主な知的能力障害の原因**

| 原因 | 主な疾患 |
|---|---|
| 染色体異常症 | ダウン症候群，脆弱X症候群，プラダー・ウィリー症候群 |
| 先天性代謝異常 | ミトコンドリア異常症，ムコ多糖症 |
| 神経皮膚症候群 | 神経線維腫症，結節性硬化症 |
| 神経発生異常 | 小頭症，滑脳症 |
| 感染症 | 先天性サイトメガロウィルス感染症，脳炎・脳症 |
| 中毒 | 胎児性アルコール症候群，鉛中毒 |
| 事故，外傷 | 低酸素性虚血性脳症，頭部外傷 |
| てんかん | ウェスト症候群，レンノックス・ガストー症候群 |
| 神経発達障害 | 自閉スペクトラム症 |
| 文化，生育環境 | 虐待 |

出所：日本小児神経学会，2017をもとに作成

将来を見据えて言語や読み書き，対人スキルなどの日常生活や社会生活を営むうえで必要となる事柄を身につけていく支援が必要とされます。知的能力障害の学習特性として意欲の問題や，ゆっくりとした学習速度，応用や般化の弱さなどが指摘されており（菅野，2005），このような特徴を踏まえつつわかりやすく具体的な表現で伝える，繰り返し経験して学べる機会を設ける，わずかな変化をとらえて評価し成功体験を積めるようにするなどのていねいな関わりが必要です。また，他者に自分の意思を伝えるスキルとして，自身で物事を選択する多くの経験や援助要請のスキルの指導も重要です。

# 2 ┃ その他の発達上の問題

　神経発達障害以外に発達のつまずきを生じる要因として，**成長障害**（FTT：failure to thrive）を取り上げます。成長障害とは，一般的には身長，体重が正常集団の標準値から2標準偏差以上，下回った状態を指し，成長の評価には標準成長曲線が用いられます。成長障害の原因は病的要因による器質性と病的要因ではない非器質性があり，多くは非器質性によるといわれています（表13-6）。

## 1 早産，低出生体重児

　**低出生体重児**\*の出生率は，新生児医療技術の進歩や医療システムの整備に

---

**プラスα**

**在胎週数による分類**

在胎37週から42週未満を正期産，在胎42週以上を過期産，在胎37週未満を早産，早期産のうち在胎28週未満を超早産という。

**語句説明**

**低出生体重児**

出生時の体重が2,500g未満の新生児で，出生時体重別に2,500g未満は低出生体重児，1,500g未満は極低出生体重児，1,000g未満は超低出生体重児に分類される。

第Ⅲ部　青年期以降の発達と非定型発達

**表13-6　成長障害の主な要因**

| | | |
|---|---|---|
| 器質性 | 内分泌疾患 | 甲状腺機能低下症，成長ホルモン分泌不全性低身長症，思春期早発症など |
| | 先天異常 | 染色体異常：ターナー症候群，ダウン症候群など<br>奇形症候群：ヌーナン症候群，プラダー・ウィリー症候群など<br>胎内感染：TORCH症候群\*など |
| | 中枢神経系疾患 | 脳性麻痺 |
| | 遺伝性疾患 | 嚢胞性線維症 |
| | 慢性疾患 | 慢性腎不全，慢性心疾患，慢性肝疾患，クローン病，潰瘍性大腸炎，血液疾患，悪性腫瘍など |
| | 先天性代謝異常 | 糖原病，ミトコンドリア病など |
| | 骨関連疾患 | 軟骨無形成症，軟骨低形成症 |
| | 低出生体重 | 子宮内発育不全性低身長症(1) |
| | 栄養障害 | アトピー性皮膚炎に対する厳格除去食療法など |
| | 薬剤性 | 副腎皮質ホルモンの長期内服などによる医原性クッシング症候群 |
| 非器質性 | 心理社会的要因 | 愛情遮断症候群（養育者のうつ状態，精神疾患，虐待など） |
| | 栄養不足 | 経済的要因，母乳不足，栄養の過誤 |
| | 体質的要因 | 家族性低身長症，SGA性低身長症(2)，特発性低身長症など |

注：(1) 80〜90％は2歳頃までに正常範囲内になる（西，2007）
　　(2) SGA：small for gastational age
出所：西，2007；伊藤，2010；鈴木・浦上，2010をもとに作成

**語句説明**

**TORCH（トーチ）症候群**
妊娠中に母体を通じて胎児に感染し，発育に深刻な影響を及ぼす先天性感染症。TORCHはToxoplasma（トキソプラズマ），others（その他：梅毒），Rubella virus（風疹），Cytomegalovirus（サイトメガロウイルス），Herpes simplex virus（単純ヘルペス）の頭文字を用いた総称。

**語句説明**

**脳性麻痺**
「受胎から新生児（生後4週）までの間に生じた脳の非進行性病変に基づく，永続的なしかし変化し得る運動および姿勢の異常で，進行性疾患や一過性の運動障害，または将来正常化するであろうと思われる運動発達遅滞は除外する」と定義される運動機能の障害（厚生省脳性麻痺研究班，1969）。

ともない増加しています。低出生体重児は**早産**によって出生体重が少なくなる児と子宮内発育不全のために出生体重が少なくなる児に分けられ，特に超低出生体重児や超早産児では発達過程において，神経発達障害の諸症状が明らかになってくることも少なくありません。また，知的発達の遅れや不注意症状，対人コミュニケーションの問題，言語概念理解，ワーキングメモリー，視空間認知，処理速度の問題を生ずることが指摘されています（河野，2017）。早産，低出生体重児における脳性麻痺\*の主な原因として**脳室周囲白質軟化症**があげられ（小寺澤ほか，2016），この場合には視覚認知の問題を生じることもあるため，心理アセスメントによる実態把握を行い，適切な教育的支援を行うことが重要です。また，気管切開や人工呼吸器などの医療的ケアを必要とする**超重症児**も増えており，退院後の在宅でのケアを支えるための法的整備や多職種連携によるライフステージを見据えたリハビリテーションが重要とされています（小沢・荒井，2017）。

## 2　アタッチメント障害

非器質性成長障害は心理的な要因や体質によって生じた，明らかな器質的要

第13章　定型発達と非定型発達

因を認めない成長障害です。なかでも，幼少期に著しく不適切な養育を受けたことにより，安らぎ，刺激，愛情への情動欲求が満たされず，養育者との安定した愛着形成が阻害され，月齢9か月以上の小児期に社会的な関係性の障害をきたす疾患を「**アタッチメント障害**（反応性アタッチメント障害／反応性愛着障害）」「**脱抑制型対人交流障害**」といいます（日本小児神経学会，2017）（表13-7）。神経発達障害との関連として，神経発達障害の症状による養育のしづらさが虐待の誘因となることや，虐待の後遺症として生じたアタッチメント障害の症状が神経発達障害の症状と酷似することなどが報告されています（杉山，2018）。虐待のリスク要因には親の要因（親自身の被虐待歴や生育歴上のストレス，精神疾患など），子どもの要因（行動上の問題，発達の遅れなど），生活上のストレス（経済的困窮，家庭不和など），心理社会的孤立があり，これらの要因がどのように相互作用しているかをアセスメントして虐待のメカニズムに応じた支援にあたることが必要とされています（犬塚，2016）。

**表13-7　アタッチメント障害の主な症状**

| 反応性アタッチメント障害 | ・養育者に対し，警戒心やおびえを示し，甘えたいときや苦痛なときにも素直に表現したり反応しないなど，抑制された行動をする<br>・他者に対しても無関心で用心深く，相手を信頼しないといった対人交流や情動反応の少なさがみられる<br>・矛盾した態度をみせ，情動コントロールの問題がみられる |
|---|---|
| 脱抑制型対人交流障害 | ・初対面の相手に対しても警戒心なく接近し，過剰になれなれしい態度で交流する<br>・不慣れな場所でも養育者を気にせず離れたり，見知らぬ大人に躊躇なくついていってしまうといった行動がみられ，特定の相手に対するアタッチメントを示すことが難しい |

出所：日本小児神経学会，2017；友田，2018をもとに作成

# 3 ｜ 発達につまずきを抱える人への支援の視点

　近年では学校や職場，公的機関など社会のさまざまな場面で合理的配慮が求められつつあります。特別支援教育における**合理的配慮**＊では，子どもの実態に応じた教育上の必要な配慮として，物理的な環境整備のみならず，障害や認知特性を考慮したわかる実感のもてる授業の実施といったことがあげられます。子どもの個別ニーズの的確な把握が重要となり，子どもへの直接的な指導だけではなく，周囲の適切な理解や柔軟に対応する姿勢が求められます。なお，自尊心の低下予防や個人の強みを生かした進路選択につなげていくため，苦手な領域のみならず，興味のある領域について伸ばしていくことも必要です。また，

**語句説明**

**合理的配慮**
中央教育審議会では障害者権利条約第2条の定義を踏まえ，特別支援教育における合理的配慮を「障害のある子どもが，他の子どもと平等に「教育を受ける権利」を享有・行使することを確保するために，学校の設置者及び学校が必要かつ適当な変更・調整を行うことであり，障害のある子どもに対し，その状況に応じて，学校教育を受ける場合に個別に必要とされるもの」であり，「学校の設置者及び学校に対して，体制面，財政面において，均衡を失した又は過度の負担を課さないもの」と定義している。

169

第Ⅲ部　青年期以降の発達と非定型発達

青年期以降の進路選択に向けた適切な自己理解支援の重要性が認識されつつあります。神経発達障害では自身の失敗体験や他者からの否定的な対応を受けやすいだけに，家族だけでなく，教師や友人といった身近で重要な他者から受け入れられ，認められる経験を通じて多面的な自己理解を育んでいくことが重要とされています（小島，2016）。

ここまで，多様な非定型発達の臨床特性に応じた支援の視点をあげてきましたが，以下では障害種別によらず，共通する行動面と学習面での支援の考え方について述べていきます。

## 1　行動面への支援

適応行動の問題には，ライフステージに応じて適応行動を増大させるスキルトレーニングを行い，特に自閉スペクトラム症ではほめるなどの肯定的な関わりによって周囲との良好な関係を構築・維持することが必要とされています（浜田ほか，2015）。一例として，スキルの未獲得や不適切行動の要因を，個人を取り巻く環境要因との相互作用という観点から分析し，**応用行動分析**\*の理論をもとに個別ニーズに対応させた指導を計画的に行うといったことがあげられます。また，応用行動分析をもとに，養育者側に子どもの特性を踏まえた養育スキルの獲得を目的とした**ペアレントトレーニング**\*もあります。

## 2　学習面への支援

学習面では，これまでに述べてきたように，心理アセスメントによって認知特性を評価し，知的水準や能力の強みと弱みとそれらのバランス（**個人内差**\*）を踏まえつつ，個別ニーズに応じた指導方法や，教材の工夫を行います。通常学級での学びを支えるためにタブレット端末を用いた教材や試験問題の音声化による読み支援，キーボード入力，カメラや録音機能による書き取りの負担軽減など，ICT機器の活用も大いに期待されます。

### 語句説明

**応用行動分析**
スキナー（Skinner, B.F.）によって体系化された行動分析学のうち，対人援助に適用する分野。行動の要因を個人に求めず，個人が身をおく環境との関わり合いから行動の原理を分析的にとらえ，行動変容に向けたアプローチをする。

**ペアレントトレーニング**
応用行動分析を基盤として，養育者が子どもの特徴に適した養育スキルの獲得を支援するプログラム。子どもの行動を「望ましい行動」「望ましくない行動」「やめさせたい行動」に分類し，おのおのの行動に対し肯定的注目（ほめるなど）をする，注目しない，制限をかけるの対応を効果的に行うことを通じて子どもの行動変容とその変化に伴う養育者の子育てに対する自信回復を目的とする。

**個人内差**
個人にみられる認知機能間の偏りを意味し，ウェクスラー式知能検査のような複数の異なる認知機能を評価する検査間での成績のばらつきとして反映される。

### 考えてみよう

神経発達障害を抱える子どもたちの症状の多様性はどのような要因によって生じ得るのか説明してみましょう。

第 13 章　定型発達と非定型発達

# 本章のキーワードのまとめ

| 定型発達,<br>非定型発達 | 定型発達は心身の発達状況に著しい偏りや遅れがない場合を指すのに対し，非定型発達は部分的な偏りあるいは全般的な遅れを抱える場合を指す。 |
|---|---|
| 神経発達症群／<br>神経発達障害群 | 2013年の米国精神医学会による診断基準の改訂版DSM-5において設けられた障害群。自閉スペクトラム症や注意欠如・多動症，限局性学習症，知的能力障害群，コミュニケーション症群，運動症群，その他の神経発達症群から構成される。 |
| 自閉スペクトラム症／自閉症スペクトラム障害〈ASD〉 | 複数の状況での社会的コミュニケーションおよび対人的相互反応の持続的な欠陥と，行動，興味，または活動の限定された反復的な様式の2領域の基準に基づいて診断される社会性の発達につまずきを生じる障害。 |
| アスペルガー障害（Asperger症候群） | 広汎性発達障害の下位分類の一つ。広汎性発達障害のうち，知的発達や言語発達に著しい遅れを認めない自閉症の診断に適用されたが，DSM-5では自閉スペクトラム症に統合された。 |
| 注意欠如・多動症／注意欠如・多動性障害〈ADHD〉 | 不注意，多動性，衝動性という行動面での症状を特徴とし，これらの症状が発達的に不相応な程度に持続的に認められ，学業や職業生活を営むことに影響する障害。 |
| 限局性学習症／限局性学習障害〈SLD〉 | 全般的な知的発達の遅れがないにもかかわらず，学習に必要な読む，書く，聞く，話す，計算，推論の能力のうち，特定の技能の獲得や使用に著しい困難が認められる障害。 |
| 発達性協調運動症／発達性協調運動障害〈DCD〉 | 手先を用いた作業や道具の使用，全身を使った運動や身体のバランスをとる協調運動において，年齢不相応に極端な不器用さを示す障害。脳性麻痺や筋ジストロフィーなどの運動に影響する疾患によるものではない。 |
| 知的能力障害（知的発達症／知的発達障害） | 全般的な知的機能の障害とともに，自立や社会的責任を伴う事柄への適応の困難を抱え，日常・学校・社会生活のあらゆる場面での継続的な支援を必要とする，発達期から生じる障害。 |
| 成長障害〈FTT〉 | 一般的には身長，体重が正常集団の標準値から2標準偏差以上下回った状態。病的要因による器質性と病的要因ではない非器質性があり，多くは非器質性のものである。 |
| 早産,<br>低出生体重児 | 早産とは，在胎週数22週〜37週未満での出産をいう。低出生体重児とは出生時の体重が2,500g未満の新生児で，出生時体重別に2,500g未満は低出生体重児，1,500g未満は極低出生体重児，1,000g未満は超低出生体重児に分類される。 |
| アタッチメント障害 | 幼少期の著しく不適切な養育によって養育者との安定した愛着形成が阻害され，月齢9か月以上の小児期に社会的な関係性の障害をきたす疾患。DSM-5では対人反応様式に応じて反応性アタッチメント障害と脱抑制型対人交流障害に分類される。 |
| 二次障害 | 神経発達障害では障害特性と周囲の人との関係性のなかで生じるストレス状況を背景として生じた情緒・行動・精神面の種々の合併症に対して用いられる。 |

172

## 引用文献・参考文献

### ●第1章

#### 引用文献

Baltes, P. B. (1987). Theoretical propositions of life-span developmental psychology: On the dynamics between growth and decline. *Developmental Psychology*, 23, 611-626.

願興寺礼子 (2011). 知能と知能検査概論 願興寺礼子・吉住隆弘 (編) 心理検査の実施の初歩 ナカニシヤ出版

中島義明・安藤清志・子安増生・坂野雄二・繁桝算男・立花政夫・箱田裕司 (編) (1999). 心理学辞典 有斐閣

齋藤慈子 (2018). 生涯発達の視点 開一夫・齋藤慈子 (編) ベーシック発達心理学 (pp. 35-52) 東京大学出版会

坂上裕子 (2014). 発達するとはどういうことか 坂上裕子・山口智子・林創・中間玲子 問いからはじめる発達心理学――生涯にわたる育ちの科学 (pp. 8-27) 有斐閣

高野陽太郎 (2004). 実験と観察 高野陽太郎・岡隆 (編) 心理学研究法――心を見つめる科学のまなざし (pp. 20-32) 有斐閣

山名裕子 (2011). 発達曲線と発達過程 井上智義・山名裕子・林創 発達と教育――心理学を生かした指導・援助のポイント (pp. 2-3) 樹村房

#### 参考文献

藤村宣之 (編著) (2009). 発達心理学――周りの世界とかかわりながら人はいかに育つか ミネルヴァ書房

開一夫・齋藤慈子 (編) (2018). ベーシック発達心理学 東京大学出版会

坂上裕子・山口智子・林創・中間玲子 (2014). 問いからはじめる発達心理学――生涯にわたる育ちの科学 有斐閣

### ●第2章

#### 引用文献

安藤寿康 (2014). 遺伝と環境の心理学――人間行動遺伝学入門 培風館

安藤寿康 (2017). 「心は遺伝する」とどうして言えるのか――ふたご研究のロジックとその先へ 創元社

Ando, J., Nonaka, K., Ozaki, K., Sato, N., Fujisawa, K. K., Suzuki, K., Yamagata, S., Takahashi, Y., Nakajima, R., Kato, N., & Ooki, S. (2006). The Tokyo Twin Cohort Project: Overview and initial findings. *Twin Research and Human Genetics*, 9, 817-826.

Bjorklund,D.F., & Pellegrini, A.D. (2002). *The Origins of Human Nature: Evolutionary Developmental Psychology*. The American Psychological Association. (ビョークランド, D. F., & ペレグリーニ, A. D. 松井愛奈・松井由佳 (訳) 無藤隆 (監訳) (2008). 進化発達心理学――ヒトの本性の起源 新曜社)

Cadoret, R. J., Yates, W. R., Troughton, E., Woodworth, G., & Stewart, M. A. S. (1995). Genetic-environmental interaction in the genesis of aggressivity and conduct disorders. *Archives of General Psychiatry*, 52, 916-924.

Caspi, A., McClay, J., Moffitt, T. E., Mill, J., Martin, J., Craig, I.W., Taylor, A., & Poulton, R. (2002). Role of Genotype in the Cycle of Violence in Maltreated Children. *Science*, 297, 851-854.

Gesell, A. (1940). *The first five years of life: A guide to the study of the preschool child*. Harper & Brothers. (ゲゼル,A. 山下俊郎 (訳) (1966). 乳幼児の心理学――出生より5歳まで 家政教育社)

Gesell, A., & Ilg, F. L. (1943). *Infant and Child in the Culture of Today*. HARPER & ROW. (ゲゼル,A. 依田新・岡宏子 (訳) (1967). 乳幼児の発達と指導 家政教育社)

Lorenz,K. (1963). *Er redete mit dem Vieh, den Vögeln und den Fischen*. Deutscher Taschenbuch Verlag GmbH & Co. KG. (ローレンツ,K. 日高敏隆 (訳) (2006). ソロモンの指輪――動物行動学入門 早川書房)

仲野徹 (2014). エピジェネティクス――新しい生命像をえがく 岩波書店

太田邦史 (2013). エピゲノムと生命―― DNAだけでない「遺伝」のしくみ 講談社

Plomin, R. (1990). *Nature and Nurture: An Introduction to Human Behavioral Genetics*. Brooks / Cole, A Division of Wadsworth.(プロミン,R. 安藤寿康・大木秀一 (共訳) (1994). 遺伝と環境――人間行動遺伝学入門 培風館)

Plomin, R., DeFries, J. C., Knopik, V. S., & Neiderhiser, J. M. (2016). Top 10 Replicated Findings From Behavioral Genetics. *Perspectives on Psychological Science*, 11, 3-23.

Portmann, A. (1951). *Biologische Fragmente zu einer Lehre vom Menschen*. Verlag Benno Schwabe & Co. (ポルトマン,A. 高木正孝 (訳) (1961). 人間はどこまで動物か 岩波書店)

Rutter, M. (2006). *Genes and Behavior: Nature-Nurture Interplay Explained*. Blackwell Publishing Ltd. (ラター,M. 安藤寿康 (訳) (2009). 遺伝子は行動をいかに語るか 培風館)

佐々木裕之 (2005). エピジェネティクス入門――三毛猫の模様はどう決まるのか 岩波書店

Turkheimer, E. (2000). Three laws of behavior genetics and what they mean. *Current Directions in Psychological Science*, 9, 160-164.

内田伸子・繁桝算男・杉山憲司 (編) (2013). 最新心理学辞典 平凡社

Vinkhuyzen, A. A., van der Sluis, S., Posthuma, D., & Boomsma, D.I. (2009). The heritability of aptitude and exceptional talent across different domains in adolescents and young adults. *Behavioral Genetics*, 39, 380-392.

Watson, J. B. (1930). *Behaviorism*. Norton & Company. (ワトソン, J. B. 安田一郎 (訳) (2017) 行動主義の心理学　ちとせプレス)

参考文献

安藤寿康 (2017).　「心は遺伝する」とどうして言えるのか——ふたご研究のロジック　創元社

ビョークランド, D. F., & ペレグリーニ, A. D. 松井愛奈・松井由佳 (訳) 無藤隆 (監訳) (2008).　進化発達心理学——ヒトの本性の起源　新曜社

太田邦史 (2013).　エピゲノムと生命——DNAだけでない「遺伝」のしくみ　講談社

## ●第3章

引用文献

Adams, R. J. (1987). An evaluation of color preference in early infancy. *Infant Behavior and Development, 10*(2), 143-150.

Bornstein, M. H., Kessen, W. , & Weiskopf, S. (1976) .Color vision and hue categorization in young human infants. *Journal of Experimental Psychology: human perception and performance, 2*(1), 115-129.

Butterworth, G., Verweij, E., & Hopkins, B. (1997) .The development of prehension in infants: Halverson revisited. *British Journal of Developmental Psychology, 15*, 223-236.

旦直子 (2009).　世界を知りはじめる　藤村宣之 (編)　発達心理学 (pp.1-22)　ミネルヴァ書房

De Vries, J. I. P., & Fong, B. F. (2006) . Normal fetal motility: an overview. *Ultrasound Obstet Gynecol, 27*, 701-711.

Fantz, R. L. (1961). Origin of form perception. *Scientific American, 204*, 66-72.

Hepper, P. (2007). Prenatal Development. In A. Slater & M. Lewis (Eds.), *Introduction to Infant Development* (pp. 41-62). Oxford University Press.

Hofsten, C. von., & R önnqvist, L. (1988). Preparation for grasping an object: A developmental study. *Journal of Experimental Psychology: human perception and performance, 14*(4), 610-621.

Johnson, M. H., & Morton, J. (1991) . *Biology and cognitive development: The case of face recognition*. Basil Blackwell.

Kisilevsky, B. S., Hains, S. M., Lee, K., Xie, X., Huang, H., Ye, H. H., Zhang, K., & Wang, Z. (2003) . Effects of experience on fetal voice recognition. *Psychological Science, 14*(3), 220-224.

Kuhl, P. K., Stevens, E., Hayashi, A., Deguchi, T., Kiritani, S., & Iverson, P. (2006) . Infants show a facilitation effect for native language phonetic perception between 6 and 12 months. *Developmental Science, 9*(2), F13-F21.

Marlier, L., & Schaal, B. (2005) . Human newborns prefer human milk: Conspecific milk odor is attractive without postnatal exposure. *Child Development, 76*(1), 155 -168.

Meltzoff, A.N., & Borton, R.W. (1979). Intermodal matching by human neonates. *Nature, 282*, 403-404.

Meltzoff, A.N., & Moore, M.K. (1977). Imitation of Facial and Manual Gestures by Human Neonates, *Science, 198*, 75-78.

Muir, D., & Clifton, R. K. (1985). Infants' orientation to the location of sound sources. In G. Gottlieb & N. A. Krasnegor (Eds.), *Measurement of audition and vision in the first year of postnatal life: A methodological overview* (pp.171-194). Ablex Publishing.

Needham, A., & Baillargeon, R. (1993). Institution about support in 4.5-month-old infants. *Cognition, 47*, 121-148.

Porcaroa, C., Zappasodia, F., Barbatia, G., Salustrib, C., Pizzellac, V., Rossini, P. M., & Tecchioa, F. (2006). Fetal auditory responses to external sounds and mother's heart beat: Detection improved by independent component analysis. *Brain Research, 1101*(1), 51-58.

Prechtl, H. F. R. (1988). Developmental neurology of the fetus. *Clinical Obstetrics & Gynaecology, 2*, 21-36.

夫律子 (2004).　最新 3D/4D 胎児超音波画像診断　MCメディカ出版

Saito, Y., Aoyama, S., Kondo, T., Fukumoto, R., Konishi, N., Nakamura, K., Kobayashi, M., & Toshima, T. (2007a). Frontal cerebral blood flow change associated with infant directed speech. *Archives of Disease in Childhood. Fetal and Neonatal Edition, 92*, 113–116.

Saito, Y., Kondo, T., Aoyama, S., Fukumoto, R., Konishi, N., Nakamura, K., Kobayashi, M., & Toshima, T. (2007b). The function of the frontal lobe in neonates for response to a prosodic voice, *Early Human Development, 83*, 225-230.

Sann, C., & Streri, A. (2007) .Perception of object shape and texture in human newborns: evidence from cross-modal transfer tasks. *Developmental Science, 10*(3), 399–410.

佐田文宏 (2016).　DOHaDと疫学　日本衛生学雑誌 71(1), 41-46.

Shahidullah, S., & Hepper, P. G. (1993) .The developmental origins of fetal responsiveness to an acoustic stimulus. *Journal of Reproductive and Infant Psychology, 11*(3), 135-142.

Shimada, M., Takahashi, K., Segawa, M., Higurashi, M.,Samejim, M., & Horiuchi, K. (1999). Emerging and entraining patterns of the sleep-wake rhythm in preterm and term infants. *Brain & Development,* 21, 468-473.

Simion, F., Regolin, L., & Bulf, H. (2008). A predisposition for biological motion in the newborn baby. *PNAS*, **105**(2), 809-813.

下條信輔・HELD, R. (1983). 乳児の視力発達 基礎心理学研究, **2**(2), 55-67.

Slater, A., Mattock, A., & Brown, E. (1990).Size constancy at birth: Newborn infants' responses to retinal and real size. *Journal of Experimental Child Psychology,* 49, 314-322.

Spelke, E. S. (1994).Initial knowledge: Six suggestion. *Cognition,* 50, 431-445.

Spetner, N. B., & Olsho, L. W. (1990). Auditory Frequency Resolution in Human Infancy. *Child Development,* **61**(3), 632-652.

Walton, G. E., Armstrong, E. S., & Bower, T. G. R. (1998). Newborns learn to identify a face in eight/tenths of a second? *Developmental Science,* **1**(1), 79-84.

Wynn, K. (1992). Addition and subtraction by human infants. *Nature,* 358, 749-750.

### 参考文献

明和政子(2012). まねが育むヒトの心 岩波書店

山口真美・金沢創(2008). 赤ちゃんの視覚と心の発達 東京大学出版会

ヴォークレール, J. (2012). 明和政子(監訳) 鈴木光太郎(訳) 乳幼児の発達——運動・知覚・認知 新曜社

## ●第4章

### 引用文献

Ainsworth, M.D.S.,Blehar, M.C.,Waters, E.,&Wall, S. (1978). *Patterns of attachment: A psychological study of the strange situation.* Lawrence Erlbaum Associates.

Bowlby, J. (1969/1982). *Attachment and Loss. Vol.1. Attachment.* Basic Books. (ボウルビィ,J. 黒田実郎・大羽蓁・岡田洋子・黒田聖一(訳)(1991). 新版 母子関係の理論I——愛着行動 岩崎学術出版社)

Bowlby, J. (1973). *Attachment and Loss. Vol.2. Separation.* Basic Books. (ボウルビィ,J. 黒田実郎・岡田洋子・吉田恒子(訳)(1991). 新版 母子関係の理論II——分離不安 岩崎学術出版社)

Bowlby, J. (1980). *Attachment and loss, Vol.3. Loss; sadness and depression.* Basic Books. (ボウルビィ,J. 黒田実郎・吉田恒子・横浜恵美子(訳)(1991). 新版 母子関係の理論III——愛情喪失 岩崎学術出版社)

Harlow, H. F. (1958). The nature of love. *American psychologist,* **13**(12), 673.

Kagan, J. (1984). *The nature of the child.* Basic Books.

数井みゆき・遠藤利彦(編)(2005). アタッチメント——生涯にわたる絆 ミネルヴァ書房

数井みゆき(2007). 子ども虐待とアタッチメント 数井みゆき・遠藤利彦(編) アタッチメントと臨床領域(pp.79-101) ミネルヴァ書房

Thomas,A.,Chess,S.,& Birch,H.G. (1968). *Temperament and behavior disorders in children.* New York University Press.

Van IJzendoorn, M. H., Schuengel, C., & Bakermans–Kranenburg, M. J. (1999). Disorganized attachment in early childhood: Meta-analysis of precursors, concomitants, and sequelae. *Development and psychopathology,* 11 (2), 225-250.

### 参考文献

数井みゆき・遠藤利彦(編)(2005). アタッチメント——生涯にわたる絆 ミネルヴァ書房

数井みゆき・遠藤利彦(編)(2007). アタッチメントと臨床領域 ミネルヴァ書房

北川恵・工藤晋平(編)(2017). アタッチメントに基づく評価と支援 誠信書房

## ●第5章

### 引用文献

Atkinson, R. C., & Shiffrin, R. M. (1971). The control of short-memory. *Scientific American*, **225**, 82-90.

Case, R.(1978). Piaget and beyond: Toward a developmentally based theory and technology of instruction. In R. Glaser (Ed.), *Advances in instructional psychology* (Vol 1., pp.167-228). Lawrence Erlbaum Associates.

Case, R., Kurland, D. M., & Goldberg, J. (1982). Operational efficiency and the growth of short-term memory span. *Journal of Experimental Child Psychology*, **33**, 386-404.

Chi, M. T. H. (1978). *Knowledge structures and memory development.* In R. S. Siegler (Ed.), *Children's thinking: What develops?* (pp. 73-96) Hillsdale, Lawrence Erlbaum Associates.

Donaldson, M. (1978). *Children's minds.* W. W. Norton & Company.

Flavell, J. H., Friedrichs, A. G., & Hoyt, J. D. (1970). Developmental changes in memorization processes. *Cognitive Psychology*, **1**, 324-340.

稲垣佳世子・波多野誼余夫（2005）．子どもの概念発達と変化――素朴生物学をめぐって　共立出版（Inagaki, K. & Hatano, G. (2002). *Young children's naïve thinking about the biological world.*Psychology Press.）

Karpov, Y. V. (2005). *The neo-vygotskian approach to child development*. Cambridge University Press.

Lillard, A. S., Lerner, M. D., Hopkins, E. J., Dore, R. A., Smith, E. D., & Palmquist, C. M. (2013). The impact of pretend play on children's development: A review of the evidence. *Psychological Bulletin*, **139**, 1-34.

中道圭人（2006）．　幼児の条件推論にふりの設定が及ぼす影響　発達心理学研究，**17**，103-114.

中道圭人（2009）．　幼児の演繹推論とその発達的変化　風間書房

岡本夏木（1986）．　ピアジェ，J. 村井潤一（編）　別冊発達4　発達の理論をきずく（pp.129-161）　ミネルヴァ書房

ピアジェ，J. 谷村覚・浜田寿美男（訳）（1978）．　知能の誕生　ミネルヴァ書房（Piaget, J. (1948). *La naissance de l'intelligence chez l'enfant*（2nd ed.）.）

ピアジェ，J. 滝沢武久（訳）（1972）．　発生的認識論　白水社（Piaget, J. (1970). *L'Épistémologie Génétique.*）

Piaget, J. & Inhelder, B. (1956). *The children's conception of space*. W. W. Norton & Company.

ピアジェ，J. & イネルデ，B. 波多野完治・須賀哲夫・周郷博（訳）（1969）．　新しい児童心理学　白水社（Piaget, J., & Inhelder, B. (1966). *La Psychologie de l'Enfant.*）

ピアジェ，J. 中垣啓（訳）（2007）．　ピアジェに学ぶ認知発達の科学　北大路書房（Piaget, J. (1970). Piaget's theory. In P. H. Mussen (Ed.), *Carmichael's manual of child psychology*（3rd ed.）: Vol. 1. John Wiley & Sons.）

ロゴフ，B.（2003/2006）．　文化的営みとしての発達――個人，世代，コミュニティ　新曜社（Rogoff, B. (2003). *The cultural nature of human development*. Oxford university press.）

Siegler, R. S. (1987). The perils of averaging data over strategies: An example from children's addition. *Journal of experimental psychology: General*, **116**, 250-264.

Siegler, R. S. (1996). *Emerging minds: The process of change in children's thinking*. Oxford University Press.

Siegler, R. S. (1999). Strategic development. *Trends in Cognitive Sciences*, **3**, 430-435.

Siegler, R. S., & Alibali, M. W. (2005). *Children's thinking*（4th ed.）. Pearson Prentice Hall.

ヴィゴツキー，L. S. 柴田義松（訳）（1930-1931/1970）．　精神発達の理論　明治図書

ヴィゴツキー，L. S. 柴田義松（訳）（1934/2001）．　新訳版・思考と言語　新読書社

ヴィゴツキー，L. S. 土井捷三・神谷栄司（訳）（1935/2003）．　「発達の最近接領域」の理論――教授・学習過程における子どもの発達　三学出版

ヴィゴツキー，L. S. 柴田義松・宮坂琇子・土井捷三・神谷栄司（訳）（1984/2002）．　新・児童心理学講義　新読書社

Wellman, H. M., & Gelman, S. A. (1992). Cognitive development: Foundational theories of core domains. *Annual Review of Psychology*, **43**, 337-375.

Yussen, S. R., & Levy, V. M. (1975). Developmental changes in predicting one's own span of short-term memory. *Journal of Experimental Child Psychology,* **19**, 502-508.

### 参考文献

ゴプニック，A. 青木玲（訳）（2009/2010）．　哲学する赤ちゃん　亜紀書房

ゴスワミ，U. 岩男卓実・上淵寿・小池若葉・富山尚子・中島伸子（訳）（1998/2003）．　子どもの認知発達　新曜社

稲垣佳世子・波多野誼余夫（1989）．　人はいかに学ぶか――日常的認知の世界　中公新書

## ●第6章

### 引用文献

Baron-Cohen, S., Leslie, A., & Frith, U. (1985). Does the autistic child have a "theory of mind"? *Cognition*, **21**, 37-46.

Campos, J.J., & Stenberg, C. R. (1981). Perception, appraisal and emotion: The onset of social referencing. In Lamb, L. M. E., & Sherrod, L.R. (Eds.) *Infant social cognition: Empirical and Theoretical Considerations* (pp.273-314). Psychology Press.

Eisenberg, N., & Mussen, P. H. (1989). *The roots of prosocial behavior in children*. Wiley.

Fonagy, P., Gergely, G., Jurist, E.L., & Target, M. (2002). *Affect regulation, mentalization and the development of the self*. Other Press.

Hamlin, J. K., Wynn, K., & Bloom, P. (2007). Social evaluation by preverbal infants. *Nature*, **450**, 557-559.

Kohlberg, L. (1969). *Stage and sequence: the cognitive-developmental approach to socialization.* In D. A. Goslin (Ed.), *Handbook of socialization theory and research* (pp.347-480) Rand McNally.

Mischel, W. (2014). *The marshmallow test: Mastering self-control*. Little, Brown and Company.（ミシェル，W.　柴田裕之（訳）（2015）．マシュマロ・テスト　早川書房）

Miyake, A., Friedman, N. P., Emerson, M. J., Witzki, A. H., Howerter, A., & Wager, T. D. (2000). The unity and diversity of executive functions and their contributions to complex "frontal lobe" tasks: A latent variable analysis. *Cognitive Psychology*, **41**, 49-100.

引用文献・参考文献

村上達也・西村多久磨・櫻井茂男（2016）　家族，友だち，見知らぬ人に対する向社会的行動——対象別向社会的行動尺度の作成　教育心理学研究，**64**，156-169.

中島義明・安藤清志・子安増生・坂野雄二・繁桝算男・立花政夫・箱田裕司（編）（1999）．　心理学辞典　有斐閣

二宮克美（2010）．　向社会的行動の判断　菊池章夫・二宮克美・堀毛一也・斎藤耕二（編著）社会化の心理学／ハンドブック——人間形成への多様な接近（pp.277-290）　川島書店

Onishi, K. H., & Baillargeon, R. (2005). Do 15-Month-Old Infants Understand False Beliefs? *Science*, **308**, 255-258.

Perner, J., & Wimmer, H. (1985). "John thinks that Mary thinks that...": Attribution of second-order beliefs by 5- to 10-year-old children. *Journal of Experimental Child Psychology*, **39**, 437-471.

Piaget, J. (1932). *The moral judgment of the child.* Harcourt, Brace.

Premack, D., & Woodruff, G. (1978). Does the chimpanzee have a theory of mind? *The Behavioral and Brain Sciences*, **1**, 515-526.

Sorce, J.F., Emde, R. N., Campos, J.J., & Klinnert, M.D. (1985). Maternal emotional signaling: Its effects on the visual cliff behavior of 1-year-olds. *Developmental Psychology,* **21**, 195-200.

外山紀子・外山美樹（2010）．　やさしい発達と学習　有斐閣

Wimmer, H., & Perner, J. (1983). Beliefs about beliefs: Representation and constraining function of wrong beliefs in young children's understanding of deception. *Cognition*, **13**, 103-128.

参考文献

林 創（2016）．　子どもの社会的な心の発達——コミュニケーションのめばえと深まり　金子書房

トマセロ，M. 橋彌和秀（訳）（2013）．　ヒトはなぜ協力するのか　勁草書房

渡辺弥生・伊藤順子・杉村伸一郎（編）（2008）．　原著で学ぶ社会性の発達　ナカニシヤ出版

## ●第7章

引用文献

安達智子（2016）．　自己効力——私の能力はどの程度？　中間玲子（編著）　自尊感情の心理学——理解を深める「取扱説明書」（pp.50-60）　金子書房

赤木和重（2012）．　ボクはボクである　でもけっこうテキトウ　松本博雄・常田美穂・川田学・赤木和重　0123発達と保育——年齢から読み解く子どもの世界（pp.121-157）　ミネルヴァ書房

Bandura, A. (1977). Self-efficacy: Toward a Unifying Theory of Behavioral Change. *Psychological Review*, **84**, 191-215.

Banerjee, R., & Yuill, N. (1999). Children's understanding of self-presentational display rules: Associations with mental-state understanding. *British Journal of Developmental Psychology,* **17**, 111-124.

Bretherton, I., & Beeghly, M. (1982). Talking about internal states: The acquisition of an explicit theory of mind. *Developmental Psychology,* **18**, 906-921.

Cole, P. M. (1986). Children's spontaneous control of facial expression. *Child Development,* **57**, 1309-1321.

DeConti, K. A., & Dickerson, D. J. (1994). Preschool children's understanding of the situational determinants of other's emotions. *Cognition and Emotion,* **8**, 453-472.

遠藤利彦（2013）．　「情の理」論——情動の合理性をめぐる心理学的考究　東京大学出版会．

Erikson, E. H. (1980). *Identity and the life cycle.* W. W. Norton & Company, Inc. （エリクソン，E. H. 西平直・中島由恵（訳）（2011）．　アイデンティティとライフサイクル　誠信書房）

藤田哲也（2007）．　動機づけの応用——やる気を引き出し，持続させるには　藤田哲也（編著）絶対役立つ教育心理学——実践の理論，理論を実践（pp.43-55）　ミネルヴァ書房

船橋篤彦（2014）．　乳幼児期における微笑の発達　遠藤利彦・石井佑可子・佐久間路子（編著）よくわかる情動発達（pp.50-51）　ミネルヴァ書房

古荘純一（2009）．　日本の子どもの自尊感情はなぜ低いのか——児童精神科医の現場報告　光文社

原田知佳・吉澤寛之・吉田俊和（2009）．　自己制御が社会的迷惑行為および逸脱行動に及ぼす影響——気質レベルと能力レベルからの検討　実験社会心理学研究，**48**，122-136.

原田知佳・吉澤寛之・吉田俊和（2010）．　社会的自己制御とBIS/BAS・Effortful Controlによる問題行動の弁別的予測性　パーソナリティ研究，**19**，76-78.

Harris, P. L., Donnelly, K., Guz, G. R., & Pitt-Watson, R. (1986). Children's understanding of the distinction between real and apparent emotion. *Child Development,* **57**, 895-909.

久崎孝浩（2014）．　情動発達のモデル　遠藤利彦・石井佑可子・佐久間路子（編著）よくわかる情動発達（pp.40-41）　ミネルヴァ書房

金丸智美（2014）．　情動調整（制御）とは何か　遠藤利彦・石井佑可子・佐久間路子（編著）よくわかる情動発達（pp.80-81）　ミネルヴァ書房

柏木恵子（1988）．　幼児期における「自己」の発達　東京大学出版会

177

菊池哲平（2014）．　ADHD児における情動　遠藤利彦・石井佑可子・佐久間路子（編著）よくわかる情動発達（pp.190-191）ミネルヴァ書房

木谷秀勝（2018）．　発達障害がある子の自己理解——二次障害を防ぐ　児童心理，**72**, 442-446.

近藤龍彰（2014）．　幼児期の情動理解の発達研究における現状と課題　神戸大学大学院人間発達環境学研究科研究紀要，**7**, 97-111.

楠凡之（2009）．　7〜9, 10歳の発達の質的転換期　白石正久・白石恵理子（編）教育と保育のための発達診断（pp.159-177）全国障害者問題研究会出版部

Lewis, M. (2008). The emergence of human emotions. In M. Lewis, J. M. Havilland-Jones, & L. F. Barrett (Eds.), *Handbook of emotions* (3rd ed., pp.304-319). Guilford Press.

Lewis, M., Sullivan, M. W., Stanger, C., & Weiss, M. (1989). Self development and self-conscious emotions. *Child Development, 60*, 146-156.

Michalson, L., & Lewis, M. (1985). What do children know about emotions and when do they know it? In M. Lewis & C. Saarni (Eds), *The Socialization of Emotions* (pp.117-139). Plenum press.

Mischel, W. (2014). *The marshmallow test: Mastering self-control.* Little, Brown and Co.（ミシェル，W., 柴田裕之（訳）（2015）．　マシュマロ・テスト——成功する子・しない子　早川書房）

溝川藍（2013）．　幼児期・児童期の感情表出の調整と他者の心の理解——対人コミュニケーションの基礎の発達　ナカニシヤ出版

水島広子（2018）．　自尊感情が低い子の理解　児童心理，**72**, 436-441.

中間玲子（2016a）．　「自尊感情」とは何か　中間玲子（編著）自尊感情の心理学——理解を深める「取扱説明書」（pp.10-34）金子書房

中間玲子（2016b）．　「自尊感情」概念の相対化　中間玲子（編著）自尊感情の心理学——理解を深める「取扱説明書」（pp.192-215）　金子書房

大内晶子・長尾仁美・櫻井茂男（2008）．　幼児の自己制御機能尺度の検討——社会的スキル・問題行動との関係を中心に　教育心理学研究，**56**, 414-425.

小塩真司・岡田涼・茂垣まどか・並川努・脇田貴文（2014）．　自尊感情平均値に及ぼす年齢と調査年の影響—— Rosenbergの自尊感情尺度日本語版のメタ分析　教育心理学研究，**62**, 273-282.

Povinelli, D. J., Landau, K. R., & Perilloux, H. K. (1996). Self-recognition in young children using delayed versus live feedback: Evidence of a developmental asynchrony. *Child Development, 67*, 1540-1554.

佐久間路子・遠藤利彦・無藤隆（2000）．　幼児期・児童期における自己理解の発達——内容的側面と評価的側面に着目して　発達心理学研究，**11**, 176-187.

Salovey, P., & Mayer, J. D. (1990). Emotional intelligence. *Imagination, Cognition and Personality, 9*, 185-211.

櫻庭京子・今泉敏（2001）．　2〜4歳児における情動語の理解力と表情認知能力の発達的比較　発達心理学研究，**12**, 36-45.

Shin, H., Bjorklund, D. H., & Beck, E. F. (2007). The adaptive nature of children's overestimation in a strategic memory task. *Cognitive Development, 22*, 197-212.

Sorce, J. M., Emde, R. N., Campos, J., & Klinnert, M. (1985). Maternal Emotional Signaling: Its effect on the visual cliff behavior of 1-year-olds. *Developmental Psychology, 21*, 195-200.

Young-Browne, G., Rosenfeld, H. M., & Horowitz, F. D. (1977). Infant discrimination of facial expressions. *Child Development, 48*, 555-562.

参考文献

開一夫・齋藤慈子（編）（2018）．　ベーシック発達心理学　東京大学出版会

日本心理学会（監）箱田裕司・遠藤利彦（編）（2015）．　本当のかしこさとは何か——感情知性（EI）を育む心理学　誠信書房

大河原美以（2015）．　子どもの感情コントロールと心理臨床　日本評論社

## ●第8章

引用文献

ベネッセ教育総合研究所（2016）．　第5回幼児の生活アンケート　ベネッセホールディングス

堂野恵子（1989）．　人間発達とその特徴　堂野恵子・加知ひろ子・中川伸子（編）保育のための個性化と社会化の発達心理学（pp. 2-89）北大路書房

深谷和子（1990）．　遊びの心理学　深谷昌志・深谷和子（編著）子ども世界の遊びと流行　（pp. 133-154）　大日本図書

深谷和子（1986）．　「いじめ」——青少年の発達的危機の考察　家政学雑誌，**37**（7），623-627.

Hart, C.H., McGee, L., & Hernandez, S. (1993). Themes in peer relations literature: Correspondence to playground interactions portrayed in children's literature. In C.H. Hart (Eds.) *Children on Playgrounds: Research perspectives and applications* (pp. 371-416). State University of New York press.

橋本創一・枡千晶（2016）．　保育における子どもの社会性とイメージする力を育てる遊び　ふたば，**80**, 3-9.

Huizinga, J. (1938). *Homo Ludens.* H. D. Tjeenk Willink & Zoon.（ホイジンガ　J．　高橋英雄（訳）（1973）．　ホモ・ルーデンス　中央公論新社）

保坂亨・岡村達也（1986）．　キャンパス・エンカウンター・グループの発達的・治療的意義の検討　心理臨床学研究，**4**（1），15-26.

神田英雄（1997）．　0歳から3歳──保育・子育てと発達研究をむすぶ＜乳児編＞　ちいさななかま社

神田英雄（2004）．　3歳から6歳──保育・子育てと発達研究をむすぶ＜幼児編＞　ちいさななかま社

神田英雄（2008）．　育ちのきほん──0歳から6歳　ひとなる書房

文部科学省（2018）．　平成28年度「児童生徒の問題行動・不登校等生徒指導上の諸課題に関する調査」（確定値）について

中澤潤（2000）．　仲間関係　堀野緑・濱口佳和・宮下一博（編）子どものパーソナリティと社会性の発達（pp. 11-20）　北大路書房

中野茂（1996）．　遊び研究の潮流──遊びの行動主義から"遊び心"へ　高橋たまき・中沢和子・森上史朗（編）遊びの発達学　基礎編　培風館

日本小児保健協会（2011）．　幼児健康度に関する継続的比較研究──平成22年度厚生労働省科学研究費補助金成育疾患等次世代育成基盤研究事業

小倉千加子（2017）．　仕事と子育ての両立の困難──子育ては保育園によって楽になっているか？　学際，**4**，119-123.

Parten, M. B.（1932）. Social participation among pre-school children. *Journal of Abnormal and Social Psychology,* **27**, 243-269.

Piaget, J.（1945）. *La Formation du Symbol Chez L'Enfant*. DeLachaux & Niestlé.（ピアジェ, J. 大伴茂（訳）（1988）．　遊びの心理学　黎明書房）

佐々木正美（1998）．　子どもへのまなざし　福音館書店

高橋たまき（1984）．　乳幼児の遊び──その発達プロセス　新曜社

高橋たまき（1996）．　遊びの再考　高橋たまき・中沢和子・森上史朗（編）遊びの発達学──基礎編　培風館

山下俊郎（1971）．　幼児心理学　第2版　朝倉書店

### 参考文献

神田英雄（2008）．　育ちのきほん──0歳から6歳　ひとなる書房

佐々木正美（1998）．　子どもへのまなざし　福音館書店

高橋たまき・中沢和子・森上史朗（1996）．　遊びの発達学──基礎編　培風館

## ●第9章

### 引用文献

安西祐一郎・内田伸子（1981）．　子どもはいかに作文を書くか？　教育心理学研究，**29**，323-332.

Bruner, J.（1986）. *Actual Minds, Possible Worlds*. Harvard University Press.（ブルーナー, J. 田中一彦（訳）（1998）　可能世界の心理　みすず書房）

Case-Smith, J., & Pehoski, C.（1992）. *Development of Hand Skills in the Child*. American Occupational Therapy Association.（ケース・スミス, J., & ペホスキー, C. 奈良進弘・仙石泰仁（監訳）（1997）．　ハンドスキル──手・手指スキルの発達と援助　協同医書出版社）

Carroll, J. B.（1993）. *Human cognitive abilities: A survey of factor-analytic studies*. Cambridge University Press.

Denckla, M. B.（1974）. Development of motor coordination in normal children. *Developmental medicine and child neurology,* **16**, 729-741.

江尻桂子（1998）．　乳児における規準喃語の出現とリズミカルな運動の発達的関連　発達心理学研究，**9**，232-241.

Freeman, N. H., & Janikoun, R.（1972）. Intellectual realism in children's drawings of a familiar object with distinctive features. *Child Development,* **43**, 1116-1121.

Fuson, K. C., & Kwon, Y.（1992）. Learning addition and subtraction: Effects of number words and other cultural tools. In J. Bideaud, C. Meljac, & J-P. Fischer（Eds.）, *Pathways to number: Children's developing numerical abilities*（pp. 283-306）. Psychology Press.

Gallahue, D. L.（1996）. *Developmental physical education for today's children*（3rd ed.）. Brown & Benchmark Pub.（ガラヒュー, D. L. 杉原隆（監訳）（1999）．　幼少年期の体育──発達的視点からのアプローチ　大修館書店）

Gardner, H.（1999）. *Intelligence Reframed: Multiple Intelligences for the 21st Century*. Basic Books.（ガードナー, H. 松村暢隆（訳）（2001）．　MI: 個性を生かす多重知能の理論　新曜社）

Gelman, R., & Gallistel, C. R.（1978）. *The child's understanding of number*. Harvard University Press.

Grice, H. P.（1975）. Logic and conversation. In P. Cole, & J. L. Morgan（Eds.）, *Syntax and semantics* Ⅲ*: Speech acts*（pp. 183-198）. Academic Press.

猪俣朋恵・宇野彰・春原則子（2013）．　年長児におけるひらがなの読み書きに影響する認知要因の検討　音声言語医学，**54**，122-128.

猪俣朋恵・宇野彰・酒井厚・春原則子（2016）．　年長児のひらがなの読み書き習得に関わる認知能力と家庭での読み書き関連活動　音声言語医学，**57**，208-216.

垣花真一郎・安藤寿康・小山麻紀・飯高晶子・菅原いづみ（2009）．　幼児のかな識字能力の認知的規定因　教育心理学研究，**57**，295-308.

加藤美和・人見美沙子・畠垣智恵・小倉正義・野邑健二（2010）．　小学校低学年の書字習得度と認知特性との関連　日本教育心理学会総会発表論文集，**52**，515

加藤直樹（1987）．　少年期の壁をこえる──九，十歳の節を大切に　新日本出版社

小林寛道・脇田裕久・八木規夫（1990）．　幼児の発達運動学　ミネルヴァ書房

Kobayashi, M. S., Haynes, C. W., Macaruso, P., Hook, P.E., & Kato, J. (2005). Effects of mora deletion, nonword repetition, rapid naming, and visual search performance on beginning reading in Japanese. *Annals of Dyslexia,* **55**, 105-128.

Markman, E. M. (1989). *Categorization and naming in children: Problem of induction.* MIT Press.

仲野真史・長崎勤（2009）．　ナラティブの発達と支援　特殊教育学研究，**47**，183-192.

野中壽子（2003）．　幼児の手指の動作の発達　子どもと発育発達，**1**，302-305.

小椋たみ子（2015）．　ことばの発達の道筋　小椋たみ子・小山正・水野久美　乳幼児期のことばの発達とその遅れ（pp. 41-90）　ミネルヴァ書房

岡本夏木（1985）．　ことばと発達　岩波書店

大川一郎（1995）．　個性　野々村新（編）こころへのアプローチ（pp.155-208）　田研出版

Scammon, R. E. (1930). The measurement of the body in childhood. In J. A. Harris, C. M. Jackson, & R. E. Scammon (Eds.), *The measurement of Man* (pp. 173-215). University of Minnesota Press.

Schneider, W. J., & McGrew, K. S. (2018). The Cattell-Horn-Carroll theory of cognitive abilities. In Flanagan, D. P. & McDonough, E. M. (Eds.), *Contemporary intellectual assessment: Theories, tests, and issues* (Fourth Edition., pp. 73-164). The Guilford Press.

島村直己・三神廣子（1994）．　幼児のひらがなの習得──国立国語研究所の1967年の調査との比較を通して　教育心理学研究，**42**，70-76.

Starkey, P., Spelke, E. S., & Gelman, R. (1990). Numerical abstraction by human infants. *Cognition,* **36**, 97-128.

高橋登（2001）．　学童期における読解能力の発達過程──１−５年生の縦断的な分析　教育心理学研究，**49**，1-10.

高橋登（2002）．　会話期と読み書き期の言語発達　柏木惠子・藤永保（監）岩立志津夫・小椋たみ子（編著）臨床発達心理学４──言語発達とその支援（pp. 92-101）　ミネルヴァ書房

Tomasello, M. (1999). *The cultural origins of human cognition.* Harvard University Press. （トマセロ, M. 大堀壽夫・中澤恒子・西村義樹・本多啓（訳）（2006）．　心とことばの起源を探る──文化と認知　勁草書房）

上原泉（1998）．　再認が可能になる時期とエピソード報告開始時期の関係──縦断的調査による事例報告　教育心理学研究，**46**，271-279.

内田伸子（2008）．　ファンタジーはどのように生成されるか　内田伸子（編）よくわかる乳幼児心理学（pp.156-157）　ミネルヴァ書房

臼井永男・岡田修一（2011）．　発達運動論　放送大学教育振興会

綿巻徹（2002）．　文法発達　柏木惠子・藤永保（監）岩立志津夫・小椋たみ子　言語発達とその支援（pp. 84-88）　ミネルヴァ書房

Wynn, K. (1992). Addition and subtraction by human infants. *Nature,* **358**, 749–751.

やまだようこ（2017）．　前言語期のコミュニケーション　臨床発達心理士認定運営機構（監）秦野悦子・高橋登（編著）言語発達とその支援（pp. 63-89）　ミネルヴァ書房

参考文献

ドゥアンヌ, S. 長谷川眞理子・小林哲生（訳）（2010）．　数覚とは何か?──心が数を創り，操る仕組み　早川書房

秦野悦子・高橋登（編著）（2017）．　言語発達とその支援　ミネルヴァ書房

ヴィゴツキー, L. S. 柴田義松（訳）（2001）．　新訳版・思考と言語　新読書社

## ●第10章

引用文献

Arnett, J. J. (2004). *Emerging adulthood: The winding road from the late teens through the twenties.* Oxford University Press.

浅野千恵（1996）．　女はなぜやせようとするのか──摂食障害とジェンダー　勁草書房

Damon, W., & Hart, D. (1988). *Self-understanding in childhood and adolescence.* Cambridge University Press.

Elkind, D. (1967). Egocentrism in adolescence. *Child Development*, **38**, 1025-1034.

Erikson, E. H. (1959). *Identity and the life cycle. Psychological issues Vol. 1, No.1, Monograph 1.* International University Press. （エリクソン, E. H. 西平直・中島由恵（訳）（2011）．　アイデンティティとライフサイクル　誠信書房）

Fenigstein, A., Scheier, M. F., & Buss, A. H. (1975). Public and private self-consciousness: Assessment and theory. *Journal of Consulting and Clinical Psychology*, **43**, 522-527.

Furlong, A., & Cartmel, F. (2009). *Higher education and social justice.* Open University Press.

畑野快（2018）．　海外におけるアイデンティティ研究の動向　高坂康雅（編）ノードとしての青年期（pp.60-61）　ナカニシヤ出版

引用文献・参考文献

Hatano, K., & Sugimura, K. (2017). Is Adolescence a period of identity formation for all youth? Insights from a four-wave longitudinal study of identity dynamics in Japan. *Developmental Psychology*, **53**, 2113-2126.

畑野快・杉村和美・中間玲子・溝上慎一・都筑学（2014）． エリクソン心理社会的段階目録（第5段階）12項目版の作成 心理学研究，**85**，482-487．

Hollingworth, L. S. (1928). *The psychology of the adolescent*. D. Appleton Century Company.

池田幸恭（2017）． 生涯発達の中の青年期 高坂康雅・池田幸恭・三好昭子（編著）レクチャー青年心理学——学んでほしい・教えてほしい青年心理学の15のテーマ（pp.1-13） 風間書房

池田幸恭（2017）． 青年期の親子関係 高坂康雅・池田幸恭・三好昭子（編著）レクチャー青年心理学——学んでほしい・教えてほしい青年心理学の15のテーマ（pp.79-93） 風間書房

厚生労働省（2017）． 「平成29年（2017）人口動態統計（確定数）の概況」https://www.mhlw.go.jp/toukei/saikin/hw/jinkou/kakutei17/index.html（最終アクセス日：2019年5月10日）

久世敏夫（2000）． 青年期とは 久世敏夫・斎藤耕二（監）福富護・二宮克美・高木秀明・大野久・白井利明（編）青年心理学辞典（pp.4-5） 福村出版

Marcia, J. E. (1966). Development and validation of ego-identity status. *Journal of Personality and Social Psychology*, **3**, 551-558.

三好昭子（2017）． アイデンティティの発達 高坂康雅・池田幸恭・三好昭子（編著）レクチャー青年心理学——学んでほしい・教えてほしい青年心理学の15のテーマ（pp.63-77） 風間書房

文部科学省（2016）． 「学校基本調査」 http://www.mext.go.jp/b_menu/toukei/chousa01/kihon/kekka/k_detail/1407849.html（最終アクセス日：2019年2月1日）

森陽子（2012）． 青年期と性 白井利明・都筑学・森陽子 やさしい青年心理学（pp.173-195） 有斐閣

中間玲子（2012）． 青年期の自己意識の発達的変化（1）——理想自己と自己意識特性との関連—— 第54回日本教育心理学会発表論文集，247

日本性教育協会（編）（2013）． 「若者の性」白書——第7回青少年の性行動全国調査報告 小学館

小倉千加子（2001）．セクシュアリティの心理学 有斐閣

Rankin, J. L., Lane, D. J., Gibbons, F. X., & Gerrard, M. (2004). Adolescent self-consciousness: longitudinal age changes and gender differences in two cohorts. *Journal of Research on Adolescence*, **14**, 1-21.

Rosenberg, M. (1986). *Self-concept from middle childhood through adolescence*. In J. Suls, & A. G. Greenwald (Eds.), *Psychological perspective on the self. Vol. 3 Hillsdale* (pp.107-135). Lawrence Erlbaum Associations.

Shayer, M., & Wylam, H. (1978). The distribution of Piagetian stages of thinking in British middle and secondary school children Ⅱ :14-16 Year Olds and Sex Differentials. *British Journal of Educational Psychology*, **48**, 62-70.

白井利明（2012）． 自己形成の道筋 白井利明・都筑学・森陽子 やさしい青年心理学（pp.19-38） 有斐閣

谷冬彦（2001）． 青年期における同一性の感覚の構造——多次元自我同一性尺度（MEIS）の作成 教育心理学研究，**49**，265-273.

東京都幼稚園・小・中・高・心障性教育研究会（2005）． 2005年調査 「児童・生徒の性——東京都小学校・中学校・高等学校の性意識・性行動に関する調査報告」 学校図書

東京都幼・小・中・高・心性教育研究会（2014）． 児童・生徒の性に関する調査 現代性教育研究ジャーナル，**45**，1-6.

宇井美代子（2012）． 性意識 高橋恵子・湯川良三・安藤寿康・秋山弘子（編）発達科学入門3——青年期～後期高齢期（pp.17-33） 東京大学出版会

**参考文献**

溝上慎一（2008）． 自己形成の心理学——他者の森をかけ抜けて自己になる 世界思想社

白井利明（編）（2015）． よくわかる青年心理学 [第2版] ミネルヴァ書房

高坂康雅・池田幸恭・三好昭子（編）（2017）． レクチャー青年心理学——学んでほしい・教えてほしい青年心理学の15のテーマ 風間書房

## ●第11章

**引用文献**

中央教育審議会（2011）． 「今後の学校におけるキャリア教育・職業教育の在り方について（答申）」 ぎょうせい

Diener, E. (2000). Subjective well-being: The science of happiness and a proposal for a national index. *American Psychologist,* **55**, 34-43.

土肥伊都子・広沢俊宗・田中國夫（1990）． 多重な役割従事に関する研究——役割従事タイプ，達成感と男性性，女性性の効果 社会心理学研究，**5**，137-145.

福島朋子（2017）． 成人初期の発達——大人への移行 向田久美子（編著）新訂発達心理学概論（pp.159-172） 放送大学教育振興会

Grzywacz, J.G., & Marks, N.F. (2000). Reconceptualizing the work-family interface: An ecological perspective on the correlates of positive and negative spillover between work and family, *Journal of Occupational*

*Health Psychology*, **5**, 111-126.

Hall,D.T.（1976）.*Careers in organizations*. Scott Foresman & Co.

Herzberg,F.（1966）. *Work and the nature of man*. World Publishing.（ハーズバーグ, F. 北野利信（訳）（1968）． 仕事と人間性——衛生理論の新展開　東洋経済新報社）

平山順子（1999）．　家族を「ケア」するということ——育児期の女性の感情・意識を中心に　家族心理学研究, **13**, 29-47.

石井クンツ昌子（2013）．　「育メン」現象の社会学——育児・子育て参加への希望を叶えるために　ミネルヴァ書房

伊藤裕子（2012）．　夫婦関係　高橋惠子・湯川良三・安藤寿康・秋山弘子（編）発達科学入門3　青年期~後期高齢期（pp.135-145）　東京大学出版会

伊藤裕子（2015）．　夫婦関係における親密性の様相　発達心理学研究, **26**, 279-287.

Jung,C.G.（1933）. The stages of life. *The collected works of C. G. Jung* volume 8. Princetion University Press.

金井篤子（2012）．　職業生活　高橋惠子・湯川良三・安藤寿康・秋山弘子（編）発達科学入門3　青年期~後期高齢期（pp.105-117）　東京大学出版会

金井壽宏（2002）．　働くひとのためのキャリア・デザイン　PHP研究所

柏木惠子（2001）．　子どもという価値——少子化時代の女性の心理　中央公論新社

柏木惠子（2003）．　家族心理学——社会変動・発達・ジェンダーの視点　東京大学出版会

柏木惠子（2012）．　親としての発達　高橋惠子・湯川良三・安藤寿康・秋山弘子（編著）発達科学入門3　青年期~後期高齢期（pp.119-134）　東京大学出版会

柏木惠子・若松素子（1994）．　「親になる」ことによる人格発達——生涯発達的観点から親を研究する試み　発達心理学研究, **5**, 72-83

加藤容子・金井篤子（2006）．　共働き家庭における仕事家庭両立葛藤への対処行動の効果　心理学研究, **76**, 511-518.

木脇奈智子（2008）．　父親は育児と仕事の葛藤を感じているのか？　大和礼子・斧出節子・木脇奈智子（編）男の育児・女の育児——家族社会学からのアプローチ（pp.161-179）　昭和堂

国立社会保障・人口問題研究所（2012）．　平成22年第14回出生動向基本調査（結婚と出産に関する全国調査）「第II報告書わが国独身層の結婚観と家族観」　http://www.ipss.go.jp/syoushika/bunken/data/pdf/207750.pdf（最終アクセス日：2018年12月10日）

国立社会保障・人口問題研究所（2018）．　「2018年版人口統計資料集」, IV. 出産・家族計画　表4-3 女性の人口再生産に関する主要指標:1925~2016年　http://www.ipss.go.jp/syoushika/tohkei/Popular/Popular2018.asp?chap=0（最終アクセス日：2018年12月10日）

厚生労働省（2000）．　児童虐待の防止等に関する法律（平成12年法律第82号）　https://www.mhlw.go.jp/bunya/kodomo/dv22/01.html（最終アクセス日：2018年12月10日）

厚生労働省（2004）．　平成16年版厚生労働白書「現代生活を取り巻く健康リスク——情報と協働でつくる安全と安心」

厚生労働省（2014）．　過労死等防止対策推進法（平成26年法律第100号）　https://www.mhlw.go.jp/file/06-Seisakujouhou-11200000-Roudoukijunkyoku/0000061009.pdf（最終アクセス日：2018年12月10日）

厚生労働省（2016）．　平成28年度人口動態統計月報年計（概数）の概況　https://www.mhlw.go.jp/toukei/saikin/hw/jinkou/geppo/nengai16/dl/gaikyou28.pdf（最終アクセス日：2018年12月10日）

厚生労働省（2018）．　子ども虐待による死亡事例等の検証結果等について（第14次報告）, 平成29年度の児童相談所での児童虐待相談対応件数及び平成29年度「居住実態が把握できない児童」に関する調査結果—— 2　平成29年度の児童相談所での児童虐待相談対応件数（別添2）　https://www.mhlw.go.jp/stf/houdou/0000173365_00001.html（最終アクセス日：2018年12月10日）

Krumboltz, J.D., & Levin, A.S.（2004）. *Luck is not accident*. Impact Publishers（クランボルツ, J.D., レヴィン, A.S.　花田光世・大木紀子・宮地夕紀子（訳）（2005）．　その幸運は偶然ではないんです！　ダイヤモンド社）

Lewin, K.（1951）. *Field theory and social science: Selected Theoretical Papers*. Harper & Row.（レヴィン, K. 猪股佐登留（訳）（1979）．　社会科学における場の理論　誠信書房）

Levinson, D.J., Darrow, C.N., Klein, E.B., Levinson, M.H., & McKee, B.（1978）. *The seasons of a man's life*. Knopf.（レヴィンソン,D.J. 南 博（訳）（1992）．　ライフサイクルの心理学　上・下　講談社）

Locke, E. A.（1976）. *The nature and causes of job satisfaction*. In M.D.Dunnette（Ed.）, *Handbook of Industrial and Organizational Psychology*（pp.1297-1343）. Rand McNally & Co.,

Meyer,J.P., Allen,N.J., & Smith,C.A.（1993）. Commitment to organizations and occupations: extension and test of a three-component conceptualization. *Journal of Applied Psychology*, **78**, 538-551.

内閣府（2018）．　平成30年度「男女共同参画白書」

内閣府（2018）．　平成30年版「少子化社会対策白書」

中間玲子（2011）．　成人期の心の発達　子安増生（編著）新訂発達心理学特論（pp.230-248）　放送大学教育振興会

岡本祐子（1985）．　中年期の自我同一性に関する研究　教育心理学研究, **33**, 295-306.

岡本祐子（2002）．　アイデンティティ生涯発達論の射程　ミネルヴァ書房

大野祥子（2010）．　進む晩婚化／非婚化——結婚の価値への疑義　柏木惠子（編著）よくわかる家族心理学（pp.47-48）　ミネルヴァ書房

Ryff, C.D. (1989). Happiness is everything, or is it? Explorations on the meaning of psychological well-being. *Journal of Personality and Social Psychology*, **57**, 1069-1081.

Schein, E.H. (1990). *Career anchors: Discovering your real values* (Revised edition). Pfeiffer (シャイン, E.H. 金井壽宏 (訳) (2003).　キャリア・アンカー——自分の本当の価値を発見しよう　白桃書房)

柴山恵美子 (2005).　ジェンダー・バランス社会の創造に向かって——男女の労働権および職業・家族的責任と社会参画の調和のために　柴山恵美子・藤井治枝・守屋貴司 (編著) 世界の女性労働——ジェンダー・バランス社会の創造へ (pp.1-36)　ミネルヴァ書房

相馬直子・山下順子 (2013).　ダブルケア (子育てと介護の同時進行) から考える新たな家族政策——世代間連携とジェンダー平等に向けて　調査季報, **171**, 14-17.

Super,D.E. (1980). A life-span, life-space approach to career development Ⅱ. In D.Brown, L.Brooks, & Associates, (Eds.) *Career Choice and Development: Applying Contemporary Theories to Practice* (2nd ed.). Jossey-Bass.

都筑学 (2015).　青年期のこころ　荻野美佐子 (編著) 発達心理学特論　放送大学教育振興会

### 参考文献

金井壽宏 (2002).　働くひとのためのキャリア・デザイン　PHP研究所

柏木惠子 (監修) 塘利枝子・福島朋子・永久ひさ子・大野祥子 (編) (2008).　発達家族心理学を拓く——家族と社会と個人をつなぐ視座　ナカニシヤ出版

岡本祐子 (2002).　アイデンティティ生涯発達論の射程　ミネルヴァ書房

## ●第12章

### 引用文献

American Psychiatric Association. (2013). *Diagnostic and statistical manual of mental disorders (DSM-5)*. American Psychiatric Pub. (日本精神神経学会 (2014).　DSM-5 精神疾患の診断・統計マニュアル　医学書院)

Baltes, P. B. (1997). On the incomplete architecture of human ontogeny. Selection, optimization, and compensation as foundation of developmental theory. *American Psychologist*, **52**, 366-380.

Kahn, R. L., & Antonucci, T. (1980). Convoys over the life course: attachments, roles, and social support. In P.B. Baltes & O.G. Brim (eds), *Life-span Development and Behavior*, **3**, 253-267.

厚生労働省 (2015).　「日本における認知症の高齢者人口の将来推計に関する研究　総括研究報告書」　平成26年度

内閣府 (2014).　平成26年版高齢社会白書　第1章　高齢化の現状　https://www8.cao.go.jp/kourei/whitepaper/ w-2017/html/gaiyou/s1_1.html (最終アクセス日：2019年2月1日)

内閣府 (2018).　高齢化の現状　内閣府 (編著) 「平成30年版高齢社会白書」 (pp.2-14)

大川一郎・宇都宮博・日下菜穂子・奥村由美子・土田宣明 (2011).　エピソードでつかむ老年心理学　ミネルヴァ書房

Row, J. W., & Kahn, R. L. (1998). *Successful aging*. Dell Publishing.

Schaie, K.W. (2013). *Developmental influences on adult intelligence: The Seattle Longitudinal Study* (2nd ed.). Oxford University Press.

高橋祥友 (2009).　新訂老年期うつ病　日本評論社

Tolea, M. I., Costa, P., Terracciano, A., et al. (2010). Sex-specific correlates of walking speed in a wide age-ranged population. *Journals of Gerontology Series B: Psychological Sciences and Social Sciences*, **65**, 174-184.

内田育恵・杉浦彩子・中島務・安藤富士子・下方浩史 (2012).　全国高齢難聴者数推計と10年後の年齢別難聴発症率——老化に関する長期縦断疫学研究 (NILS-LSA) より　日本老年医学会雑誌, **49**, 222-227.

WHO (1993). *Doctor-Patient Interaction and Communication*, WHO.

### 参考文献

大川一郎・宇都宮博・日下菜穂子・奥村由美子・土田宣明 (2011).　エピソードでつかむ老年心理学　ミネルヴァ書房

佐藤眞一・権藤恭之 (編著) (2016).　よくわかる高齢者心理学　ミネルヴァ書房

佐藤眞一・髙山緑・増本康平 (2014).　老いのこころ——加齢と成熟の発達心理学　有斐閣

## ●第13章

### 引用文献

Baron-Cohen ,S., Leslie ,A.M., & Frith, U. (1985). Does the autistic child have a "theory of mind"? *Cognition*, **21**, 37-46.

別府哲 (2014).　自閉症スペクトラムの機能連関，発達連関による理解と支援——他者の心の理解に焦点をあてて　障害者問題研究, **42**, 11-19.

別府哲・野村香代 (2005).　高機能自閉症児は健常児と異なる「心の理論」をもつのか——「誤った信念」課題とその言語的理由付けにおける健常児との比較　発達心理学研究, **16**, 257-264.

浜田恵・村山恭朗・明翫光宜・辻井正次 (2015).　発達障害者が社会適応を高めるには　ストレス科学研究, **30**, 20-26.

橋本創一 (2016).　知的障害　日本発達障害学会 (監) 日本発達障害学会50周年記念事業編集委員会 (編) キーワードで読む

発達障害研究と実践のための医学診断／福祉サービス／特別支援教育／就労支援――福祉・労働制度・脳科学的アプローチ（pp.16-17）　福村出版

稲垣真澄・米田れい子（2017）．　医療の立場から．特集 限局性学習症（学習障害）　児童青年精神医学とその近接領域, **58**, 205-216.

犬塚峰子（2016）．　子ども虐待における家族支援――治療的・教育的ケアを中心として　児童青年精神医学とその近接領域, **57**, 769-782.

一般社団法人日本LD学会（編）（2017）．　LD・ADHD等関連用語集　第4版　日本文化科学社

伊藤純子（2010）．　体質性低身長症　小児内科, **42**, 551-554.

Joshi,G., Faraone, S.V., Wozniak, J., Tarko, L., Fried, R., Galdo, M., Furtak, S.L., & Biederman,J.（2017）. Symptom profile of ADHD in youth with high-functioning autism spectrum disorder: a comparative study in psychiatrically referred populations. *Journal of Attention Disorders,* **21**, 846-855.

加賀佳美・稲垣真澄（2018）．　小児期（特集 注意欠如・多動症（AD/HD）：診断・治療の最新知見）――（AD/HD の疫学）日本臨床, **76**, 561-565.

Kanne, S.M., Gerber, A.J., Quirmbach, L.M., Sparrow, S.S., Cicchetti, D.V., & Saulnier, C.A.（2011）. The role of adaptive behavior in autism spectrum disorders: Implications for functional outcome. *Journal of autism and developmental disorders,* **41**, 1007-1018.

菅野敦（2005）．　知的障害児の発達と教育　菅野敦・橋本創一・林安紀子・大伴潔・池田一成・奥住秀之（編）新版障害者の発達と教育・支援――特別支援教育／生涯発達支援への対応とシステム構築（pp.107-141）　山海堂

小寺澤敬子・岡田由香・宮田広善（2016）．　姫路市における1983年から25年間の脳性麻痺発生の推移　脳と発達, **48**, 14-19.

小島道生（2016）．　障害のある子の自己理解――発達障害児の豊かな自己理解を育てる　発達障害研究, **38**, 49-53.

河野由美（2017）．　早産・低出生体重児の発達障害　医学のあゆみ, **260**, 231-236.

厚生省脳性麻痺研究班（1969）．　「脳性小児麻痺の成因と治療に関する研究」（班長　高津忠夫）昭和43年度第2回班会議

中井昭夫（2018）．　不器用な子ども――DCDという視点からの理解と支援　発達障害医学の進歩, **30**, 66-73.

日本精神神経学会（監）髙橋三郎・大野裕（監訳）（2014）．　DSM-5　精神疾患の診断・統計マニュアル　医学書院

日本小児神経学会（編）（2017）．　神経発達症（発達障害）　小児神経専門医テキスト（pp.315-325）　診断と治療社

西美和（2007）．　成長曲線から何がわかるか　小児保健研究, **66**, 243-246.

荻野竜也（2010）．　学習障害の医学　安藤美華代・加戸陽子・眞田敏（編著）子どもの発達障害・適応障害とメンタルヘルス（pp.75-90）　ミネルヴァ書房

小沢浩・荒井洋（2017）．　序論：現状と問題点　脳と発達, **49**, 179-180.

杉山登志郎（2018）．　子ども虐待によって生じる愛着障害とトラウマ　こころの科学, **200**, 54-60.

齊藤万比古（2014）．　思春期・青年期の発達障害者支援，二次障害への対応　公衆衛生, **78**, 392-395.

眞田敏（2010）．　広汎性発達障害の医学　安藤美華代・加戸陽子・眞田敏（編著）子どもの発達障害・適応障害とメンタルヘルス（pp.3-29）　ミネルヴァ書房

関あゆみ（2016）．　脳の発達と脳機能　玉井浩（監）子どもの学びと向き合う――医療スタッフのためのLD診療・支援入門（pp.21-26）　診断と治療社

Shaywitz, B.A., Shaywitz, S.E., Pugh, K.R., Mencl, W.E., Fulbright, R.K., Skudlarski, P., Constable, R.T., Marchione, K.E., Fletcher, J.M., Lyon, G.R., & Gore, J.C.（2002）. Disruption of posterior brain systems for reading in children with developmental dyslexia. *Biological psychiatry,* **52**, 101-110.

Stiedl,O., Pappa, E., Konradsson-Geuken, Å., & Ögren,S.O.（2015）. The role of the serotonin receptor subtypes 5-HT1A and 5-HT7 and its interaction in emotional learning and memory. *Frontiers in pharmacology,* **6**, 162.

鈴木潤一・浦上達彦（2010）．　低身長に対する診断アプローチ　小児内科, **42**, 531-537.

友田明美（2018）．　こころの健やかな発達／つまずきと脳――アタッチメント　こころの科学, **200**, 15-21.

上田敏（2005）．　ICF（国際生活機能分類）の理解と活用――人が「生きること」「生きることの困難（障害）」をどうとらえるか　きょうされん

Yoshida,Y., & Uchiyama, T.（2004）. The clinical necessity for assessing attention deficit/hyperactivity disorder（AD/HD）symptoms in children with high-functioning pervasive developmental disorder（PDD）. *European child & adolescent psychiatry,* **13**, 307-314.

渡邊正孝（2016）．　前頭連合野のしくみとはたらき　高次脳機能研究, **36**, 1-8.

**参考文献**

坂爪一幸（2011）．　特別支援教育に力を発揮する神経心理学入門　学習研究社

原 仁（2019）．　新版子どもの発達障害事典　合同出版

日本発達障害学会（監）日本発達障害学会50周年記念事業編集委員会（編）（2016）．　キーワードで読む　発達障害研究と実践のための医学診断／福祉サービス／特別支援教育／就労支援――福祉・労働制度・脳科学的アプローチ　福村出版

| 考えてみよう | **回答のためのヒント** |
|---|---|

このページでは，「考えてみよう」の回答例や回答するためのヒントを示しています。
自分で考える際の参考にしましょう。

---

## ■ 第1章（10ページ）

たとえば，ベテランのスポーツ選手（例：野球選手，ボクサー）や高齢の演奏者（例：ピアニスト，バイオリニストなど）が，若手のスポーツ選手や演奏者に負けないばかりか，それ以上のパフォーマンスを発揮することがあげられる。加齢による運動神経や体力の衰えで喪失する能力を，長年の経験で蓄積された勘や知識や技といった新たな能力の獲得によって補っているといえる。

---

## ■ 第2章（24ページ）

授業内容を理解し，取得するのに関わる諸々の能力に関与する遺伝要因が，生徒によって異なるから。また，近くの席の生徒の授業態度など，授業を受ける際の環境条件が同じ教室内であっても生徒によって異なるから。

---

## ■ 第3章（40ページ）

お座りができるようになり，座った状態で物が落ちるのを見たり，自分で物を落としたりする経験が増えると，物の落ちる方向に敏感になる。

---

## ■ 第4章（52ページ）

父親，母親，先生がそれぞれ子どもの心への高い応答性をもち，一貫性のある関わり方をしていると，子どもはどの相手にも同じように安定したアタッチメントをもつ。また，母親との間の安定したアタッチメントを足がかりにして，先生との間にも同じようなタイプのアタッチメントをもつこともあり得る。一方，たとえば母親との間のアタッチメントが不安定であっても，保育所や幼稚園の先生の応答的な関わりを経験することで，先生との間には安定したアタッチメントを形成する子どももいる。

---

## ■ 第5章（67ページ）

アニミズム：踏みつけられた花を見て，「お花が痛いって言ってる」と言う子ども。
人口論：焼きいもをしているときの煙を見て，「こうやって雲をつくるんだ！」と言う子ども。
領域固有性：大人より虫についてくわしい「虫博士」の子ども。
重複波理論：「どろだんご」などをつくるときの，年齢などによるつくり方の変化。　など

---

## ■ 第6章（78ページ）

たとえば，A君が積み木でタワーをつくったところに，B君が意地悪をしようとして，タワー

の天辺の積み木を取ってしまったとする。それを見たC君がそのタワーを直してあげようとして，積み木をつんだところ，うっかり手が滑って，タワーを崩してしまったとしよう。このようなとき，幼児期の子どもであると，結果の大きさで行動の良し悪しを判断しやすい傾向があるため，A君はC君の善意に気づけず，より強い怒りをC君に向けてしまうこともある。また，実行機能の発達が未熟であると，その感情を抑制したり，気持ちを切り替えたりするのが難しいかもしれない。児童期になると，心の理論や実行機能が発達し，道徳性の判断も変化して，意地悪な意図をもつB君をより悪く感じるようになるかもしれない。

## ■ 第7章 （90ページ）

1.「いじめを見たときに生じる怒りが，いじめを止めるきっかけになる」や「友だちとけんかしたときに生じる悲しみが，仲直りしようと思う気持ちにつながる。また，ほかの友だちからのなぐさめを引き出す」などが考えられる。ただし，適応的という考え方について，「今すぐ役に立つ」のか「長期的に見て役に立つ」のか，そもそも何を「適応的」と考えるのかについては，実践者として注意しておくべきポイントである。

2. 心理学的なものとしては，感情知性に関するスキルを直接的に練習・トレーニングすることが考えられる（具体例としては，第7章参考文献の箱田・遠藤（2015）を参照）。もう一つ，集団的な活動が考えられる。感情知性を直接指導するわけではないが，活動のなかで，相手の感情を思いやること，相手にもわかってもらうこと，ときにわかり合えない葛藤を感じること，などをとおして間接的に感情知性が育まれると思われる。日本の学校教育にはこのような集団活動が多く設定されていることから，感情知性という観点で教育をとらえなおすことも意義があると思われる。

## ■ 第8章 （96ページ）

ドッジボール（ルールを守りつつ，複数の仲間と協同して遊ぶものでもあることから，ピアジェの「ルール遊び」，パーテンの「協同遊び」に該当し，発達水準の高い遊びであるといえる）。

（102ページ）

放課後児童クラブ（厚生労働省）や放課後子供教室（文部科学省）などの学童保育も，放課後や長期休みの際の子どもの三間を保障する試みといえる。

## ■ 第9章 （115ページ）

1. しゃべることのできる状態とは，特定の言語を獲得している状態になる。生まれる前から赤ちゃんは，自分が生まれる環境がどの言語環境なのかわかるだろうか。乳児を未熟な存

「考えてみよう」回答のためのヒント

在ではなく，汎用性の高い存在として捉えて考えてみよう。

2. たとえば，「頭がいい」を知能が高いに置き換えて考えてみよう。知能については本書のなかで，その考え方が変遷してきていることを示している。特にガードナーの多重知能理論を参照して考えてみよう。

## ■ 第10章（130ページ）
心理学の授業で学んだこと→公認心理師
アルバイトの経験から学んだこと→営業職

## ■ 第11章（143ページ）
男女にかかわらず，体力の衰え，白髪の増加や老眼，生活習慣病罹患率の上昇がある。女性では閉経に伴う更年期症状があらわれる。また，職業生活では職責に伴うストレスの増加，出世や能力の限界に直面する挫折経験が考えられる。家庭生活では，青年期に入る子どもとの親子関係の変化や親の介護の問題が生じ得る。また，専業主婦の女性では，母親役割の喪失による空の巣症候群などが考えられる。

（144ページ）
正規・非正規雇用などの雇用形態，長時間労働などの雇用環境の問題，家事・育児などに対する夫婦間での役割分担の問題，さらには近年では，親の介護の問題などに，どのように対処していくのかという課題がある。

## ■ 第12章（155ページ）
若い頃は広い庭の全体を畑にしてさまざまな野菜をつくっていたが，高齢になったので，畑を狭くして植える野菜を限定し（選択），一日数回に分けてじっくりと手入れをし（最適化），若い人に野菜をあげたり，野菜づくりを教えてあげたりして，その代わりに手伝ってもらう（補償）などして楽しんでいる。

## ■ 第13章（170ページ）
神経発達障害を抱える子どもたちの症状の多様性を生ずる要因として，症状の程度，ほかの神経発達障害や二次障害の併存，個人の経験，周囲の理解といったことがあげられる。

187

# 索引

## 和文

### ■あ

愛着行動・・・・・・・・・・・・・・・・・45
アイデンティティ・・・・・・・・・・125
「アイデンティティ　対　アイデン
　　ティティの混乱」・・・・・・・127
　　──地位・・・・・・・・・・・・・・127
　　──の混乱・・・・・・・・・・・126
　　──の統合・・・・・・・・・・・126
アスペルガー（Asperger, H.）
　・・・・・・・・・・・・・・・・・・・・・161
アスペルガー障害・・・・・・・・・161
遊び・・・・・・・・・・・・・・・・・・・67
　　協同──・・・・・・・・・・・・・95
アタッチメント（愛着）・・・・・・44
アタッチメント障害（反応性アタッチメン
　　ト障害／反応性愛着障害）・・・169
アタッチメントの個人差・・・・・49
アニミズム・・・・・・・・・・・・・・・56
アンヴィバレント型・・・・・・・・49
安全基地・・・・・・・・・・・・・・・・・45
安定型・・・・・・・・・・・・・・・・・・48

### ■い

育児ストレス・・・・・・・・・・・・141
育児不安・・・・・・・・・・・・・・・・141
育児放棄（ネグレクト）・・・・・142
移行対象・・・・・・・・・・・・・・・・47
異性関係・・・・・・・・・・・・・・・128
依存症・・・・・・・・・・・・・・・・・・92
一語文・・・・・・・・・・・・・・・・・106
一次的（原初的）感情・・・・・・・81
一次的ことば・・・・・・・・・・・109
一般知能因子・・・・・・・・・・・113
遺伝・・・・・・・・・・・・・・・・・・・12
遺伝か環境か・・・・・・・・・・・・16
遺伝・環境間相関・・・・・・・・・20
遺伝・環境交互作用・・・・・・・20
遺伝的基盤・・・・・・・・・・・・・・22
遺伝と環境の相互作用・・・・・19
イヤイヤ期・・・・・・・・・85, 141
色の知覚・・・・・・・・・・・・・・・37

### ■う

ヴィゴツキー（Vygotsky, L. S.）
　・・・・・・・・・・・・・・・・・58, 60
　　──の発達理論・・・・・・・・58
ウィニコット（Winnicott, D. W.）

・・・・・・・・・・・・・・・・・・・・47
ウェクスラー式知能検査・・114, 115
ウェルビーイング・・137, 143, 151
うつ病・・・・・・・・・・・・・・・・153
ヴント（Wundt, W.）・・・・・・・13

### ■え

エイジングパラドックス・・・・・153
エインズワース（Ainsworth, M. D.
　　S.）・・・・・・・・・・・・・・・・48
エピジェネティクス・・・・・・・・22
エフォートフル・コントロール・・・86
M字カーブ・・・・・・・・・・・・・138
エリクソン（Erikson, E. H.）
　・・・5, 43, 101, 125, 132, 139
演繹的思考・・・・・・・・・・58, 67

### ■お

横断的方法・・・・・・・・・・・・・・・9
応答性・・・・・・・・・・・・・・・・・・50
応用行動分析・・・・・・・・・・・170
奥行き知覚・・・・・・・・・・・・・・37
親としての人格発達・・・・・・・140
親としての発達・・・・・・・・・・140
親の介護・・・・・・・・・・・・・・・144

### ■か

ガードナー（Gardner, H.）・・・113
外言・・・・・・・・・・・・・・・・・・112
介護・・・・・・・・・・・・・・・・・・144
介護者・・・・・・・・・・・・・・・・154
　　被──・・・・・・・・・・・・・・154
回避型・・・・・・・・・・・・・・・・・49
会話の協調原理・・・・・・・・・・107
count-all方略・・・・・・・・・64, 110
count-on方略・・・・・・・・・・111
獲得と喪失・・・・・・・・・・・・・・・4
家系研究法・・・・・・・・・・・・・・17
活動持続・・・・・・・・・・・・・・・150
家庭内で起こる暴力・・・・・・・141
空の巣症候群・・・・・・・・・・・133
加齢による心身機能の変化
　・・・・・・・・・・・・・・・146, 149
加齢のメカニズム・・・・・・・・148
過労死等・・・・・・・・・・・・・・・138
感覚運動期（感覚運動的段階）
　・・・・・・・・・・・・・・・・・7, 55
感覚間知覚・・・・・・・・・・32, 33
感覚器官・・・・・・・・・・・・・・・29
感覚特異性・・・・・・・・・・・・・161

環境・・・・・・・・・・・・・・・・・・・12
環境閾値説・・・・・・・・・・・・・・15
環境優位説・・・・・・・・・・・・・・13
関係性攻撃・・・・・・・・・・・・・・99
観察法・・・・・・・・・・・・・・・・・・8
慣習的水準・・・・・・・・・・・・・・75
感情・・・・・・・・・・・・・・・・・・・80
感情制御（感情調整）・・・・・・・83
感情知性・・・・・・・・・・・・・・・82
感情表出・・・・・・・・・・・・・・・84

### ■き

気質・・・・・・・・・・・・・・・・・・・50
気質と環境・・・・・・・・・・・・・・51
規準喃語・・・・・・・・・・・・・・・106
期待違反法・・・・・・・・・・・・・・36
規範意識・・・・・・・・・・・・71, 74
気分・・・・・・・・・・・・・・・・・・・80
基本感情理論・・・・・・・・・・・・81
基本的信頼感・・・・・・・・・・・・43
「基本的信頼　対　基本的不信」
　・・・・・・・・・・・・・・・・・・・・・43
虐待・・・・・・・・・・・・・・・・・・・52
キャッテル（Cattell, R. B.）・・・113
キャリア・・・・・・・・・・・・135, 137
キャリア・アンカー・・・・・・・135
キャリア・デザイン・・・・・・・135
キャロル（Carroll, J. B.）・・・・113
ギャング・グループ・・・・・・・・98
嗅覚・・・・・・・・・・・・・・・・・・・36
9歳の壁（10歳の壁）・・・・・・・111
鏡映的自己・・・・・・・・・84, 86
境界性人格障害・・・・・・・・・・92
共感性・・・・・・・・・・・・・・・・・71
協調性・・・・・・・・・・・・・・・・・96
協同遊び・・・・・・・・・・・・・・・95
共同注意・・・・・・・・・・・72, 108
共有環境・・・・・・・・・・・・・・・18
切替・・・・・・・・・・・・・・・・・・・78
均衡化・・・・・・・・・・・・・・・・・55
勤勉性・・・・・・・・・・・・・・・・101

### ■く

クーイング・・・・・・・・・・・・・106
具体的操作期（具体的操作段階）
　・・・・・・・・・・・・・・・・・7, 57

### ■け

計画された偶発性・・・・・・・・・136
形式的操作期（形式的操作段階）

索　引

・・・・・・・・・・・・・・・ 7, 57, 58, 121
ケイス（Case, R.）・・・・・・・・・・・ 62
系統発生・・・・・・・・・・・・・・・・・ 24
ゲゼル（Gesell, A.）・・・・・・ 12, 13
結果期待・・・・・・・・・・・・・・・・・ 88
結果論的判断・・・・・・・・・・・・・・ 75
結婚・出産・・・・・・・・・・・・・・・ 139
結晶性知能・・・・・・・・・・・・・・・ 113
限局性学習症（SLD）・・・・・・・ 163
健康寿命・・・・・・・・・・・・・・・・・ 147
検査法・・・・・・・・・・・・・・・・・・・・ 8
原始反射・・・・・・・・・・・・・・ 31, 33

■こ

語彙爆発・・・・・・・・・・・・・・・・・ 107
高次脳機能・・・・・・・・・・・・・・・ 159
高次の精神機能・・・・・・・・・・・・ 58
向社会的行動・・・・・・・・・・・ 72, 77
更新・・・・・・・・・・・・・・・・・・・・ 78
構成主義理論・・・・・・・・・・・・・・ 81
行動遺伝学・・・・・・・・・・・・・・・ 16
行動主義・・・・・・・・・・・・・・・・・ 13
合理的配慮・・・・・・・・・・・・・・・ 169
効力期待・・・・・・・・・・・・・・・・・ 88
コールバーグ（Kohlberg, L.）・・・・ 75
　――の道徳性発達理論・・・・・・ 75
高齢者虐待の防止，高齢者の養護者
　に対する支援等に関する法律（高
　齢者虐待防止法）・・・・・・・・・ 144
五感・・・・・・・・・・・・・・・・・・・・ 36
国際生活機能分類（ICF）・・・・・ 159
心の理論・・・・・・・・・・・・・・・・・ 73
　二次の――・・・・・・・・・・・・・・ 74
個人内差・・・・・・・・・・・・・・・・・ 170
誤信念課題・・・・・・・・・・・・・・・ 73
個性化・・・・・・・・・・・・・・・・・・ 96
個体発生・・・・・・・・・・・・・・・・・ 24
孤独・・・・・・・・・・・・・・・・・・・ 150
コホート・・・・・・・・・・・・・・・・・・ 9

■さ

サーストン（Thurstone, L. L.）
・・・・・・・・・・・・・・・・・・・・・・ 113
罪悪感・・・・・・・・・・・・・・・・・・ 90
サクセスフルエイジング・・・・・ 151
三語文・多語文・・・・・・・・・・・ 107
算数障害・・・・・・・・・・・・・・・・・ 164

■し

CHC 理論・・・・・・・・・・・・・・・・ 113

シーグラー（Siegler, R. S.）・・・ 63
シェマ・・・・・・・・・・・・・・・・・・・ 54
ジェンダー・・・・・・・・・・・・・・・ 128
視覚・・・・・・・・・・・・・・・・・・・・ 36
視覚的断崖・・・・・・・・・・・・・・・ 37
視覚的リアリズム・・・・・・・・・・ 112
視覚と運動の協応・・・・・・・・・ 109
自我同一性・・・・・・・・・・・・・・・ 125
時間的展望・・・・・・・・・・・・・・・ 133
自己意識・・・・・・・・・ 81, 84, 122
　――的感情・・・・・・・・・ 82, 86
自己概念・・・・・・・・・・・・・ 85, 122
自己効力感・・・・・・・・・・・・ 87, 88
自己主張・・・・・・・・・・・・・・・・・ 86
自己制御・・・・・・・・・・・・・・ 77, 85
自己中心性・・・・・・・・・・ 7, 56, 123
自己中心的言語・・・・・・・・・・・ 112
自己抑制・・・・・・・・・・・・・・・・・ 86
自主性・・・・・・・・・・・・・・・・・・ 89
「自主性　対　罪悪感」・・・・・・ 89
思春期・・・・・・・・・・・・・・・・・ 120
自尊感情・・・・・・・・・・・・・・・・・ 87
自尊心・・・・・・・・・・・・・・・・・・ 87
実験法・・・・・・・・・・・・・・・・・・・・ 8
実行機能・・・・・・・・・・・・・・・・・ 77
実念論・・・・・・・・・・・・・・・・・・ 56
児童期・・・・・・・・・・・・・・・・ 3, 54
児童虐待・・・・・・・・・・・・・・・・・ 142
児童虐待の防止等に関する法律
・・・・・・・・・・・・・・・・・・・・・・ 142
自発性・・・・・・・・・・・・・・・・・・ 93
自閉スペクトラム症（ASD）
・・・・・・・・・・・・・・・・・ 160-162
シャイン（Schein, E. H.）・・・・ 135
社会化・・・・・・・・・・・・・・・・・・ 96
社会性・・・・・・・・・・・・・・・ 70, 93
社会的感情・・・・・・・・・・・・・・・ 87
社会的行動・・・・・・・・・・・・ 70, 71
社会的サポート・・・・・・・・・・・ 150
社会的参照・・・・・・・・・・・・・・・ 73
社会的自己制御・・・・・・・・・・・・ 86
社会的認知・・・・・・・・・・・・ 70, 71
　――の芽生え・・・・・・・・・・・・ 72
社会的ネットワーク・・・・・・・・ 150
社会的微笑・・・・・・・・・・・・ 33, 83
社会的評価・・・・・・・・・・・・・・・ 76
社会的離脱・・・・・・・・・・・・・・・ 150

就巣性・・・・・・・・・・・・・・・・・・ 22
縦断的方法・・・・・・・・・・・・・・・・・ 9
出生前診断・・・・・・・・・・・・・・・ 31
出生前期・・・・・・・・・・・・・・・・・・・ 3
馴化-脱馴化法・・・・・・・・・・・・・ 36
小1プロブレム・・・・・・・・・・・・ 111
生涯発達・・・・・・・・・・・・・・・・・・・ 4
少子化・・・・・・・・・・・・・・・・・・ 140
情動・・・・・・・・・・・・・・・・・・・・ 80
情報処理理論・・・・・・・・・・・・・・ 60
職業意識・・・・・・・・・・・・・・・・・ 136
職務満足・・・・・・・・・・・・・・・・・ 136
初語・・・・・・・・・・・・・・・・・・・ 106
書字障害・・・・・・・・・・・・・・・・・ 164
触覚・・・・・・・・・・・・・・・・・・・・ 36
自律性・・・・・・・・・・・・・・・・・・ 89
「自律性　対　恥・疑惑」・・・・・ 89
視力・・・・・・・・・・・・・・・・・・・・ 37
事例研究法・・・・・・・・・・・・・・・・・ 8
進化発達心理学・・・・・・・・・・・・ 24
神経発達障害・・・・・・・・・・・・・ 169
　――群・・・・・・・・・・・・・・・・ 158
人工論・・・・・・・・・・・・・・・・・・ 56
新生児期・・・・・・・・・・・・・・ 3, 31
新生児微笑・・・・・・・・・・・・・・・ 33
新生児模倣・・・・・・・・・・・・ 32, 33
身体的虐待・・・・・・・・・・・ 52, 142
心的外傷後ストレス障害（PTSD）
・・・・・・・・・・・・・・・・・・・・・・ 142
「親密性　対　孤独（孤立）」
・・・・・・・・・・・・・・・・・ 132, 139
心理社会的危機・・・・・・・・・・・ 127
心理社会的モラトリアム・・・・・ 127
心理的虐待・・・・・・・・・・・ 52, 142
心理的道具・・・・・・・・・・・・・・・ 60
心理的離乳・・・・・・・・・・・・・・・ 124

■す

垂直的ジェンダーギャップ・・・ 139
水平的ジェンダーギャップ・・・ 139
スーパー（Super, D. E.）・・・・・ 135
スキャモンの発達曲線・・・・・・ 104
スタンフォード・ビネーIQ・・・・ 115
ストレンジ・シチュエーション法・・・ 48
スピアマン（Spearman, C. E.）
・・・・・・・・・・・・・・・・・・・・・・ 113
スピルオーバー（流出）仮説・・・ 143
刷り込み（インプリンティング）・・ 14

189

## ■ せ

生活の質（QOL）‥‥‥‥‥ 154
性自認‥‥‥‥‥‥‥‥‥ 128
成熟優位説‥‥‥‥‥‥‥‥ 13
成人期‥‥‥‥‥‥‥‥ 4, 132
世代性／生成継承性‥‥‥‥ 134
「世代性　対　停滞」‥‥‥ 132
成長障害（FTT）‥‥‥‥‥ 167
性的虐待‥‥‥‥‥‥‥ 52, 142
性的指向性‥‥‥‥‥‥‥ 128
青年期‥‥‥‥‥‥‥‥ 3, 120
生理型知的障害‥‥‥‥‥ 166
生理的早産‥‥‥‥‥‥‥ 23
セクシャリティ‥‥‥‥‥ 128
前慣習的水準‥‥‥‥‥‥ 75
選好注視法‥‥‥‥‥‥‥ 35
前操作期（前操作的段階）
‥‥‥‥‥‥ 7, 55, 56
前頭葉‥‥‥‥‥‥‥‥ 162

## ■ そ

相互規定的作用モデル‥‥‥ 51
相互作用説‥‥‥‥‥‥‥ 15
操作‥‥‥‥‥‥‥‥‥‥ 7
早産‥‥‥‥‥‥‥‥ 31, 168
喪失と悲嘆‥‥‥‥‥‥‥ 155
双生児研究法‥‥‥‥‥‥ 17
相貌的知覚‥‥‥‥‥‥‥ 56
ソーシャル・コンボイ‥‥‥ 150
組織コミットメント‥‥‥‥ 137
粗大運動‥‥‥‥ 34, 105, 106
素朴心理学‥‥‥‥‥‥‥ 65
素朴生物学‥‥‥‥‥‥‥ 65
素朴物理学‥‥‥‥‥ 39, 65
素朴理論‥‥‥‥‥‥‥‥ 65

## ■ た

ダーウィン（Darwin, C.）‥‥ 16
第一次反抗期‥‥‥‥‥‥ 85
胎芽期‥‥‥‥‥‥‥‥‥ 28
対極説‥‥‥‥‥‥‥‥‥ 15
胎児期‥‥‥‥‥‥‥ 28, 29
対象の永続性‥‥‥‥‥ 39, 55
第二次性徴‥‥‥‥‥‥‥ 121
第二次反抗期‥‥‥‥‥‥ 123
多因子説‥‥‥‥‥‥‥ 113
多重知能理論‥‥‥‥‥‥ 113
脱慣習的水準‥‥‥‥‥‥ 75
脱中心化‥‥‥‥‥‥‥ 7, 56

## ■ ち

脱抑制型対人交流障害‥‥‥ 169
ダブルケア‥‥‥‥‥‥‥ 144

知的能力障害‥‥‥‥‥‥ 166
知的リアリズム‥‥‥‥‥ 112
知能指数（IQ）‥‥‥‥‥ 114
知能の構造（多重知能）‥‥ 112
チャム‥‥‥‥‥‥‥‥‥ 98
注意欠如・多動症（ADHD）‥‥ 162
中枢神経系‥‥‥‥‥‥‥ 159
中年期‥‥‥‥‥‥‥‥‥ 133
　——の危機‥‥‥‥‥‥ 133
聴覚‥‥‥‥‥‥‥‥ 36, 38
長期記憶‥‥‥‥‥‥‥‥ 61
調査法‥‥‥‥‥‥‥‥‥ 8
長時間労働‥‥‥‥‥‥‥ 137
超重症児‥‥‥‥‥‥‥‥ 168
調節‥‥‥‥‥‥‥‥ 54, 55
重複波理論‥‥‥‥‥‥‥ 63

## ■ て

DSM-5‥‥‥‥‥‥‥‥‥ 160
定型発達‥‥‥‥‥‥‥‥ 158
低出生体重児‥‥‥‥‥ 31,167
ティンバーゲン（Tinbergen, N.）
‥‥‥‥‥‥‥‥‥‥ 24

## ■ と

同化‥‥‥‥‥‥‥‥ 54, 55
動機論的判断‥‥‥‥‥‥ 75
「統合　対　絶望」‥‥‥‥ 154
道徳性‥‥‥‥‥‥‥ 71, 74
DOHaD仮説‥‥‥‥‥‥‥ 30
読解力‥‥‥‥‥‥‥‥‥ 109
独居‥‥‥‥‥‥‥‥‥ 150
　——高齢者の孤独‥‥‥ 150
ドメスティックバイオレンス（DV）
‥‥‥‥‥‥‥‥ 141,142

## ■ な

内言‥‥‥‥‥‥‥‥‥ 112
内的作業モデル‥‥‥‥‥ 46
仲間関係‥‥‥‥‥‥‥‥ 97
ナラティブ‥‥‥‥‥‥‥ 108
喃語‥‥‥‥‥‥‥‥‥ 106

## ■ に

2因子説‥‥‥‥‥‥‥‥ 113
二語文‥‥‥‥‥‥‥‥‥ 107
二次障害‥‥‥‥‥‥ 160, 163
二次的感情‥‥‥‥‥‥‥ 82

## ■ の

二次的ことば‥‥‥‥‥‥ 109
二次的就巣性‥‥‥‥‥‥ 23
日常生活動作（ADL）‥‥‥ 153
乳児期‥‥‥‥‥‥‥‥ 3, 33
二要因論‥‥‥‥‥‥‥‥ 137
認知機能‥‥‥‥‥‥‥‥ 149
認知症‥‥‥‥‥‥‥‥‥ 153
認知的葛藤‥‥‥‥‥‥‥ 55

## ■ ね

ネグレクト‥‥‥‥‥‥‥ 52

## ■ の

脳室周囲白質軟化症‥‥‥‥ 168

## ■ は

パーテン（Perten, C.）‥‥‥ 95
ハーロウ（Harlow, H.）‥‥‥ 42
バイオロジカルモーション‥‥‥ 38
配偶者からの暴力の防止及び被害
　者の保護等に関する法律（DV防
　止法）‥‥‥‥‥‥‥ 142
ハインツのジレンマ課題‥‥‥ 75
ハヴィガースト（Havighurst, R. J.）
‥‥‥‥‥‥‥‥‥‥ 6
恥・疑惑‥‥‥‥‥‥‥‥ 89
発育スパート‥‥‥‥‥‥ 120
発達加速現象‥‥‥‥‥‥ 121
発達課題‥‥‥‥‥‥‥‥ 6
発達曲線‥‥‥‥‥‥ 2, 104
発達性協調運動症（DCD）‥‥ 165
発達性読み書き障害（発達性ディス
　レクシア）‥‥‥‥‥ 163, 164
発達段階‥‥‥‥‥‥‥‥ 3
発達の領域固有性‥‥‥‥‥ 65
発達の最近接領域‥‥‥‥‥ 59
バルテス（Baltes, P. B.）‥‥ 4, 152
晩婚化‥‥‥‥‥‥‥ 139, 140
反社会的行動‥‥‥‥‥‥ 72

## ■ ひ

ピア・グループ‥‥‥‥‥ 99
ピアジェ（Piaget, J.）
‥‥‥‥‥ 6, 54, 55, 74, 94
　——の発達理論‥‥‥‥ 6, 54
非共有環境‥‥‥‥‥‥‥ 18
非婚化‥‥‥‥‥‥‥ 139, 140
微細運動‥‥‥‥‥ 34, 105, 106
非社会的行動‥‥‥‥‥‥ 72
非正規雇用‥‥‥‥‥‥‥ 138
非定型発達‥‥‥‥‥‥‥ 158

ビューラー（Bühler, C.）‥‥‥‥ 94
表示規則‥‥‥‥‥‥‥‥‥‥‥ 84
表象‥‥‥‥‥‥‥‥‥‥‥‥‥‥ 7
　——的思考段階‥‥‥‥‥‥‥ 55
敏感期‥‥‥‥‥‥‥‥‥‥‥‥ 14
敏感性‥‥‥‥‥‥‥‥‥‥‥‥ 50

### ■ふ
ファンツ（Fantz, R. L.）‥‥‥‥ 35
夫婦の関係満足度‥‥‥‥‥‥‥ 139
輻輳説‥‥‥‥‥‥‥‥‥‥‥‥ 15
不適切な養育‥‥‥‥‥‥‥‥‥ 52
プレマック（Premack, D.）‥‥‥ 73
分離不安‥‥‥‥‥‥‥‥‥‥‥ 47

### ■へ
ペアレントトレーニング‥‥‥‥ 170
平均寿命‥‥‥‥‥‥‥‥‥‥‥ 146
偏差知能指数‥‥‥‥‥‥‥‥‥ 114

### ■ほ
ホーン（Horn, J. L.）‥‥‥‥‥ 113
ボウルビィ（Bowlby, J.）‥‥‥ 44
母子関係‥‥‥‥‥‥‥‥‥‥‥ 42
補償を伴う選択的最適化‥‥‥‥ 152
母性剥奪‥‥‥‥‥‥‥‥‥‥‥ 51
保存概念‥‥‥‥‥‥‥‥‥‥‥ 57
ポルトマン（Portmann, A.）‥‥ 23

### ■ま
マーシャ（Marcia, J. E.）‥‥‥ 127
マシュマロ・テスト‥‥‥‥‥‥ 86

### ■み
味覚‥‥‥‥‥‥‥‥‥‥‥‥‥ 36
三つの山問題‥‥‥‥‥‥‥ 56, 67

### ■む
無秩序・無方向型‥‥‥‥‥‥‥ 49

### ■め
メタ認知‥‥‥‥‥‥‥‥‥‥‥ 61
目と手の協応‥‥‥‥‥‥‥‥‥ 34
メンタライゼーション‥‥‥‥‥ 71

### ■も
モノアミン酸化酵素（MAOA）‥ 20

### ■ゆ
ユング（Jung, C. G.）‥‥‥‥‥ 96
友人関係‥‥‥‥‥‥‥‥‥‥‥ 97

### ■よ
幼児期‥‥‥‥‥‥‥‥‥‥‥ 3, 54
養子研究法‥‥‥‥‥‥‥‥‥‥ 17
抑制‥‥‥‥‥‥‥‥‥‥‥‥‥ 77
夜泣き‥‥‥‥‥‥‥‥‥‥‥‥ 141

### ■ら
ライフ・キャリア・レインボー‥‥ 135
ライフコース‥‥‥‥‥‥ 134, 135
　——選択‥‥‥‥‥‥‥‥‥ 134
ライフサイクル‥‥‥‥‥‥‥‥ 5
ライフサイクル論‥‥‥‥‥‥‥ 5
ライフステージ‥‥‥‥‥‥‥‥ 6

### ■り
離巣性‥‥‥‥‥‥‥‥‥‥‥‥ 23
流動性知能‥‥‥‥‥‥‥‥‥‥ 113
臨界期‥‥‥‥‥‥‥‥‥‥‥‥ 14

### ■る
ルイス（Lewis, M.）‥‥‥‥‥‥ 81
ルージュテスト‥‥‥‥‥‥‥‥ 84

### ■れ
レヴィンソン（Levinson, D. J.）
　‥‥‥‥‥‥‥‥‥‥‥‥‥‥ 132
レジリエンス‥‥‥‥‥‥‥‥‥ 20
劣等感‥‥‥‥‥‥‥‥‥‥‥‥ 101
レディネス‥‥‥‥‥‥‥‥‥‥ 13
恋愛，結婚‥‥‥‥‥‥‥‥‥‥ 139

### ■ろ
老年期（高齢期）‥‥‥‥‥ 4, 146
ローレンツ（Lorenz, K.）‥‥‥‥ 14

### ■わ
ワーキングメモリ‥‥‥‥‥ 60, 78
ワーク・キャリア‥‥‥‥‥‥‥ 135
ワーク・ライフ・バランス‥‥‥ 143
ワトソン（Watson, J. B.）‥‥‥ 13

## 執筆者紹介（執筆順）

**林　創**（はやし・はじむ，神戸大学大学院人間発達環境学研究科教授）編著者まえがき・第1章

**藤澤啓子**（ふじさわ・けいこ，慶應義塾大学文学部教授）第2章

**旦　直子**（だん・なおこ，帝京科学大学教育人間科学部教授）第3章

**篠原郁子**（しのはら・いくこ，立命館大学産業社会学部教授）第4章

**中道圭人**（なかみち・けいと，千葉大学教育学部教授）第5章

**小川絢子**（おがわ・あやこ，名古屋短期大学准教授）第6章

**近藤龍彰**（こんどう・たつあき，富山大学教育学部講師）第7章

**磯部美良**（いそべ・みよし，武庫川女子大学教育学部教授）第8章

**浅川淳司**（あさかわ・あつし，愛媛大学教育学部准教授）第9章

**山田真世**（やまだ・まよ，福山市立大学教育学部准教授）第9章

**畑野　快**（はたの・かい，大阪公立大学国際基幹教育機構准教授）第10章

**澤田忠幸**（さわだ・ただゆき，石川県立大学教養教育センター教授）第11章

**西田裕紀子**（にした・ゆきこ，国立長寿医療研究センター副部長）第12章

**加戸陽子**（かど・ようこ，関西大学文学部教授）第13章

### 監修者

**下山晴彦**（しもやま・はるひこ，跡見学園女子大学心理学部教授）

**佐藤隆夫**（さとう・たかお，人間環境大学総合心理学部教授）

**本郷一夫**（ほんごう・かずお，東北大学名誉教授）


### 編著者

**林　創**（はやし・はじむ）
京都大学大学院教育学研究科博士課程修了，博士（教育学）
現在：神戸大学大学院人間発達環境学研究科教授
主著：『子どもの社会的な心の発達——コミュニケーションのめばえと深まり』（単著）金子書房，2016年
　　　『問いからはじめる発達心理学 ——生涯にわたる育ちの科学』（共著）有斐閣，2014年
　　　『大学生のためのリサーチリテラシー入門——研究のための8つの力』（共著）ミネルヴァ書房，2011年

公認心理師スタンダードテキストシリーズ⑫
発達心理学

| 2019年10月10日　初版第1刷発行 | 〈検印省略〉 |
| 2024年12月25日　初版第6刷発行 | |

定価はカバーに
表示しています

| | | | | |
|---|---|---|---|---|
| | 下 | 山 | 晴 | 彦 |
| 監 修 者 | 佐 | 藤 | 隆 | 夫 |
| | 本 | 郷 | 一 | 夫 |
| 編 著 者 | 林 | | | 創 |
| 発 行 者 | 杉 | 田 | 啓 | 三 |
| 印 刷 者 | 坂 | 本 | 喜 | 杏 |

発行所　株式会社　ミネルヴァ書房
607-8494　京都市山科区日ノ岡堤谷町1
電話代表　（075）581-5191
振替口座　01020-0-8076

©林ほか，2019　　　冨山房インターナショナル・新生製本

ISBN978-4-623-08622-1

Printed in Japan

# 公認心理師スタンダードテキストシリーズ

下山晴彦・佐藤隆夫・本郷一夫　監修

## 全23巻

B5判／美装カバー／各巻200頁程度／各巻予価2400円（税別）

❶ 公認心理師の職責
下山晴彦・慶野遥香 編著

② 心理学概論
サトウタツヤ・佐藤隆夫 編著

❸ 臨床心理学概論
下山晴彦・石丸径一郎 編著

④ 心理学研究法
三浦麻子・小島康生・平井　啓 編著

⑤ 心理学統計法
星野崇宏・岡田謙介 編著

⑥ 心理学実験
高橋康介・山田祐樹 編著

⑦ 知覚・認知心理学
佐藤隆夫・金谷英俊 編著

⑧ 学習・言語心理学

⑨ 感情・人格心理学
内山伊知郎 編著

⑩ 神経・生理心理学
望月　聡・宮川　剛 編著

⑪ 社会・集団・家族心理学
北村英哉 編著

⑫ 発達心理学
林　創 編著

❸ 障害者・障害児心理学
本郷一夫・大伴　潔 編著

⑭ 心理的アセスメント
本郷一夫・吉田沙蘭 編著

❺ 心理学的支援法
下山晴彦・森田慎一郎 編著

⑯ 健康・医療心理学
鈴木伸一 編著

⑰ 福祉心理学
渡部純夫・本郷一夫 編著

⑱ 教育・学校心理学
小野瀬雅人 編著

⑲ 司法・犯罪心理学
原田隆之 編著

⑳ 産業・組織心理学
島津明人 編著

㉑ 人体の構造と機能及び疾病
熊野宏昭 編著

㉒ 精神疾患とその治療
滝沢　龍 編著

㉓ 関係行政論
伊藤直文・岡田裕子・下山晴彦 編著

※黒丸数字は既刊

―――― ミネルヴァ書房 ――――
https://www.minervashobo.co.jp/